科学革命
“霍普金斯”十位医学先驱传

原　著　［美］拉尔夫·H. 鲁本
（Ralph H. Hruban）
［美］威尔·林德
（Will Linder）
主　译　景　泉

中国协和医科大学出版社
北　京

图书在版编目（CIP）数据

科学革命："霍普金斯"十位医学先驱传 / (美) 拉尔夫·H.鲁本 (Ralph H. Hruban), (美) 威尔·林德 (Will Linder) 著 ; 景泉译. -- 北京 : 中国协和医科大学出版社, 2024. 12. -- ISBN 978-7-5679-2428-4

Ⅰ. K837.126.2

中国国家版本馆CIP数据核字第2024764PD8号

A Scientific Revolution: Ten Men and Women Who Reinvented American Medicine / Ralph H. Hruban & Will Linder. - 1st ed.

Pegasus Books, Ltd. 148 West 37th Street, 13th Floor, New York, NY 10018

First Pegasus Books cloth edition May 2022

Interior design by Maria Fernandez

ISBN: 978-1-63936-147-2

原　　著 拉尔夫·H. 鲁本　威尔·林德
主　　译 景　泉
责任编辑 李元君　白　兰
封面设计 邱晓俐
责任校对 张　麓
责任印制 黄艳霞
出版发行 **中国协和医科大学出版社**
（北京市东城区东单三条9号　邮编100730　电话010-65260431）
网　　址 www.pumcp.com
印　　刷 北京联兴盛业印刷股份有限公司
开　　本 710mm×1000mm　1/16
印　　张 18.25
字　　数 270千字
版　　次 2024年12月第1版
印　　次 2024年12月第1次印刷
定　　价 160.00元

《科学革命》的赞誉

“颇具传奇色彩的约翰斯·霍普金斯医院终于找到了她的“吟游诗人”，他们的名字是拉尔夫·H. 鲁本和威尔·林德……我的“处方”即是翻开这一页，开始阅读接下来的关于医学颠覆者的精彩文章。我相信，所有阅读这本书的人都会细细品味其中的每一章。”

——摘自霍华德·马克尔所撰前言

（霍华德·马克尔，密歇根大学医学院医学博士、乔治·旺茨医学史杰出教授、医学史中心主任）

“拉尔夫·H. 鲁本和威尔·林德通过讲述医学先驱们引人入胜的生平故事还原了医学进步的历史。每一位受益于现代医学的美国人都应该读一读。这是最好的生物学史。”

——“普利策奖”提名历史学家罗伯特·达莱克

“本书将十位杰出人士的生活置于显微镜下，以引人入胜的视角展示了一个多世纪以来美国医学的进步。其精彩之处在于故事的真实性。鲁本和林德带我们目睹了一个裹挟着政治体制、性别歧视和种族偏见的世界，这些问题不仅严重挫败了健康公平，也是科学成就的障碍。我们深知当医学研究和临床护理取得令人惊叹的进展的同时，也往往发生着人格的冲撞、剥夺女性平等的机会、种族隔离制度甚至延伸到死后的尸体也要分别存放……正是这种忠实于现实的故事，使本书同时拥有着回顾过往的精彩视角及展望未来的珍贵镜头。”

——哥伦比亚广播公司首席医疗记者乔恩·拉普克

（“梅班”荣誉肠胃病学教授、纽约大学格罗斯曼医学院及朗贡医疗中心教授）

“爱迪生、爱因斯坦和巴斯德是改变世界的发明家、开拓者和富有远见卓识者。但在医学领域我们还应该知晓其他一些名字。一个多世纪前，这十位医学先驱在开创医生的培训方式、开发现代外科手术技术、解决卫生问题等方面作出了巨大的个人牺牲和无比艰辛的努力。他们的贡献是变革性的。拉尔夫·H. 鲁本和威尔·林德撰写了这些引人入胜的故事，讲述了四位女性和六位男性的集体影响如何为当今严格的病人照护和临床研究标准奠定了基础。”

——艾美奖获得者大卫·路易
（湾区ABC7新闻台商业与科技记者，
美国电视艺术与科学学会前任主席）

“这部著作通过对十位先驱的深刻描绘，真实地呈现出医学科学史的第一个世纪。他们克服了毒瘾、耳聋、严酷的性别歧视、恶意的种族主义和刻板的传统束缚等重重阻碍，塑造了今天的医学。他们的勇气和坚韧精神是我们学习的榜样。”

——前《纽约时报》记者斯科特·谢恩
（《拆除乌托邦》和《客观特洛伊》的作者
“普利策奖”获得者）

“从19世纪末到20世纪中叶，约翰斯·霍普金斯大学医学院开创了新的手术和治疗方法，将病人的健康、舒适和安全置于首位。从约翰·肖·比林斯开始，由于曾亲眼目睹内战时期医学领域的骇人事件，于是他随后设计了现代医院设施的雏形。奴隶的子孙维维安·托马斯，在开创崭新的心脏手术术式的同时，长期饱受严酷的种族歧视。这十位投入伟大医学革命的先驱们的故事令人叹服。”

——历史学家瑞克·科顿
（WYPR公共广播电台“你的马里兰”节目主持人）

马克斯·布雷德尔为外科医生J. M. T. 芬尼绘制的插画上的细节。这幅插画的一部分被用在了封面上，描绘了希波克拉底或希腊治疗之神阿斯克勒庇俄斯，用“阿斯克勒庇俄斯之杖”（一根缠绕着蛇的木杖，象征着治疗和药物）来对抗挥舞着镰刀的死神。这件作品完美地展示了布雷德尔笔墨插画的力量。虽然布雷德尔为这幅装饰作品选择了古希腊风格，但他的医学插画体现了对科学研究的深刻承诺，本书中介绍的十位男性和女性医学先驱就是例证。(《笔墨》杂志，1912年）

致贾米拉·鲁本。从南波希米亚的一个小村庄，到德国的难民营，再到芝加哥南区，她生命旅程的弧线使她成为我的第十一位伟大人物。

——拉尔夫·H. 鲁本

致我的妻子简。引用鲍勃·迪伦的话：“没有你的爱，我将什么都不是。”

——威尔·林德

只有继承过去的宝贵经验，我们才有希望解决当下和未来的难题。

——威廉·奥斯勒爵士

译者名单

主　译　景　泉

译　者　（按姓氏笔画排序）

王成彬　首都医科大学附属北京安贞医院麻醉科

齐建光　北京大学第一医院儿科

李　冀　中国医学科学院北京协和医院儿科

庞璐璐　郑州大学第一附属医院儿童重症监护科

赵大春　中国医学科学院北京协和医院病理科

胡文杰　中山大学附属第一医院肝外科

格　伦　北京建筑工程学院

曹　俊　江苏省血吸虫病防治研究所

蒋育红　中国医学科学院北京协和医学院

景　泉　中国医学科学院北京协和医院口腔科

曾学军　中国医学科学院北京协和医院全科医学科（普通内科）

戴申倩　中国医学科学院北京协和医学院

中译本序一

这部书记述了约翰斯·霍普金斯大学医学院创建之初十位伟大先驱的个人故事，通过他们展现科学医学（Scientific Medicine）发展成为现代医学主流的经典画面。北京协和医院口腔科的景泉教授及参与翻译本书的多位来自全国各地不同医学专业的专家学者，为读者们献上了一部撼动人心的医学历史佳作。

这部医学人物传记很好地向我们展示了北京协和医学院当年创建所参考的伟大模板——约翰斯·霍普金斯医学院的创建历程，特别是在此过程中发挥伟大作用的十位杰出男性和女性，其中就有我们十分熟悉的美国现代医学的肇启者和“掌门人”威廉·韦尔奇，以及著名的内科学家兼医学哲学家威廉·奥斯勒。韦尔奇先生曾作为重要成员参与洛克菲勒基金会及美国中华医学基金会组织的第二次中国医学考察，他本人还参加了北京协和医学院的落成典礼，并发表了富于深意的讲话。

本书所记述的十位伟大先驱者有社会慈善家和女权倡导者，有医院管理与设计方面的专家，有内科学家、外科学家、儿科学家、心脏病学家、流行病学专家，医学美术专家等。应当说，是时代造就了这些伟大先驱——19世纪末到20世纪初是现代医学变革的重要时代，从在欧洲兴盛一时的教会医学、平民医学、临床医学和实验室医学为起点，世界医学的中心最终转移到了美国，并且演进为现代的科学医学。而在此中奥斯勒、韦尔奇和霍尔斯特德都发挥了至关重要的作用。此外，诞生于霍普金斯大学医学院的严苛的医学生招生准入制度，住院医生培养体系，真正地把医生从松散的手工从业者变成了精英群体和职业人士。这一切不仅催生了后来拯救整个北美医学教育的《弗莱克斯纳报告》，也使得洛克菲勒基金会的在华医学项目北京协和医学院的创建受益匪浅——从院校的建筑设计，仪器设备的引进，医院的建章立制，到从北美和欧洲组团式地引进医疗、教育、研究、管理、护理、公共卫生等各个方面的优秀人员，这一切让协和从一开始便搭上了一场时代的快车，成为当时东方最好的医学院校之一，而从一开始就招收女生这一点又让协和超越了当年的霍普金斯大学医学院。

每当我们看到北京协和医学院那灰墙碧瓦的中西合璧的校舍，碰触到室内经久耐用、古香古色的陈设，聆听到礼堂管风琴的恢弘奏鸣，我们不禁会为这所医学院能够沐浴在全球科学主义的历史劲风中并茁壮成长而感到荣耀。

医学是人学、多学与至学。希望这本书能够带给医学生、医生们一些启迪与思考：当年这些先驱们所面临的困难远超今日，而他们又是用何等的勇气与智慧，忘我与牺牲，坚韧与不屈战胜了这些困难，这一切已经远远超越救治患者本身。

由衷感谢本书的作者和中文版译者给我们带来这样具有丰富内涵的医学人物传记。103年前，本书主人公之一的威廉·韦尔奇在协和的落成暨开业典礼上这样说道：“我满怀信心地希望，这所学校建立的目的将得到充分实现，它将成为一盏明灯，从中散发出知识的光芒，拯救生命，造福人类。”

中国医学科学院院长

北京协和医学院校长

中译本序二

非常荣幸，应北京协和医院口腔科景泉教授及其翻译团队诸位专家学者的邀请，为这部《科学革命："霍普金斯"十位医学先驱传》作序。

美国医学史上涌现出许多杰出个人，他们的个人贡献以极其深刻的方式塑造了医学领域。拉尔夫·H. 鲁本和威尔·林德将十位杰出先驱的故事绘声绘色地呈现出来，他们都与约翰斯·霍普金斯大学医学院和医院的建立有着重要的联系。这本书为读者提供了一段深刻的阅读旅程，通过记述这些医学革命者的生活，让我们感悟到他们的创新思想和不懈的决心不仅使他们克服了大量的时代中的困难与阻碍，而且推进了医学实践进程。当读者沉浸在这十位医学先驱的故事中时，愿你被他们的勇气、创新和奉献所鼓舞。

从玛丽·伊丽莎白·加勒特执着地与董事会抗争以争取女性进入医学院学习的平等权利，到约翰·肖·比林斯的史无前例的医院设计；从韦尔奇极具慧眼为约翰斯·霍普金斯大学医学院招募人才夯实基础，到奥斯勒、霍尔斯特德在内科和外科执着奋进的革命性成就；从布雷德尔笔下美轮美奂的医学插画，到拉齐尔为了破解黄热病的密码而做出的伟大牺牲；从里德与陶西格通过毕生努力证明了"女性也可以成为医学诸领域的开创者和领军者"，到黑皮肤的托马斯忍辱负重，最终帮助白人心脏外科教授完成"蓝婴"手术解救千万病痛患儿……每一章都揭示了这些先驱们职业生涯中面临的多方面的挑战和困境。他们的故事强调了勇敢、智慧、正直、毅力、求知欲和对改善人类健康的坚定承诺的重要性。通过探索这些人物的个人生活和职业生涯，原书作者为医学史上一个关键时代提供了丰富而细致的肖像。与此同时，这本书也向读者展示了现代科学医学的起源，19世纪末至20世纪初西医东渐的契机，以及约翰斯·霍普金斯大学医学院与北京协和医学院的深厚渊源。

最后，让我们共勉本书中的内科巨擘奥斯勒医生的名言："只有继承过去的宝贵经验，我们才有希望解决当下和未来的难题。行医是一门艺术，而不是交易；是一种使命，而不是生意；在此过程中，不仅要用脑，更要用心！”这些话概括了这本书的精髓，它不仅是对前辈们遗产的尊重，也将是未来几代医学专业人士的灯塔。

郎景和

2024年7月于北京协和医院

中译本前言：共同的愿景

作为《科学革命："霍普金斯"十位医学先驱传》一书的作者，我们很荣幸能为本书的中文版撰写这篇序言。感谢由北京协和医院国际医疗部无痛牙科治疗中心副教授景泉带领的翻译团队，为对科学医学史感兴趣的中国读者提供了宝贵的服务。

正如我们在本书第三章中指出的，中国的现代科学医学始于约翰斯·霍普金斯大学医学院与北京协和医学院（Peking Union Medical College，PUMC）之间的合作，这一合作现已进入第二个世纪。我们希望我们的交流将有助于延续约翰斯·霍普金斯大学医学院与北京协和医学院的持久友谊和共同愿景，加深中美两国兢兢业业的医生科学家之间的联系。

位于北京市东城区的北京协和医学院与巴尔的摩的约翰斯·霍普金斯大学医学院相距超过11 125千米。语言、文化、政治和经济制度的巨大差异将这两所当地引以为傲的学府区分开来。当然，约翰斯·霍普金斯大学医学院和北京协和医学院早年在各自国家面临的流行病学环境和公共卫生挑战也明显不同。然而，这两所开创性机构的历史几乎从一开始就交织在一起。

这种交集并非偶然。威廉·亨利·韦尔奇是病理学家的先驱，也是约翰斯·霍普金斯大学医学院的首任院长，他于1915年作为洛克菲勒基金会医学教育委员会的成员访问了中国。韦尔奇和委员会的同事们不仅帮助奠定了北京协和医学院的财政基础，他还牵头制定了学校的课程设置，即以约翰斯·霍普金斯大学医学院为蓝本，强调严格的学术标准（以及较高的入学要求），并将课堂教学、临床训练与研究和以病人为中心的教学紧密结合。

1921年北京协和医学院正式成立后，迅速成为中国现代科学医学的中心。在"中国最佳大学排名"中，北京协和医学院一直位居中国最佳医学院校前一、二名。2022年，根据世界大学学术排名，北京协和医学院的生物医学工程系和公共卫生系跻身全球前75强。至今，北京协和医学院拥有6个世界卫生组织实验室。

北京协和医学院及其姊妹机构拥有众多杰出校友，其中包括北京协和医院的张孝骞和林巧稚。张孝骞在北京协和医学院完成了住院医师培训，并前往巴尔的摩约翰斯·霍普金斯医院接受了一年的培训。张孝骞被公认为中国胃肠病学之父。作为妇产科的先驱，林巧稚是1955年第一批当选为中国科学院院士的女性之一，她在妇科肿瘤学领域进行了开创性的研究，在整个职业生涯中接生了50 000多名婴儿。

最近刚刚卸任的约翰斯·霍普金斯大学医学院院长和约翰斯·霍普金斯医院首席执行官的保罗·罗斯曼于2021年在北京协和医学院100周年庆典的致辞中提到了这一共同愿景：“北京协和医学院不仅在中国，而且在全世界都已成为医学、科研和教育的指路明灯……展望未来，我们衷心希望约翰斯·霍普金斯大学医学院与北京协和医学院之间的这一历史性合作关系能够在下一个百年继续蓬勃发展。”

本书描述了中美两国具有前瞻性的机构之间的历史性联系。同时，这本书既是关于个人的，也是关于机构的。在此，我们不禁要问，我们描述那些为美国科学医学开辟新道路的先驱们的生活能为中国读者提供什么价值？中国读者能够从他们——也许是美国最著名的内科医生威廉·奥斯勒，革命性的外科医生威廉·斯图尔特·霍尔斯特德，让约翰斯·霍普金斯大学医学院之创立成为可能的意志坚定的慈善家玛丽·伊丽莎白·加勒特，或是作为一名年轻毕业生发现了霍奇金淋巴瘤的特征性细胞的多萝西·里德·门登霍尔——的生平中学到什么呢？

我们的答案很简单，医学从根本上说是人类的事业。本书中所写的每一位先驱都为推动科学医学和病人照护作出了革新性的贡献。然而，除此之外，他们每个人在个人生活和职业生涯中都面临着严峻的挑战，有些甚至使人难以承受。

正如读者将了解到的那样，约翰·肖·比林斯是约翰斯·霍普金斯医院的设计者，他在美国内战期间作为战地外科医生治疗伤员的经历令他惊恐万分，以至于他再也没有当过医生。病理学家杰西·拉齐尔在一次为了证明埃及伊蚊是传播黄热病的罪魁祸首的大胆自我实验中不幸去世，年仅34岁。海伦·陶西格是儿科心脏病学的创始人，她患有严重的听力障碍，经常通过手指而非听诊器来“听诊”婴儿的心跳。然而，在20世纪40年代和50年代，约翰斯·霍普金斯大学数以千计的肺功能不全患儿得益于她的研究和创想而接受了挽救生命的手术。

诸如此类的故事提醒我们，科学的进步往往是以高昂的代价换来的，无论在哪里从事现代医学实践，勇气和同情心都是必不可少的品格。如果这些重塑美国医学历史的先驱们的故事中至少有一些能让我们的中国读者产生共鸣，那么作为作者，我们的目标就达到了。

拉尔夫·H. 鲁本
威尔·林德

译者前言

作为一名在协和院校工作、学习、生活了二十多年的职工，我无数次徜徉在那美轮美奂的老协和建筑群之间，彼时总有个声音在耳畔回响：这座坐落在中国宫殿中，为学者们实践科学医学而立的殿堂，是如何设计建造出来的呢？

正如洛克菲勒基金会医学考察团中的约翰斯·霍普金斯大学医学院首任院长威廉·韦尔奇先生在1915年第二次来华时所主张的：我们的目的是创建一所与欧洲或者美国的医学院同等优秀的学校，一所中国的约翰斯·霍普金斯大学医学院，使其拥有一流的师资力量，设施配备良好的实验室和一所好的教学医院，以及一所既培养男护士又培养女护士的学校。这所医学院校将致力于培养优秀的医学人才及临床、教育、科学和卫生行政领域的专家，乃至推动中国医学卫生事业的发展，韦尔奇院长在1921年也亲自见证了协和院校的盛大开幕典礼并发表了满含友好情谊与殷切期盼的精彩演讲。

人们不禁为百年前这座丰碑式的医学院的顶尖配置叹为观止——由资力雄厚的慈善基金会提供持续捐助，由社会名流组成的董事会管理机构，医学院和附属医院一体化的教学构架，八年长学制，与之配套的高级护士学校，高标准的选拔和严苛的淘汰制度，全英文教学模式，启发式教学思路，实习医师和住院医师制度，聘请客座教授授课交流，开展面向临床的科学研究，以及设立严密的管理制度和操作流程等。我们也不能忽视其巧夺天工的建筑设计构思——通过长廊与院落式结构组合实现医院、医学院在功能和空间上的一体性，医学生和教职工的宿舍毗邻医学院，从而将校园打造成一个拥有起居功能的科学医学社区。还有那富有人文情怀的能够奏响管风琴的壹号礼堂，病房、手术室、实验室里精巧的装修和布置……这些都必定始于一个成熟且经过充分验证的优秀蓝本，而这个蓝本便是美国现代医学的先行者与榜样——约翰斯·霍普金斯大学医学院。

饮水当思源，于是在我偶然读到这本讲述约翰斯·霍普金斯大学医学院乃至整个美国现代医学历史关键时期的十位先驱的故事时，当即萌生了一个强烈的愿望——我要把它翻译出来，奉献给对医学教育和医学历史感兴趣的中国读者。我还有幸邀请了内科学、外科学、病理学、儿科学、麻醉学、流行病学、建筑学、医学历史人文以及医学应用美术领域的专家参与组建了一支强大的翻译团队。

在翻译工作中，我们深深地被本书中十位医学先驱的精彩绝伦的生平经历和伟大创举所震撼。细细品味其字里行间，我们常常陷入与先驱对话的幻境之中，我们领略了其智慧、勇气、奉献、无畏，我们感受到了对正义平等的渴望，对科学的信仰与执着，对病患的同情与悲悯，对种族性别歧视与敌意傲慢的针锋相对，对医学事业的专注与自省，对家族财富的理性处置……而这些故事又那么真实，并非夸大的榜样与神话，因为没有人可以超越时代的局限。这十位先驱在他们所处时代面临的困境远远超过当今，他们直面诸多困境的经历，非常值得我们借鉴和思考。现代医学在科技层面的发展日新月异，同时人文层面的精神与意义亦贯穿始终，不可磨灭。

我们希望通过本书能够再度回顾这段科学医学的伟大革命历史，讲述老协和的渊源故事，重温这些人类共有的伟大且辉煌的精神内核，将其传递给广大读者，特别是中国的医生、医学生和公共卫生领域的从业者，以期望引发大家的关注和思考，促进中美两国科学医学的合作与交流。

由于作者水平有限，加之不同国家、社会制度、历史文化间存在较大差异，尽管此间多次与原著作者沟通确认，但书稿仍难免存在疏漏，希望广大读者给予批评指正。

景　泉

2024年4月于北京协和医院

原 著 序

颇具传奇色彩的约翰斯·霍普金斯医院终于找到了她的“吟游诗人”，他们的名字是拉尔夫·H. 鲁本和威尔·林德。在这本佳作中，作者讲述了美国医学史上十位非凡人物的生平事迹。他们都在某种程度上与约翰斯·霍普金斯医院和大学医学院有所关联，并且是过去一个半世纪以来日新月异的医学领域中不可或缺的角色。

作者从两位“革命性的慈善家”入笔，他们为世界上最知名的医疗机构之一提供了资金。我们了解到，约翰斯·霍普金斯先生是19世纪一位来自巴尔的摩的贵格会商人，他为建立一所大学（1876）、一家医院（1889）和一所医学院所提供的700万美元是当时世界上最大一笔捐赠。另一位重要的赞助人是玛丽·伊丽莎白·加勒特，她是一位铁路大亨家族的女继承人、女权主义者和被称为“强制性慈善事业”的实践者。她在1893年提出为医学院开办提供捐赠资金的交换条件是允许女性入学，“入学条件与男性相同”。

虽然最初威廉·奥斯勒医生反对加勒特女士的提议，但在此我们要由衷感谢一向善于外交策略的病理学家威廉·亨利·韦尔奇，因为他当时很快接受了捐赠条件和资金。其实早在23年前，即1870年，密歇根大学医学院已经开始接收女学生，从而成为美国首批接收女学生的主要大学之一。然而，除了女子学校或即将关闭的医学专科学校在19世纪90年代接受女性，约翰斯·霍普金斯拥有19世纪末为数不多的、既培养男性医生也培养女性医生的大学医学院。实际上，约翰斯·霍普金斯大学的男教授们确实需要一位信奉女权主义的慈善家来实现这一当时具有革命性的改变。

鲁本和林德紧接着介绍了约翰·肖·比林斯。这是一位时至今日很少有人会记得的美国卫生局局长图书馆的组织者。他是纽约公共图书馆的馆长以及最初约翰斯·霍普金斯医院的设计者——包括其耸立在巴尔的摩的标志性圆顶的设计者也是同一个人：比林斯。恕我愚见，比林斯是19世纪末和20世纪初最不受重视的医学天才之一。但希望知晓他众多成就的人越来越多！

随后，读者将通过文学之旅了解医院四位创始医生其中三位的生平事迹：卓越的内科医生榜样威廉·奥斯勒；美国医学界的政治家威廉·亨利·韦尔奇；世界级的外科医生，同时也是痛苦的可卡因和吗啡成瘾者威廉·斯图尔特·霍尔斯特德。他们都是伟人，但也请记住，这些杰出的医生也是凡人，和我们其他人一样有着相同的缺陷、弱点和过失。

作者还介绍了黄热病猎手杰西·拉齐尔医生的英雄人生。拉齐尔曾是约翰斯·霍普金斯大学的医生，1900年他在任职著名的黄热病委员会期间，在协助瓦尔特·里德的过程中病死在古巴。拉齐尔是这种病毒的易感者，他自愿成为实验对象。他把一支装满嗡嗡作响的蚊子的试管放在皮肤上，而这些蚊子都携带黄热病毒。最后，这位年轻的医生被叮咬并感染了黄热病毒。不久，他死于可怕的呕吐、黄疸和发热。此后一个多世纪以来，所有漫步过以及继续漫步于老约翰斯·霍普金斯医院主走廊的人都会记得，在一块风化的青铜牌匾上印有杰西·拉齐尔的英雄事迹。牌匾上的墓志铭意在鼓舞人心，尤其对于那些花时间查阅其人生故事的实习医生来说更是如此：

拉齐尔医生以超越士兵的勇气和奉献精神，冒着生命危险
向世人展示了一种可怕的瘟疫如何传播而又该如何防疫

时至今日，医学伦理学家和历史学家都认定瓦尔特·里德可能存在通过胁迫、隐瞒的方式来征召古巴村民和陆军人员参与他的实验的情形。但可以肯定的是，里德博士从科学上证明了蚊子是黄热病的传播媒介。但在今天，为了实验丧失生命以及罹患疾病是绝对不被容忍的。

本书最后几部分重点介绍了五位医学先驱，他们的职业生涯直到最近才被历史学家重视，其中包括德国移民和医学插画师马克斯·布雷德尔。马克斯·布雷德尔作为一名解剖学艺术家，在1894—1941年为约翰斯·霍普金斯大学的许多优秀科学论文提供了绘图。由于当时恰逢美国历史上两次对德世界大战时期，所以在此期间，他因国籍而遭受了极度的排斥和大量的骚扰。

作者还讲述了两位杰出的女医生的故事，她们因自己的性别而面临巨大的障碍：儿科医生和细胞病理学家多萝西·里德·门登霍尔［她发现了一种细胞，后来被称作里-施细胞（RS细胞），这种细胞是霍奇金淋巴瘤的特征

性细胞］及儿科心脏病医生海伦·陶西格（她帮助创建了“蓝婴手术”）。本书最后一章专门介绍了维维安·托马斯，一位非裔美国人，尽管没有接受过正规的医学培训，但他被任命负责外科主任阿尔弗雷德·布莱洛克的实验室——先是在范德比尔特（1930—1940），之后在约翰斯·霍普金斯（1940—1964），他并没有因此获得声望与荣誉。1964年布莱洛克去世后，托马斯又担任了15年约翰斯·霍普金斯医院外科实验室的主任。

本书的作者们知道，许多人可能会问：“为什么这十位医学史先驱都来自约翰斯·霍普金斯大学呢？”对于这个疑问，作者们表示“请归咎于我们”，并坦言他们和这所大学的隶属关系可能是其中原因之一。但我认为他们的回答太谦虚了。人们其实无需一个年迈的医史学家来宣布显而易见的事实。约翰斯·霍普金斯医院在将美国医学从19世纪的体液疗法、放血疗法和将工业级毒素用作治疗药剂的泥沼中解救出来的过程中发挥了重要作用。时至今日，约翰斯·霍普金斯医院仍然是医学研究、教育和实践的灯塔。

作为一名曾经的实习生、初级和高级住院医生、临床和博士后研究员、理学博士生、校友，以及享受“霍普金斯人”这一传统美妙称谓的忠实粉丝，能有幸重新认识并深入了解这些杰出的先驱，我倍感激动。

那么，我的处方是请大家翻开这一页，开始阅读后面关于医学颠覆者们的精彩文章。我相信，所有这样做的人都会细细品味每一个章节并沉浸其中。

霍华德·马克尔　医学史中心主任
密歇根大学医学院

原著前言

本书关于美国医学史上十位先驱的小故事，最初源于约翰斯·霍普金斯大学医学院的“巴克斯利”名誉教授及病理学系主任拉尔夫·H. 鲁本在全球新型冠状病毒感染（以下简称“新冠病毒感染”）疫情期间所做的一系列讲座。线上的听众中有一位对这些故事非常着迷的资深作家威尔·林德，在其参与下，这些小故事得以编撰成书。初始讲座的时间和形式是由新冠病毒感染疫情驱动的，但其内容也与这场21世纪的危机产生了深刻共鸣。

新型冠状病毒是对现代世界科学医学的最大挑战之一。它使得医学专业人员为之付出巨大努力和牺牲，不仅仅是医生和护士，还有每个家庭护理人员和保健工作者，而且他们的努力和牺牲远比我们想象的要巨大得多。仅仅基于这些原因，了解我们是如何在这场史诗般的斗争中调动科学、研究和护理病人最佳实践的武器是至关重要的。

本书虽然不是一部关键时代的全面医学史，但讲述了与作为美国科学医学革命发源地的约翰斯·霍普金斯大学相关的十位先驱的故事。他们促使我们走上了当前的医学之路。医学的发展是由技术的快速发展以及对基础遗传学和生物学过程更深入的了解所推动的。

对于“为什么书中的十位先驱全部来自约翰斯·霍普金斯大学？”这个问题，我们（就选题的狭窄）深表歉意并难辞其咎。作为学生和校友，我们都很了解约翰斯·霍普金斯大学（就拉尔夫·H. 鲁本而言，他的整个职业生涯几乎都在约翰斯·霍普金斯大学的医疗机构度过）。尽管这所大学存在不完美和缺点，其中许多是我们在本书中坦率讨论的，但我们对它的历史仍深深怀有敬仰。我们选这十位先驱与其说是一个助推器问题，不如说是一个时间和地点问题。我们相信并将在本书中论证，如果没有他们关键性的贡献，19世纪末和20世纪上半叶发生在美国的科学医学革命就不可能发生。

本着充分披露的精神，我们并不自称是历史学家，更不是医学史学家。

我们中有一位是研究胰腺癌的病理学家，另一位是作家和编辑。但是我们对历史，尤其是医学史充满热情。我们分享这些改变医学进程的备受关注的十位先驱的故事，希望所有人都能从他们富有戏剧性的生活中获得重要的经验教训，并应用于复杂而富有挑战性的时代。

因为书中针对这些简短描述采用了传记形式，所以读者还需要反复斟酌。我们的医学先驱之一，约翰斯·霍普金斯大学医学系的第一届系主任威廉·奥斯勒曾写道：“在文学作品中，还有什么比传记更引人入胜的呢？然而，任何人对他人生活的描述又是多么的不确定和不可轻信。”

奥斯勒提醒我们：讲述他人的生平故事可能带有很大的偏见。此外，我们还想提醒大家：传记必然是不完整的，因为它专注于个体的生活，把时代放在一边或置于背景之中。

拉尔夫·H. 鲁本

威尔·林德

2022年5月

目　录

CONTENTS

引　言

美国医学的一场革命

1893年约翰斯·霍普金斯大学医学院的开办，从根本上改变了美国的医学领域。在随后的几年里，医学从一个由教育程度不高的匠人从事的生意转变为一门由受过高等教育的医生从事的科学。虽然这种转变现在看来顺理成章，但在当时遭遇的挑战却是巨大的。

在本书中，我们试图通过十位先驱——玛丽·伊丽莎白·加勒特、约翰·肖·比林斯、威廉·亨利·韦尔奇、威廉·奥斯勒、威廉·斯图尔特·霍尔斯特德、杰西·拉齐尔、马克斯·布雷德尔、多萝西·里德·门登霍尔、海伦·陶西格以及维维安·托马斯的故事来讲述约翰斯·霍普金斯医院与约翰斯·霍普金斯大学医学院的创立和发展。十位先驱中的每个人都面临了巨大的挑战，然而每个人也都产生了难以想象的影响。这篇传记既关乎医学和科学，也贯穿了远见卓识和坚忍不拔。我们可以学习他们的生活方式并从中受益。

不妥协的愿景

由于一些读者可能并不熟悉医学史或约翰斯·霍普金斯大学（可能两者都不熟悉），所以对我们的人物进行“快速预览”可能会有帮助。玛丽·伊丽莎白·加勒特和约翰·肖·比林斯以他们不妥协的愿景创建了约翰斯·霍普金斯大学医学院，并制定了约翰斯·霍普金斯的医学标准。加勒特的慈善事业拯救了这所大学，使医学院得以建成。尽管遭到该大学第一任校长丹尼尔·科伊特·吉尔曼的极力反对，但是加勒特坚持要求医学院制定高标准，并认可男女学生以同等标准入学。

约翰·肖·比林斯是参加过盖茨堡和钱斯勒斯维尔内战血战的老兵，他设计了医院最初的建筑（彩图1）。当然他所做的远不止为约翰斯·霍普金斯医院制定了基于最前沿的清洁卫生和环境卫生知识的前瞻性的设计原则和计划，他还帮助树立了医学院的理念，即将科学应用于医学，并且他亲自遴选了几位关键的学校创始教师。此后，他的成就，包括他在创建国家医学图书馆和纽约公共图书馆方面发挥的作用也同样令人印象深刻。

几代人的榜样

威廉·亨利·韦尔奇和威廉·奥斯勒是未来几代医生中的佼佼者。韦尔奇是医学院的第一任院长，出生在康涅狄格州的一个小镇上。在他杰出职业生涯的后期被《时代》杂志称为“美国的医学掌门人”，他被学生们亲切地称为“老爹”，他激励并培养了这个国家的第一代医生科学家。他引领了一个独特的、植根于科学研究的前瞻性医学观点，并以此帮助约翰斯·霍普金斯大学永远地改变了美国的医学。

威廉·奥斯勒出生并受训于加拿大，被称为北美有史以来最伟大的医生。他把学生带到病房，在床边指导教学。奥斯勒的教科书《医学原理与实践》（*The Principles and Practice of Medicine*）于1892年首次出版，几十年来一直是执业医师和医学生最权威、最全面的指南。除了作为临床医生和教育家取得瞩目成就，奥斯勒还阐述了一种哲学，界定了作为医生的意义。虽然这并不能证明奥斯勒对医学和医生角色的思考的广度和深度，但他的格言“要真正践行医学的艺术，就必须热爱自己的同胞”，在今天和一百年前同样适用。

以科学名义的牺牲

在医学上取得科学的胜利，有时也会发生个体悲剧。我们将讲述两位敬业医生的故事，他们为了与人类的病痛作斗争，做出了难以想象的个人牺牲。著名的约翰斯·霍普金斯大学外科医生约翰·卡梅隆称霍普金斯大学的第一任外科主任威廉·斯图尔特·霍尔斯特德是“美国有史以来最具创新性和影响力的外科医生”。尽管他背负着吗啡成瘾这一可怕而沉重的个人负担，但是霍尔斯特德通过引进外科手套，推行谨慎和安全的手术技术，以及建立外科住院医生培训制度，从根本上改革了外科。

杰西·拉齐尔是约翰斯·霍普金斯大学的一名年轻医生，他志愿与一种致命的传染病作斗争。这种疾病在美洲，包括美国，已经肆虐了几个世纪。1899年，在美国-西班牙战争结束时，他加入了美国军队在古巴的黄热病委员会。尽管黄热病造成了毁灭性的破坏，但它的病因和传播方式一直是个谜。拉齐尔被不断累积但零散的证据所说服，认为一种蚊子是该疾病的载体。他在自己身上做了一个大胆且被认为鲁莽的实验。拉齐尔让自己被一只之前以黄热病病人血液为食的蚊子咬伤。两周后，他便痛苦地死去了。悬挂在约翰斯·霍普金斯医院大厅里向拉齐尔致敬的牌匾上只写了一句话：

拉齐尔医生以超越士兵的勇气和奉献精神，冒着生命危险
向世人展示了一种可怕的瘟疫如何传播而又该如何防疫

面对歧视

最后，我们将记录约翰斯·霍普金斯大学四位“外来者”的生活，一位移民、两位妇女和一位黑人。尽管公然受到歧视，但是他们每个人都取得了巨大的成就。这四人之一马克斯·布雷德尔将科学插画的力量带到了医学中。多萝西·里德·门登霍尔在癌症研究方面取得了突破性的进展。其他两位：海伦·陶西格和维维安·托马斯，对心脏外科的诞生发挥了主导作用，特别是开创性的“蓝婴”手术，拯救了成千上万的先天性心脏缺陷的儿童。

布雷德尔没有接受过正规的科学培训，作为一位来自莱比锡的移民，他亲身感受了第一次世界大战期间普遍的反德情绪，他与霍华德·凯利、威廉·霍尔斯特德、哈维·库欣以及霍普金斯的许多人合作，用他无与伦比的医学插画推动着外科工作和教学的进步。他被称为“自达·芬奇以来最伟大

的解剖学艺术家”。布雷德尔创作的插画对宣传霍普金斯的发现至关重要。尽管布雷德尔是局外人，不是医生，但他对医学的影响与那些邀请他绘制插画的医生们一样不可估量。

里德·门登霍尔是医学院1900级的学员。一年后，作为威廉·韦尔奇病理学实验室的研究员，她描述了感染霍奇金病的细胞特征。然而她的回报是什么呢？里德因为她的性别而被拒绝在霍普金斯大学任教。她出生在俄亥俄州哥伦布市，父母都很富有，她不顾家人的期望——认为她应“嫁得好”并成为该市社交舞台上的一件装饰品——而继续在史密斯学院学习，然后在约翰斯·霍普金斯大学学习。里德不仅忍受了作为一名女性所遭受的歧视，而且还经历了失去两个孩子的悲痛。尽管如此，作为一名研究人员以及母婴权益的倡导者，她还是在医学史上留下了长久的印记。

作为“小儿心脏病学之母”，陶西格是伯克利大学的优秀毕业生，她本想进入公共卫生领域，但哈佛大学公共卫生学院的院长告诉她，由于她是女性，虽然可以上课，但她不会被授予相应的学位。于是她转而进入约翰斯·霍普金斯大学医学院。她的临床技能相当出色，即使后来几乎失聪，她也能够通过手指触诊来判断婴儿的心脏是否存在异常。

维维安·托马斯是一个奴隶的后代，他在狗身上进行了关键性实验，这些实验为约翰斯·霍普金斯大学的“蓝色婴儿”心脏手术指明了方向。著名外科医生阿尔弗雷德·布莱洛克将托马斯带到约翰斯·霍普金斯医院，并在他第一次为病人做手术时提供指导。可以说，托马斯曾站在布莱洛克的肩膀上。布莱洛克将托马斯的手术称为杰作：“这看起来像是出自上帝之手”。托马斯指导了几代约翰斯·霍普金斯住院医生的手术技术。然而，出于种族原因，托马斯被迫在进入约翰斯·霍普金斯医院的走廊前脱下他的白大褂。直到职业生涯结束时，托马斯才被任命为医学院的教员，并被大学授予荣誉博士学位。

除了这么多的“第一”和非凡成就，改变美国医学发展进程的十位约翰斯·霍普金斯大学先驱的故事都凝聚着一个非凡的愿景，这一愿景将医学与科学、大众健康和公共卫生以及以病人为中心的护理恰到好处地结合起来。尽管如此，这些故事仍不可避免地显露着种族主义、性别歧视等丑陋的现实和其他一系列残酷的事实的交织碰撞。虽然其中某些残酷事实可以因他们所处的环境和时代背景而得到理解，但这种理解并不能免除已酿下的错误。当我们了解这些先驱们时，我们当认识到：即使是那些用善举来帮助他人的人们，也可能持有强烈的有意或无意的偏见，正如我们今天所了解到的。我们在此心怀痛楚地披露这些不愉快的现实，以便这些以生命为代价的教训能够让我们更好地去面对复杂和具有挑战性的未来。

（景　泉　译）

中英文对照

人　　名

— A —

A. 麦吉·哈维　A. McGehee Harvey
阿比盖尔　Abigail
阿布·本·阿德罕姆　Abou Ben Adham
艾比·马拉特　Abby Marlatt
阿布沙卢姆·琼斯　Absalom Jones
爱德华·H. 克拉克　Edward H. Clarke
爱德华·帕克　Edwards Park
安德鲁·哈里森　Andrew Harrison
安德鲁·卡内基　Andrew Carnegie
安东·沃夫勒　Anton Wölfler
阿尔伯特·冯·克利克尔　Albert von Kölliker
阿尔弗雷德·布莱洛克　Alfred Blalock
阿尔弗雷德·霍德　Alfred Hodder
阿里斯提德·阿格拉蒙特·西莫尼　Aristides Agramontey Simoni
艾琳·撒克逊　Eileen Saxon
艾琳·(帕蒂)·维宁　Eileen（“Patti”）Vining
艾伦·梅森·切斯尼　Alan Mason Chesney
艾伦·瑞克曼　Alan Rickman
埃米尔·戈奇　Emil Goetsch
埃米莉·鲍登　Emily Bowden

埃斯蒂斯·基福弗　Estes Kefauver

奥古斯特·冯·瓦塞尔曼　August von Wassermann

艾利森·米尔斯　Allison Mills

— B —

鲍勃·吉　Bob Gee

彼得·道森　Peter Dawson

本杰明·拉什　Benjamin Rush

保罗·罗斯曼　Paul Rothman

保罗·里维尔　Paul Revere

布林·莫尔　Bryn Mawr

伯特·沃尔巴赫　Burt Wolbach

贝西·金　Bessie King

— C —

查尔斯·艾略特　Charles Eliot

查尔斯·埃尔伍德·门登霍尔　Charles Elwood Mendenhall

查尔斯·科芬·朱厄特　Charles Coffin Jewett

查尔斯·理查德　Charles Richard

查尔斯·梅奥　Charles Mayo

查尔斯·曼洛夫　Charles Manlove

— D —

丹顿·库利　Denton Cooley

达德利·艾伦·萨金特　Dudley Allen Sargent

多萝西·里德·门登霍尔　Dorothy Reed Mendenhall

蒂莫西·菲尔普斯　Timothy Phelps

蒂莫西·威斯涅夫斯基　Timothy wisniewski

丹尼尔·科伊特·吉尔曼　Daniel Coit Gilman

丹尼尔·利博维茨　Daniel Liebowitz

丹尼尔·内森斯　Daniel Nathans

丹尼斯·W. 特纳·平克顿　DeNyse W. Turner Pinkerton

大卫·布鲁克斯 David Brooks
戴维·里尼 David Rini

— E —

恩斯特·冯·伯格曼 Ernst von Bergmann
恩斯特·瓦格纳 Ernst Wagner

— F —

菲比·埃文斯·莱托查 Phoebe Evans Letocha
冯·伯格曼 von Bergmann
弗雷德里克·丹尼斯 Frederic Dennis
弗雷德里克·盖茨 Frederick T. Gates
弗里德里希·冯·埃斯马奇 Friedrich von Esmarch
冯·雷克林豪森 von Recklinghausen
富兰克林·玛尔 Franklin Mall
福莱克斯纳 Flexner
佛罗伦萨·萨宾 Florence Sabin
菲利浦斯·托尔 Philipp Stöhr
弗朗西斯·金 Francis King
弗朗西斯科·贝洛纳特 Francisco Beronat
弗朗西斯·凯尔西 Frances Kelsey
费瑟斯通·奥斯勒 Featherstone Lake Osler

— G —

古尔斯顿 Goulstonian
格蕾丝·里维尔 Grace Revere

— H —

赫伯特·E. 达勒姆 Herbert E. Durham
赫尔曼·霍勒里斯 Herman Hollerith
赫尔曼·谢弗 Hermann Schäfer
霍华德·阿特伍德·凯利 Howard Atwood Kelly
霍华德·马克尔 Howard Markel

亨利·毕格罗　Henry Bigelow
亨利·赫德　Henry Hurd
亨利·拉弗尔　Henri Lafleur
亨利·罗斯·卡特　Henry Rose Carter
H. L. 门肯　H. L. Mencken
亨利·诺伊斯　Henry Noyes
海伦·陶西格　Helen Taussig
亨利·沃尔特斯　Henry Walters
哈珀·戈德斯坦　Harper Goldstein
汉斯·基亚里　Hans Chiari
亨特·罗伯　Hunter Robb
H. V. 奥格登　H. V. Ogden
哈维·库欣　Harvey Cushing

— J —

简·鲍尔斯　Jan Bowers
J. 范·罗贝斯　J. Van Robays
J. 马里奥·莫利纳　J. Mario Molina
杰斐逊·戴维斯　Jefferson Davis
杰米·怀斯　Jamie Wyeth
吉姆·克劳　Jim Crow
吉姆·莱特尔　Jim Writer
吉姆·纳布万古　Jim Nabwangu
J. P. 摩根　J. P. Morgan
基思·帕伦特　Keith Parent
杰西卡·凯斯　Jessica Case
杰西·拉齐尔　Jesse Lazear

— K —

卡尔·路德维希　Carl Ludwig
卡尔·斯滕伯格　Carl Sternberg

可可·伊顿　Coco Eaton
克莱本·汉考克　Claiborne Hancock
克劳迪亚斯·盖伦　Claudius Galenus
克莱尔·鲁本　Claire Hruban
克利夫兰·比尔米尔　Cleveland Bealmear
克拉拉·贝尔·普尔伊尔　Clara Belle Puryear
卡罗琳·霍尔斯特德　Caroline Halsted
卡罗琳·汉普顿　Caroline Hampton
柯勒律治　Coleridge
科琳娜·桑多内　Corinne Sandone
科里·桑多内　Cory Sandone
卡洛斯·胡安·芬莱　Carlos Juan Finlay
克里斯汀·鲁格尔　Christine Ruggere
科尼利厄斯·范德比尔特　Cornelius Vanderbilt
凯瑟琳·沃特斯·桑德　Kathleen Waters Sander
凯特·朗　Kate Long

— L —

利奥波德·施内克　Leopold Schneck
L. 艾美特·霍尔特　L. Emmett Holt
列奥纳多·达·芬奇　Leonardo da Vinci
莱昂纳多·伍德　Leonard Wood
丽贝卡·威廉姆斯　Rebecca Williams
罗伯特·甘布尔　Robert Gamble
罗伯特·格罗斯　Robert Gross
罗伯特·加勒特　Robert Garrett
罗伯特·科赫　Robert Koch
罗伯特·李斯顿　Robert Liston
理查德·艾伦　Richard Allen
理查德·福利斯　Richard Follis
理查德·冯·沃克曼　Richard von Volkmann

理查德·斯科特　Richard Scott
林登·约翰逊　Lyndon Johnson
拉尔夫·H. 鲁本　Ralph H. Hruban
朗福德·基德　Langford Kidd
鲁弗斯·科尔　Rufus Cole
利·亨特　Leigh Hunt
里克·科顿　Ric Cottom
莉莉·斯齐吉尔　Lily Szczygiel
莉莲·威尔士　Lillian Welsh
罗纳德·罗斯　Ronald Ross
拉尼斯·克罗斯比　Ranice Crosby
洛佩兹·科戈柳多　Lopez de Cogolludo
露丝·哈林顿　Ruth Harrington
露丝·亨廷顿·布雷德尔　Ruth Huntington Brödel
罗威娜·斯宾塞　Rowena Spencer
李维·沃特金斯　Levi Watkins
路易斯·巴斯德　Louis Pasteur
路易丝·卡瓦尼亚罗　Louise Cavagnaro

— M —

米尔顿·J. 罗森瑙　Milton J. Rosenau
米尔顿·温特尼茨　Milton Winternitz
马尔科姆·布罗克　Malcolm Brock
莫尔斯·迪福　Mos Def
麦可·布利斯　Michael Bliss
M. 凯里·托马斯　M. Carey Thomas
马克·拉维奇　Mark Ravitch
马克斯·布雷德尔　Max Brödel
马克斯·谢德　Max Schede
玛丽·奥布莱恩　Mary O'Bryan
玛丽·路易莎·海恩斯　Mary Louisa Haines

莫里斯·菲什拜因　Morris Fishbein
玛丽·斯图尔特·马斯特森　Mary Stuart Masterson
玛丽·伊丽莎白·加勒特　Mary Elizabeth Garrett
玛米·格温　Mamie Gwinn

— N —

尼尔森·迈尔斯　Nelson Miles
诺曼·巴克　Norman Barker
娜塔莉·米德尔　Natalie Middleton
南希·麦考尔　Nancy McCall

— O —

奥斯瓦尔德·艾弗里　Oswald Avery

— P —

帕默·霍华德　Palmer Howard

— Q —

乔·戈德斯坦　Jon Goldstein
乔瓦尼·巴蒂斯塔·莫加尼　Giovanni Batista Morgagni
乔伊斯·鲍德温　Joyce Baldwin
乔治·豪雅　George Heuer
乔治·皮博迪　George Peabody
乔治·斯滕伯格　George Sternberg
乔治·旺茨　George E. Wantz

— S —

斯蒂芬·阿丘夫　Stephen Achuff
桑福德·莱维　Sanford Levy
索菲娅·史密斯　Sophia Smith
萨缪尔·布什内尔　Samuel Bushnell
萨缪尔·克罗　Samuel Crowe
萨缪尔·W. 格罗斯　Samuel W. Gross
苏珊·B. 安东尼　Susan B. Anthony

— T —

塔尔·纳丹　Tal Nadan

托马斯·霍奇金　Thomas Hodgkin

托马斯·卡伦　Thomas Cullen

托马斯·卡莱尔　Thomas Carlyle

唐纳德·弗莱明　Donald Fleming

— W —

韦德·汉普顿　Wade Hampton

伍德罗·威尔逊　Woodrow Wilson

威尔·林德　Will Linder

沃尔特·惠特曼　Walt Whitman

沃尔特·里德　Walter Reed

沃尔特·迈尔斯　Walter Myers

威廉·奥斯勒　William Osler

威廉·戈尔加斯　William Gorgas

威廉·格罗斯　William Grose

威廉·G. 麦卡勒姆　William G. MacCallum

威廉·亨利·韦尔奇　William Henry Welch

威廉·里恩霍夫　William Rienhoff

[小]威廉·米尔斯·霍尔斯特德　William Mills Halsted Jr.

威廉·斯图尔特·霍尔斯特德　William Stewart Halsted

[小]威廉·威廉斯·基恩　William Williams Keen Jr.

维维安·托马斯　Vivien Thomas

— X —

西奥多·比尔罗特　Theodor Billroth

西格蒙德·弗洛伊德　Sigmund Freud

西蒙·福莱克斯纳　Simon Flexner

休·扬　Hugh Young

— Y —

亚伯拉罕·弗莱克斯纳　Abraham Flexner
约翰·巴里　John Barry
约翰·D. 洛克菲勒　John D. Rockefeller
约翰·科迪　John Cody
约翰·卡梅隆　John Cameron
约翰·皮尔斯　John Pierce
约翰斯·霍普金斯　Johns Hopkins
约翰·沃克·加勒特　John Work Garrett
约翰·肖·比林斯　John Shaw Billings
约翰·辛格·萨金特　John Singer Sargent
约翰·亚当斯　John Adams
亚历克斯·哈勒　Alex Haller
伊丽莎白·布莱克威尔　Elizabeth Blackwell
亚历山大·贝格　Alexander Begg
伊力亚·梅契尼科夫　Elie Metchnikoff
扬·斯蒂芬·范·卡尔卡　Jan Stephan van Calcar
约瑟夫·比尔德　Joseph Beard
约瑟夫·李斯特　Joseph Lister
亚瑟·麦克纳尔蒂　Arthur MacNalty

— Z —

朱莉娅·罗杰斯　Julia Rogers
詹姆斯·卡罗尔　James Carroll
詹姆斯·佩吉特爵士　Sir James Paget
朱塞佩·圣阿雷利　Giuseppe Sanarelli

机　构

艾伦·梅森·切斯尼医学档案馆　Alan Mason Chesney Medical Archives

奥斯勒医学史图书馆　Osler Library of the History of Medicine

巴尔的摩至俄亥俄铁路公司　Baltimore and Ohio Railroad

邦德海德　Bond Head

北京协和医学院　Peking Union Medical College（PUMC）

布林莫尔女子学校　Bryn Mawr School for Girls

布林莫尔学院　Bryn Mawr College

巴瑞文法学校　Barrie Grammar School

D. 阿普尔顿公司　D. Appleton and Company

杜克大学医学中心图书馆和档案馆　Duke University Medical Center Library and Archives

费城内科医师学院　Philadelphia College of Physicians

范德比尔特大学　Vanderbilt University

弗吉尼亚大学　University of Virginia

菲利普斯安多佛学院　Phillips Andover Academy

弗农山庄　Mount Vernon Place

菲斯克大学　Fisk University

古尔斯顿讲座　Goulstonian Lectures

国际商业机器公司　International Business Machines（IBM）

（美国）国家科学院　National Academy of Sciences

HBO电视网　Home Box Office

霍华德大学　Howard University

哈里特·莱恩之家　Harriet Lane Home

军队医学考试委员会　Medical Examining Board

加拿大医学会　Canadian Medical Association

克劳德·穆尔健康科学图书馆　Claude Moore Health Sciences Library

库默小姐女子学校　Miss Kummer's School for Girls

卡内基教学促进基金会　Carnegie Foundation for the Advancement of Teaching

莱比锡艺术学校　Die Königliche Kunstakademie und Kunstgewerbeschule zu Leipzig

伦敦皇家学院　London's Royal Academy

拉斯阿尼马斯医院　las Animas Hospital

美国出生缺陷基金会　March of Dimes Foundation
美国国家癌症研究所　National Cancer Institute（NCI）
美国疾病控制中心　Centers for Disease Control（CDC）
美国科学促进会　American Association for the Aduancement of science
美国陆军哥伦比亚军营医院　US Army’s Columbia Barracks hospital
美国内科医师协会　Association of American Physicians（AAP）
美国全国妇女选举权协会　National American Woman Suffrage Association
美国医学会　American Medical Association（AMA）
美国医学院协会　Association of American Medical College（AAMC）
梅哈里医学院　Meharry Medical College
麦吉尔大学　McGill University
马里兰精神病医院　Maryland Hospital for the Insane
莫森学院　Monson Academy
内科与外科医师学院（现为哥伦比亚大学瓦杰洛斯医学院）College of Physicians and Surgeons
纽约妇女儿童医院　New York Infirmary for Women and Children
纽约公共图书馆　New York Public Library
彭博慈善基金会　Bloomberg Philanthropies
皮博迪研究所　Peabody Institute
日内瓦医学院　Geneva medical College
萨金特体育学院　Sargent School of Physical Culture
史密斯学院　Smith College
史密森研究院　Smithsonian Institution
田纳西州立农业与工业大学　Tennessee State Agricultural and Industrial College
沃尔特斯艺术博物馆　Walters Art Museum
英国皇家内科医师学会　Royal College of Physicians

一、玛丽·伊丽莎白·加勒特

公平与卓越

玛丽·伊丽莎白·加勒特不太像是能引发美国医学教育变革的人，尤其是当探讨在美国什么样的人才能成为医生这样的重大问题时。加勒特跛足，童年很孤独。尽管她聪慧敏锐，但她从未上过大学。从十几岁开始，她几乎全身心都被羁绊在父亲的生意中。但加勒特不是个平凡的人，她不仅对女性教育的崭新未来颇具真知灼见，而且有着实现这一目标的坚定意志。

为了了解加勒特对美国医学教育的巨大影响，我们需要回到19世纪末，也就是在1893年约翰斯·霍普金斯大学医学院开设之前。众所周知，那个时代的医学院基本上都是营利性的职业技术学校。一位学者援引美国著名的医学教育报告《弗莱克斯纳报告》(*Flexner Report*)上的话，医学院里挤满了“对修习法律专业来说太愚蠢”和“对供奉神坛而言不道德”的年轻人。1869年，当哈佛大学校长查尔斯·艾略特提议获得医学学位要进行书面考试时，很快引起学院教员们的反对。著名外科教授亨利·毕格罗宣称：“他（艾略特）对哈佛医科学生的素质一无所知，他们中超过一半的人几乎不会书写，他们显然根本通不过书面考试。”

毕格罗反对书面考试的这个事件向我们展现了那个时代医学教育的诸多弊病。至少有一百所医学院校只要学生付钱，他们就愿意招收。只有不到20%的医学院校招生要求具备高中文凭。1870年，哈佛大学医学院的学生即使在9门课程中有4门不及格的情况下也可以顺利获得学位。当时的医学院通常设置两年的课程，第二学年的课程经常重复第一学年的课程，以便使第一学年没有及格的学生还有机会获得文凭。令人震惊的是，多数医学生可能直到毕业也未接触过病人，这仅仅因为这是一所罕见的附属于大学的医学院，更令人咋舌的是它与医院还产生联系。1893年的美国只有一所医学院，即新成立的约翰斯·霍普金斯大学医学院——要求入学者拥有大学学位。霍普金斯大学医学院还要求学生能讲流利的法语和德语，尤其要有扎实的自然科学背景，这样的要求几乎是前所未有的。

约翰斯·霍普金斯大学医学院在成立之初，很大程度归功于玛丽·伊丽莎白·加勒特的远见与慷慨，该医学院成功地为医学教育开辟了一条全新的道路。录取学生的高标准确保医学院招收到最优秀和最聪明的学生，除此以外，这些学生还需要定期到病房见习，这样学生们就可以观察、研究并了解病人。医学院的主要目标之一就是新的科学发现，相应地，这些科学发现又能被系统地应用于病人的治疗。简而言之，霍普金斯大学医学院很快在全美国乃至全世界的医生培养与科学医学的实践方面成为典范。19世纪末，这些以科学为基础的医学领域的进步还没有全面展开，但从当时的医学教育视角下，我们可以把目光转向玛丽·伊丽莎白·加勒特，是她成就了约翰斯·霍普金斯大学医学院，使这所医学院踏上了具有历史意义的征程。

孤独的童年

玛丽·伊丽莎白·加勒特拥有与生俱来的财富和影响力。然而像许多美国成功故事一样，加勒特家族的传奇故事也从卑微的故事开始。玛丽·伊丽莎白·加勒特的祖父罗伯特·加勒特是一个来自北爱尔兰的贫穷移民。1790年在罗伯特7岁的时候，全家乘船到美国。在漫长的航行中罗伯特的父亲去世了，他的遗体被葬在海里（像那种塞满了移民的船只被戏称为“棺材船”）。尽管有这样悲惨的开始，罗伯特在他的第二故乡还是兴旺发达了。他用康内斯托加式篷车在连接波托马克河和俄亥俄河的第一条联邦公路上运输货物，发了大财。从马车到铁路的转变是迅速的。在1858年，玛丽·伊丽莎白·加勒特的父亲约翰·沃克·加勒特被任命为美国第一条商业铁路——巴尔的摩至俄亥俄铁路公司的总裁。通过个人的不懈努力和敏锐的创业头脑，他很快成为美国马里兰州最有权势的人。

玛丽·伊丽莎白·加勒特出生于1854年。虽然说她继承了一部分特权，但是她并没有继承到好运。正如她后来描述的那样：“当我大约八个月大的时候，右脚踝的骨头出现了非常严重的问题。”加勒特有好几年需要戴着骨科支具，最开始是铁制的，后来是鲸须制的。支具让她觉得自己没有吸引力，性格也变得怯懦起来。她写道：“我很重，跛脚使我不像普通孩子那么活跃，也更孤独。”（图1.1）。

加勒特接受的是私立教育，主要在巴尔的摩令人向往的弗农山庄的库默小姐女子学校学习，当她和家人出国旅行时，也会有家庭教师随行。虽然她是一个聪明的年轻女子，但她在接受高等教育时却受到了阻碍，这在19世纪很普遍。加勒特的两个兄弟被送进了普林斯顿大学，而她却被禁止上大学。“我恳求父亲允许我上大学。”父亲很坚决地拒绝了。1876年约翰斯·霍普金斯大学开校时，加勒特再次争取接受高等教育的机会，然而校长丹尼尔·科伊特·吉尔曼出于谨慎考虑拒绝了她。吉尔曼已经下定决心，年轻女性不应该“接受这种更为粗鄙的影响——我很遗憾地坦诚相告——这些影响仍然在年轻男性们独占的大学和学院里盛行”。

图1.1　玛丽·伊丽莎白·加勒特小女孩时期照片——巴尔的摩 J. H. Dampf公司（约1865年）

星期五之夜

加勒特找到了一个小团体，其中有几个成员同样在追求教育平等的抱负中遭遇了挫败。她们都是巴尔的摩杰出领袖们的女儿，除一人之外，她们的父亲都是新成立的约翰斯·霍普金斯大学的理事。M. 凯里·托马斯、玛米·格温、贝西·金、朱莉娅·罗杰斯和玛丽·伊丽莎白·加勒特在每个月的第二个星期五聚会，讨论严肃话题。她们称此团体为“星期五之夜”或“星期五傍晚”（图1.2）。加勒特的传记撰写作者凯瑟琳·沃特斯·桑德写道，她们的关注点是“女性问题”。“女性能否像男性一样获得成功并为社会作出同等的贡献？”研究“托马斯”[注1]的一位学者说：“星期五之夜给了‘这群人’一个场合，她们可以在这里思考和抉择生命中所遭遇到的某些困境……这是一个让这些20岁出头、平时与家人居住的才华横溢的女性们聚在一起，认真讨论生活、宗教、职业，当然还有婚姻的场合。”托马斯和加勒特针对婚姻困境提出了各自的解决方案，但不久之后，托马斯宣布：“很难想象一个真正觉得自己可以独立生活和工作的女性在嫁给一个男人后不得不放弃一切。”

尽管玛丽·伊丽莎白·加勒特的兄弟哈里和罗伯特在巴尔的摩至俄亥俄铁路公司被委以重要职位，但他们终究没有达成父亲的期望去继承其产业。于是这落到了加勒特身上，用她自己的话说，她成了“爸爸的秘书”。她经常和父亲一起出差处理铁路方面的事情。虽然从未上过大学，但加勒特很快就掌握了家族企业的细节，并在随同父亲会见同事和生意伙伴时学到了很多关于铁路的知识，包括像安德鲁·卡内基、J. P. 摩根和科尼利厄斯·范德比尔特这样的美国商界巨头。晚年时的约翰·加勒特可能后悔没有让女儿上大学和就业。据说他曾对一位密友说：“在过去的几年里我常常希望玛丽是个男孩，我知道在我死后她有能力继承我的事业。”

加勒特从父亲那里学会的另一重要本领是如何利用巨大的财富和影响力来塑造事件的进程。后来，她吸收了这些工作经验，并用之推进实现自己的目标。由于父亲的健康每况愈下，加勒特接管了父亲更多的事务。约翰·加勒

注1：托马斯·阿奎纳，中世纪经院哲学的哲学家、神学家。是托马斯哲学学派的创立者。

图1.2 “星期五之夜”成员合影

注：加勒特位于正中，其余分别是（从右上顺时针）贝西·金（译者注：原著此处Elizabeth king有误，已刊误）、朱莉娅·罗杰斯、M. 凯里·托马斯和玛米·格温。

特于1884年去世。玛丽·伊丽莎白·加勒特在30岁时继承了那个时期最大的财富之一。尽管约翰·加勒特在去世前没有提前让自己的女儿知晓，但是他把三分之一的财产遗赠给了加勒特，其中包括200万美元和3处奢华的房产。

加勒特在使用这笔巨额遗产的眼界和力度上表现得与众不同。从一开始，她就着手纠正社会强加给妇女的机会不平等和待遇不公正的现象。她的性别使她无法获得大学学位，但逐渐地，她为女性教育开辟了一条崭新的道路。在最初的慈善行动中，加勒特资助建立了布林莫尔女子学校，这所学校位于巴尔的摩，由“星期五之夜”的女性们创办，目的是让女孩们为严格的高等教育课程做好准备。她写道：“任何大学都应该按照入学的最高标准来规划课程。”引用布林莫尔女子学校前任女校长在75周年校庆庆典上的发言：“布林莫尔女子学校是那个时代从大西洋到太平洋，唯一需要每位女性必须完成大学预科课程，并且每位毕业生必须通过大学入学考试的女校。”

加勒特和“星期五之夜”的其他女性们经过长期的艰苦奋斗，创建了这所使女性接受大学教育的预科学校。在加勒特所处的时代，除了极少数人，掌握权力和决策杠杆的男性们根本没有看出这样一个机构存在的意义。丹尼尔·吉尔曼在十年前被任命为约翰斯·霍普金斯大学的第一任校长时亦如此。加勒特在给“星期五之夜”的信中写道，吉尔曼觉得女性接受高等教育的整个想法毫无意义，因为“女性与男性是不同的，她们不像男性那样需要教育，对她们来说，大学教育往往是一种债务，而不是一种资产”。那个时代巴尔的摩的一位医生建议女孩们：“不要去布林莫尔学校，因为爬楼梯会影响将来生儿育女。”尽管存在着极严重的性别主义，学校的规模还是在不断扩大，并为年轻女性们提供了一流的大学预科课程。

上文提到过，加勒特童年的大部分时间都是在腿部支具上度过的，常常是独自一人，远离健全的同龄人。尽管如此，布林莫尔女子学校还是特别重视体育教育。事实上，在加勒特的指导下，它成为美国拥有最好的健身设施的机构之一。她邀请了萨金特体育学院的创始人达德利·艾伦·萨金特博士来设计布林莫尔女子学校的体育馆。据说，加勒特本人在选择设备方面起了主导作用（图1.3）。加勒特成功地创建了一所为年轻女性进入大学做准备的高标准学校，而她为加大女性受教育机会所做的工作才刚刚开始。为了充分理解她在女性追求教育平等中所扮演的先锋角色，我们需要回顾一下约翰斯·霍普金斯这所医疗机构的故事，以及以他的名字命名和创建的故事。

图1.3　布林莫尔女子学校的体育馆

注：尽管加勒特自己也觉得“太差”，但她坚持要新学校重视体育教育。

向女性开放的医学院：梦想与现实

约翰斯·霍普金斯是玛丽·伊丽莎白·加勒特父亲的密友，是巴尔的摩一位富有的商人、银行家和投资者，他具有强烈的公民意识和慈善意愿。在他生命的最后阶段，也就是内战结束后不久，约翰斯·霍普金斯在约翰·沃克·加勒特的家中会见了美国金融家及皮博迪研究所（美国城市中第一个主要的艺术和知识中心）的创始人乔治·皮博迪。该研究所现属于约翰斯·霍普金斯大学的一部分。约翰斯·霍普金斯遵循了皮博迪的建议，将自己的财产用来发展高等教育事业。约翰斯·霍普金斯起草了自己的遗嘱，并任命了一个理事会来实现自己的愿望。约翰斯·霍普金斯于1873年平安夜去世时，留下了700万美元的遗产，用于建立一所大学、一所医学院和一所医院。这在当时是美国历史上最大的慈善捐赠。

约翰斯·霍普金斯的遗赠将他计划建立的三所机构联系在了一起，这在当时是不同寻常的。他对董事会成员们宣称："你们要时刻记住，我的愿望和目的是，这个机构（医院）最终应该成为大学所属的医学院的一部分，我已经在遗嘱中为此做了充足的准备。"这三个相互联系的机构中的第一所——约翰斯·霍普金斯大学，于1876年10月3日成立了。

1877年，在马里兰精神病医院的旧址上开始建造约翰斯·霍普金斯医院，但大学的董事会（主要由节俭的贵格派教徒组成）并不急于建成它，导致医院直至1889年才竣工。祸福难料，约翰斯·霍普金斯把他对这三所机构的愿景与遗产中捐赠的巴尔的摩至俄亥俄铁路公司（B&O）的股份联系在一起。他的遗嘱要求该大学不得出售他们所获得的任何股份。1888年，B&O股价的下跌给大学带来了严重的财政危机，也危及了已故的约翰斯·霍普金斯要建立一所附属于大学和医院的医学院的计划。对该机构财务状况的最后一击是B&O日益减少的股票股息。在此之前，铁路公司一直将其收入的8% ～ 10%稳健地用在大学运营上，但这个比例在19世纪80年代末降低了，再接着股息完全停发了，使大学的年度运营预算减少了近75%。《芝加哥日报》（*the Chicago Journal*）写道，"巴尔的摩至俄亥俄铁路系统的崩溃，使大学面临着瘫痪的危险"。

吉尔曼校长绝望了。医院即将于1889年开业，但大学只剩下67 480美元来资助医学院。吉尔曼宣布，还需要10万美元来开办医学院。"星期五之夜"的五位女性看到了一个机会，可以推进她们的计划，同时可以打破现有教育中的另一个性别壁垒。她们成立了女子医学院基金委员会（以下简称委员会）。1888年12月31日，托马斯给加勒特的一封信显示，基金委员会计划筹集10万美元并将其捐赠给医学院，前提是女性享有与男性同等的入学条件（图1.4）。"星期五之夜"中加勒特的密友写信给她说："吉尔曼先生非常反对这个计划，比我意识到的要更加反对……赫德医生（医院的第一任院长）和奥斯勒医生强烈支持这个计划。"托马斯在另一封信中写道："对许多校董事会成员尤其是吉尔曼来说，如果医院开办意味着女性可以被录取的话，他们宁愿不开办。"

1890年10月28日，女子医学院基金委员向大学提议捐赠10万美元，该委员会现在已经拥有来自全国其他地区的参与者。事实上，该组织只筹集了大约一半的资金，但加勒特承诺提供额外的47 787美元，以满足吉尔曼10万美元的

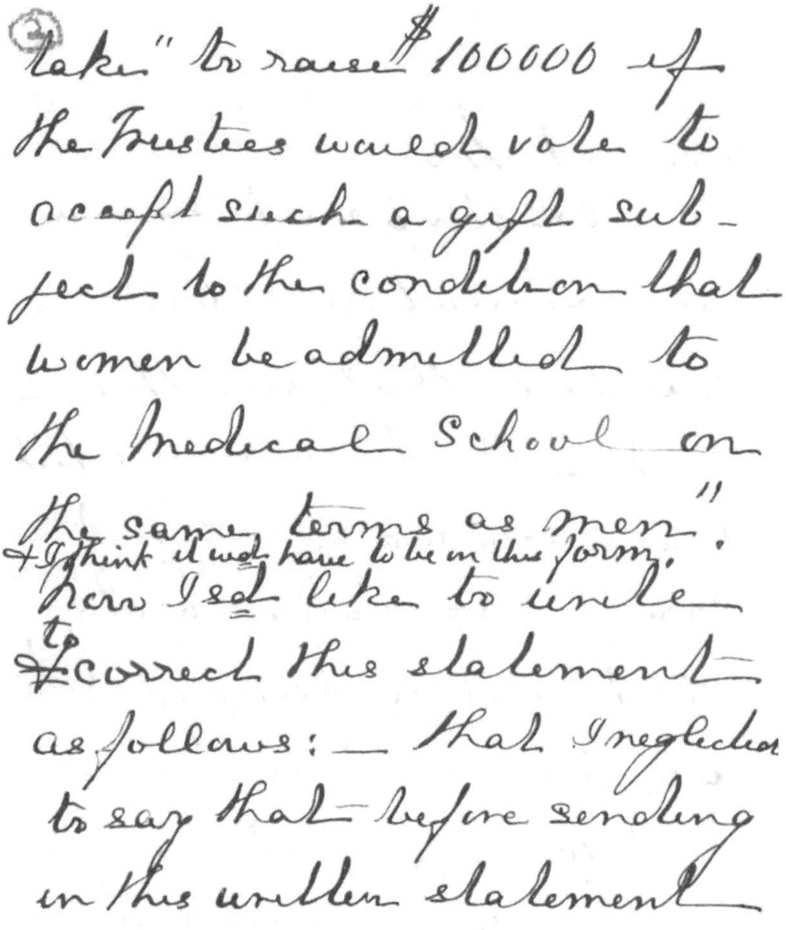
(3) take" to raise $100000 if
the Trustees would vote to
accept such a gift sub-
ject to the condition that
women be admitted to
the Medical School on
the same terms as men".
& I think it wd. have to be in this form.
Now I sd like to write
to correct this statement
as follows:— that I neglected
to say that before sending
in this written statement

图1.4　M. 凯里·托马斯写给加勒特信的节选

注：托马斯在信中概述了她们带有“强制性条件”的慈善捐赠“计划”。

需求。该委员会承诺捐款的条件是约翰斯·霍普金斯大学医学院录取女性。董事们接受了这一提议，但宣布这笔捐款只能作为所需的总共50万美元的“基础部分”。顷刻之间，加勒特和委员会面临的资金门槛被提高到五倍！

我们讲述到这里，有必要考虑的是女性在被医学院录取时所面临的几乎不可逾越的障碍。在19世纪，男性占主导地位的医学行业普遍认为，女性过于多变和脆弱，无法胜任需要全身心投入的医学教育领域，何况医学教育面临的是血淋淋的人体解剖和疾病。在当时，成立于1846年，被认为是医学界的诚信和福祉的守护者的“美国医学会”，直到1915年才接纳女医生为会员。

在那个时代，性别歧视和厌女症不需要掩饰或借口。哈佛医学院教授爱德华·H. 克拉克声称："如果女性被医学院录取，她们将不可避免地发展为畸形的大脑和瘦小的躯体；思维意识异常活跃；消化系统异常虚弱。出现思想不稳定和便秘。"

一些杰出的女性成功地克服了困难，进入了医学院（到1900年共有19所女子医学院，但从这些地方获得文凭的女性通常在毕业后被拒绝进入临床培训）。其中伊丽莎白·布莱克威尔初尝并最终成功（进入医学院）的故事已经被多部优秀著作记载。1847年，布莱克威尔被纽约北部的一所小机构——日内瓦医学院录取之前，已被29所医学院拒绝过。她被录取也只是因为院长遭遇到来自一位支持录取布莱克威尔的著名医生的压力，于是，院长决定授人以柄，把这个问题下放给全是男性的学生们。院长相信这些年轻人很快就会拒绝布莱克威尔，但他没有考虑到调皮学生们的幽默感。这些学生们认为这是个玩笑，一致投票同意接纳布莱克威尔。两年后，她以全班第一名的成绩毕业，并创办了纽约妇女儿童医院。这家医院专注服务于该市的穷人，另外，医院雇佣的全部员工都是女性，并开展课程培训医学和护理专业的女性学生。

绷着六根弦的礼物

玛丽·伊丽莎白·加勒特在回应霍普金斯大学董事们不断升级的财务要求时，颇具自己独特的风格，也展示了自己的能力。她同意再拿出自有的10万美元，条件是董事们能够筹集到余款，这样她把球又公平地踢回到董事会那里。但吉尔曼和董事们没能拿出所需要的资金。1892年11月，加勒特"星期五之夜"的盟友托马斯在给她的便签说："前景比我以前想的要糟糕得多。"加勒特毫不气馁，她将主动权掌握在自己的手中。她宣布打算再捐款306 977美元，这在当时是一笔不小的数目。加勒特既精明又有执行力，她对付了那些善变的董事们，提出了一笔能满足他们财务需求的数目——但不会再多出一分钱。她进一步规定，这笔钱将从1894年1月1日起，也就是医学院计划开学的第二年开始分六次等额支付，每次5万美元，最后一笔6977美元将于1899年1月1日付清。

加勒特承诺要促进女性教育平等，而这完全可以简单地通过捐钱实现。

她不是单纯地只做了慈善，更践行了其主要传记作者所说的“强制性慈善”，反过来，她要求对如何使用这些钱自己享有很大的控制权。加勒特在1892年12月22日和1893年2月15日分别给董事们的信中概述了其捐赠款的不可更改的条件。除了要求霍普金斯大学在医学院的录取问题上男女“无差别”外，还规定（摘自其信件）：

1）必须建造一座建筑物来纪念妇女在学校建立过程中所发挥的作用——妇女基金会纪念大楼。

2）像欧洲著名的大学一样，约翰斯·霍普金斯大学医学院“应完全是一所研究生院校……并应成为约翰斯·霍普金斯大学不可分割的一部分……并应提供四年的医学博士学位课程”。

3）应每年在印刷的……校历上……公布医学院的课程。

4）入学学生应“具有良好的法语、德语阅读能力”，且学习过物理、化学和生物。

5）学校必须“不降低”其高“录取标准”。

加勒特还明确表示，如果“大学停办男女兼收的医学院”，或者“在医学院学习的女性不能像男性一样享有所有的优势”，约翰斯·霍普金斯大学需要退还她的赠与。这些都似乎不足以确保她的目标的实现，加勒特还坚持新的医学院必须在1893年秋天之前开学。这最后一项要求是为了制止董事会经常拖延的倾向。

董事会对加勒特所列上述强制性条款的回应很消极，但并不为此感到意外，因为社会普遍对女性教育存在偏见。几乎每天，都有一名大学董事、一名教员或吉尔曼校长亲自拜访加勒特位于巴尔的摩芒特弗农的家，恳请她作出让步。在整个斗争过程中，加勒特坚定的支持者——托马斯给了她来自“星期五之夜”同伴的坚定的鼓励和偶尔的战术性建议。有一次，她在给加勒特的信中写道：“现在让步意味着永远不会‘接纳女性’……他们一定认为你是傻瓜才相信你，或者说，我们会上当受骗……即使是女人，你也有一次掌握了主动权，再加上绝对不动摇……我们绝对是正确的，非常正确。”在另外一封信中，托马斯告诉加勒特，校董们“在黑暗中用背叛的态度和虚假的理由……用一种难以置信的充满敌意、恶意和诋毁的纠缠方式”。加勒特以其自己坚定的方式与那个不接受她进入大学接受教育的人作斗争并拒绝让步，她与他们针锋相对。1893年1月她给吉尔曼和董事会写了一封信，在信的结尾她带着几分讽刺说："我很遗憾我的信在这些问题上似乎不够明确。"最后，财务现实迫使吉尔曼对加勒特提出的条件作出了让步，这为霍普金斯大学医学院彻底改变美国医学教育的路程扫清了障碍。

一些人担心加勒特坚持的高学术标准会吓跑申请者。正如医学院第一任院长威廉·韦尔奇写道："在图书馆的桌子上建造一座教育的空中楼阁是一回事，而面对它的实际外观又是另一回事。"内科学系创始人——系主任威廉·奥斯勒曾幽默地对韦尔奇说："我们能以教授的身份受聘是很幸运的，否则，我们永远不可能以学生的身份考入。"

加勒特的要求不仅仅是建立了最基本的录取标准，她制定的标准吸引了未来最好的医生来到霍普金斯。如果你是一个聪明、有才华、有上进心的青年男性或女性，又渴望从事医学事业，你会想进入一所校内其他学生只有高中学历的医学院吗？还是你更愿意在拥有最高标准的医学院接触卓有成就的同龄人，在那里接受专业培养？加勒特从根本上成就了约翰斯·霍普金斯大学医学院，使其成为当今卓越的医学院（图1.5）。

图1.5　约翰斯·霍普金斯大学医学院1898届毕业班合影

注：与当时其他医学院不同，约翰斯·霍普金斯大学医学院在男女平等的基础上录取了女性。

布林莫尔女子学校和妇女选举权运动

由于玛丽·伊丽莎白·加勒特的勇气和坚忍不拔，1893年约翰斯·霍普金斯大学医学院首批录取了三位女性。这一里程碑事件和她早些时候在巴尔的摩建立的布林莫尔女子学校都成为其愿景的一部分，也是其终身的承诺——促进女性教育公平。除了这两项成就，加勒特还将她惊人的才能和可观的财富奉献给了布林莫尔女子学校。这所学校位于费城附近，始建于1885年，一直致力于为女性提供比当时主流更为严格的本科教育。正如她在布林莫尔女子学校和约翰斯·霍普金斯大学所做的那样，加勒特将她对学院的慈善愿望设立在高学术标准和女性平等机会这两个支柱上。

1893年也就是约翰斯·霍普金斯大学医学院成立的那一年，加勒特提出，如果布林莫尔女子学校的董事会选举她的亲密朋友——"星期五之夜"的伙伴托马斯担任院长，她将每年向布林莫尔女子学校捐赠1万美元。董事会同意了，加勒特一生中共向布林莫尔女子学校捐赠了近45万美元。加勒特对布林莫尔女子学校的慷慨填补了她早期慈善事业（支持女性为进入大学做准备）与她后期的奋斗目标（促进女性在研究生和专业层面上的进一步接受教育）之间的沟壑。

随着时间的流逝，加勒特与她一生的朋友M. 凯里·托马斯的联系越来越密切。玛米·格温是托马斯的密友也是其在布林莫尔女子学校近20年的室友。她在1904年6月嫁给了教员阿尔弗雷德·霍德。这桩婚姻对"星期五之夜"的其余成员来说是一个打击，她们都曾发誓永远不会结婚，也不会"贬低"自己去屈从于丈夫的束缚或者丈夫所带来的自由的丧失。格温结婚后，托马斯和格温再也没有说过话。1904年，加勒特开始在布林莫尔和托马斯一起过冬并最终搬进了她的家，这在当时被称为"波士顿婚姻"。这个词指的是一对女性共同生活的友谊。根据托马斯的一位传记作者的说法，这种安排在19世纪中期并不罕见，也不带有性行为的内涵。

搬到布林莫尔与托马斯居住的一年前，加勒特率先构思了可能是美国医学史上最著名的画作，并委托约翰·辛格·萨金特完成了肖像画《四大医生》。这幅画描绘了威廉·韦尔奇（医学院的第一任院长兼任病理学主任）、威廉·奥斯勒（内科医学系主任）、威廉·斯图尔特·霍尔斯特德（外科学系主任）和霍华德·阿特伍德·凯利（妇产科第一任主任）。他们都是约翰斯·霍普金斯大学医学院的创始成员，也都是加勒特的私交（彩图2）。

这四位医生不是穿着他们的工作外套，而是穿着他们的学术长袍（暗指他们的学识和学术资历），而这正好符合设立严格标准并准备在医学教育中开辟崭新的科学道路的医学院的背景。这幅画完成于1906年，在伦敦皇家学院首次展出时获得了评论界的一致好评。然后它被运到巴尔的摩，在那里加勒特把它交给了霍普金斯。

此时，加勒特已深深投身于妇女选举权运动中。早在1902年，加勒特就出资制作了一枚纪念倡导妇女权利的领袖苏珊·安东尼的纪念章，并将其赠送给了布林莫尔女子学校。在她和托马斯的敦促下，美国全国妇女选举权协会于1906年在巴尔的摩召开会议。加勒特在她位于弗农山庄的豪宅里招待了安东尼和该协会的成员，举办了一系列纪念这位妇女作为参政运动领袖的活动。加勒特甚至说服了医学院院长威廉·韦尔奇加入妇女参政主义者在巴尔的摩街道上举行的游行队伍。

“一个为其所处的时代和一代人服务的女人”

1915年4月3日，玛丽·伊丽莎白·加勒特因白血病在布林莫尔女子学校去世，享年61岁。加勒特被葬在巴尔的摩附近的绿山公墓，在她父亲的旁边，不远处即为约翰斯·霍普金斯的墓，那里离约翰斯·霍普金斯医院不远（图1.6）。她的墓志铭：

一位安静的女性
实现了充满激情的一生
她为其所处时代
与同辈人尽职尽责
并长久地被那些她为之操劳一生的人们铭记

我们应该永远铭记玛丽·伊丽莎白·加勒特，以及她对创立先驱医学院的贡献。许多人认为医学院应以她的名字命名才公正。我们敬仰她是因为她

图1.6　玛丽·伊丽莎白·加勒特的墓地照片

注：本书合著作者拉尔夫·H. 鲁本在巴尔的摩绿山公墓参观玛丽·伊丽莎白·加勒特的墓地。

通过不懈的斗争，艰辛地创建了以学术严谨和对女性公平为基础的机构。当我们想到加勒特时，必然会想到她坚定不移的公平和卓越原则，这些原则不仅丰富和改变了约翰斯·霍普金斯大学医学院，而且改变了之后几代人的医学教育标准（彩图3）。

（蒋育红　译）

二、约翰·肖·比林斯

为新世纪构建科学医学

当走进约翰斯·霍普金斯医院穹顶笼罩下的圆形大厅（彩图1），在左边，你会看到一幅其创始人霍普金斯先生的威严的画像，当你走到下一个交会路口处，在右边会看到另一幅令人震撼的全身像，这位便是约翰·肖·比林斯先生（彩图4）。事实上，我们今天所熟知的这栋建筑——比林斯行政大楼——就是以他的名字命名的。

玛丽·伊丽莎白·加勒特为建立约翰斯·霍普金斯大学医学院奠定了基础，而约翰·肖·比林斯则亲自规划设计了新约翰斯·霍普金斯医院，并将当时最先进的病人照护和清洁卫生理念纳入其中，随后，比林斯带领医学院步入科学研究和医师培养双轨制的历史变革之路。卡尔顿·查普曼为比林斯所作的纪实传记名为《混乱中的秩序》，这一书名很恰当地描述了比林斯的职业生涯。比林斯天赋异禀，他可以将各种挑战置于理性和可预见的掌控之下，能够妥善处理庞大且以往难以应付的问题。然而，比起他在组织和处理重大事件方面所拥有的非凡能力，更引人注目的是，他能够构思和实施远远超出他所处时代的认知的计划，而且能力出众。比林斯是个有远见的人，但更不凡的是他还可以将有远见的事情付诸行动并完成。这种独特的双重天赋在他所设计的约翰斯·霍普金斯医院的医疗设施以及信息收集和管理方面的发明中体现得淋漓尽致，比林斯在这两个完全不相干的领域留下了不可磨灭的遗产。

酷爱阅读的童年

约翰·肖·比林斯如何为约翰斯·霍普金斯大学医学院作出如此多的卓越贡献，尤其是在科学医学史方面？这个经常被忽视和不受欢迎的人到底是一个什么样的人物呢？

约翰·肖·比林斯1838年4月12日出生在美国印第安纳州的埃文斯维尔附近，是该州南部的一个小镇。根据一位早期的传记作家的记载，比林斯“很喜欢读书，他的兴趣和娱乐就是读书”。比林斯后来回忆，他在8岁时就已经读过《圣经》的每一节，还有《鲁滨逊漂流记》《杀鹿者》和其他一些经典著作。14岁时，比林斯就作为一个早熟的少年进入俄亥俄州的迈阿密大学读书。显然，让儿子接受高等教育并不在比林斯父母的计划中。另有早期的传记作家记载：比林斯的父亲是一位经济拮据的商人和打散工的农夫，比林斯为了获得上大学的资助，不得不与他的父亲达成协议，同意他们家的遗产归他妹妹所有。

在迈阿密大学，比林斯热爱读书且坚持不懈。学院图书馆在星期六只开放几个小时，而且只在开学期间开馆。有次暑假到来时，比林斯还因“私闯图书馆并泰然自若阅读数小时”而闻名。后来，比林斯以全班第二名的成绩毕业，并于1858年就读于辛辛那提的俄亥俄医学院。该校和当时的大多数医学院一样，为学生提供了为期两年的课程，这两年课程的内容设置基本相同，以确保最差的学生也能获得学位。比林斯这样描述他的课堂经历：在那些日子里，他们教授医学的方式就像教男孩子们游泳一样，直接将他们丢到水里。

尽管辛辛那提的俄亥俄医学院有诸多不足之处，比林斯还是努力发表了一篇关于外科方式治疗癫痫的论文。从专业文献的角度来看，这篇论文颇具水准。

比林斯查阅了51位作者（其中大多数是欧洲人）在44种期刊上发表的文章。在辛辛那提的图书馆，尽管他很难有机会阅读到任何一种期刊，但他可以接触到一位导师，这位导师私人收集了大量关于外科手术领域的文章。几十年后，比林斯回忆说："学生希望在图书馆找到大量与医学学科相关的文献，但在美国找不到这样好的图书馆，因而这样的想法难以实现。"这件事情在比林斯心中播下了创建医学图书馆和医学文献检索系统这一具有历史意义的种子。

比林斯毕业后，美国还没有正式的住院医师培训项目，于是他向辛辛那提的私立医院申请额外的培训机会，在1860年，这家医院与当时的俄亥俄医学院之间存在着一种萌芽期的、具有创新性的教学合作关系。医院的教员对比林斯的教学管理非常松散，他必须独自承担照顾医院病人的工作——这些病人包括妓女、运河船夫和其他来自社会底层的人。那个时代的特点是，富有的病人更喜欢居家接受内科或外科治疗。

火线下的手术

在比林斯培训几近结束时，历经几十年的地区斗争和有关奴隶制的不同派别间的矛盾日益激化，最终于1861年随内战的爆发而彻底爆发了，于是，比林斯即刻报名志愿成为联邦军队的随军医生，军队医学考试委员会在审查所有申请的候选人的资格和条件时，发现比林斯的表现是最突出的。据说当时比林斯获得的评分如此之高，以至于考官质疑一个只是来自印第安纳州的入伍申请者怎么可能考得如此之好，于是他被要求再次参加考试。但据说，他第二次表现甚至更出色。

只经过短暂的训练，比林斯就成为一名军医。他受命前往钱斯勒斯维尔，然后前往葛底斯堡，这是两个众人皆知的最血腥的战场。战争中，在手术台上所上演的生死搏斗，其场面更是悲惨至极。在紧邻钱斯勒斯维尔前线之处，比林斯冒着很大危险搭建了他的野战医院。他写道："我很快就发现，能行走的伤员不会停留在这里——因为离前线实在太近了。于是，我将野战医院搬回到距离前线大约200码（约180米）的地方，并开始在那里工作，但很快就接到了医务主任的命令，说我还是距离前线太近了。”结果这个用作临时医院的建筑“被炮弹击碎”，比林斯的一名助手因此丧命。

在葛底斯堡，比林斯在朗德托普附近利用一所民宅和圆顶谷仓建立了一所医院。1863年7月9日，比林斯在这里给年轻妻子的信中写道：“日子渐渐过去了，我还在试图从混乱中建立秩序，让我那些受伤的病人进入一种舒适的状态。”在葛底斯堡的另一封信中，比林斯报告说：“我的身心处于精疲力竭的状态，我不分昼夜地做手术，现在还在努力工作中。我留在这里负责700名伤员，没有任何物资供给……刚刚一颗炮弹擦着我的左耳掠过。”

为毕生的事业奠定基础

虽然比林斯在钱斯勒斯维尔和葛底斯堡战场上幸存下来，但是这场战争对他的身体和精神造成了严重的伤害，他不得不休假，住进医院休养（图2.1）。战地外科医生的经历，无疑颠覆了比林斯对战争及人员伤亡的认知，但在军队中的其他职位的经历对他在未来的工作领域作出贡献更为重要，即

图2.1　比林斯在钱斯勒斯维尔和葛底斯堡的英勇战斗前（左）和后（右）

注：他悲伤的目光和凹陷的眼睛体现了他在治疗大量伤员和垂死的人时所付出的沉重代价。

作为约翰斯·霍普金斯医院的设计师、文献编目系统发明者和科学医学先驱。

1862年，也就是在葛底斯堡战役的前一年，比林斯曾被派到费城的陆军总医院工作。那时，这座城市正处于美国科学先锋潮流中，比林斯在那里发现了显微镜这一可以作为医学研究的新工具。比林斯又打开了他那种百科全书式的好奇心，和其他那些曾触发他灵感的领域一样，比林斯也成了使用显微镜的专家。最终比林斯发表了一篇文章，论述了显微镜在诊断牛群感染方面的应用。更重要的是，比林斯开始极力推行这样的想法：实验室的研究工作是有效进行医疗诊断的基础。这一想法成为日后比林斯在设计约翰斯·霍普金斯医院建筑时所采用的理念。

随着内战进入尾声，比林斯承担了华盛顿特区卫生总署的工作并在那里供职30多年（图2.2）。在此期间尽管比林斯总是需要将他的公共卫生专家角色与他在医疗和政府等重要机构的主要领导职位结合起来，但比林斯是个博学多才的人，他善于在业余时间协调甚至利用这些复杂的、经常相互竞争的关系来妥善地处理当时所遇到的各类问题。

图2.2　卫生署署长办公室合影

注：照片为卫生署署长约瑟夫·K. 巴恩斯（中间站立者）和他的工作人员在办公室的合影，右起第二位为比林斯。

比林斯在卫生总署办公室的主要工作就是监督军队医院的拆除工作，他还参观了美国所有的海军医院。这时比林斯已经成了医院设计和建造方面的专家，并在1870年撰写了《关于兵营和医院设施的报告》。他得出的不同于以往的结论之一是：感染传播是医院中的一个严重问题。比林斯写道：“我相信，如果仍然遵循传统方式建造医院，没有一家医院的使用期会超过15年。”这份报告和他5年后发表的另一篇《关于美国陆军卫生状况的报告》帮助比林斯树立了在卫生保健与环境卫生方面的权威，特别是在军事领域。正如我们所期待的，更重要的是，这些报告巩固了10年后比林斯作为约翰斯·霍普金斯医院设计师候选人的资格。当时，比林斯在做设计工作的同时，还负责卫生总署图书馆的小部分医学书籍的收集工作。现在，让我们开始将关注点转向比林斯设计和建设新约翰斯·霍普金斯医院时所扮演的组织管理角色上来。

规划设计一个最高水准的医院

从一开始，约翰斯·霍普金斯先生就设想创建一所在设计理念和病人照护方面体现当时最先进水平的医院。1873年3月10日，霍普金斯先生在给董事会的信中写道，新医院“在建设和管理方面，应该与美国或欧洲任何其他类似性质的机构相比都具有一定优势”。霍普金斯作为创始人在对董事会的指示中还进一步规定，医院应接纳“贫困的病人……而不应考虑性别、年龄或肤色”（我们将在后面的一章中看到，这一推崇平等的理想很快就被约翰斯·霍普金斯大学内外的政策和偏见所扭曲）。

1875年，约翰斯·霍普金斯医院的董事会邀请五名医院建设专家，要求提交新机构的提案，包括新医院的建设、供暖、通风和管理，以及示意图等相关策划内容。

当董事会汇总专家的建议时，遇到的是一个新的且紧迫的话题，即所谓的“住院制度（院感）问题”，即由于将大量病人安置在拥挤、不卫生的空间里，导致大型医院出现死亡率上升的现象。比林斯之前曾在为卫生总署写的《关于兵营和医院设施的报告》中论述过相关问题。事实上，所有专家的建议都直接或间接涉及“住院制度（防控医院感染）问题”，其中还包含了一些相关的设计理念。

比林斯的设计是董事会最终接受的方案。约翰斯·霍普金斯大学医学院前任内科主任麦吉·哈维在他为马里兰历史学会撰写的优秀论文中指出："影响他们最终选择的是比林斯本人，而不是他的提议。"在哈维看来，董事会很快认识到，他们需要医生的专业知识来解决许多超出他们作为外行人的认知范围的医学和科学问题。他们尤其被比林斯在卫生保障、感染防控和医院组织管理领域深厚的学识和良好的声誉所吸引。比林斯对医学教育的观点也吸引了负责建立新的以大学为依托的医生培训模式的团体的注意。此外，正如比林斯在华盛顿特区卫生总署图书馆工作时那样，有需要时，比林斯总是随时成为可以咨询的人选。简而言之，比林斯是"协助董事会实现约翰斯·霍普金斯先生意愿的最佳人选"。

比林斯对新约翰斯·霍普金斯医院进行重新规划，创建了分栋建筑的广厅式布局模式，以此来减少疾病的传播途径。正如他在《关于兵营和医院设施的报告》中所述："我仔细考虑过为霍普金斯医院设计的临时建筑，即广厅式独立建筑。这类建筑可以在使用12～15年后拆除，以防止病原体的积累，但这个计划从未实施。为了更好地理解比林斯为约翰斯·霍普金斯医院规划设计的创新特点，我们还是看看他的设计图吧（图2.3）。比林斯提交的设计图纸——在他1876年参观了欧洲的医院后进行了修改，很可能是由一位建筑师绘制的。

比林斯的几个具有前瞻性的设计特点非常突出，其中一些在切斯尼医学档案馆的照片的附带说明中可以了解到（图2.4～图2.6）。其有意取消了公共病房中的电梯，以防止空气中的病原体从一层到另一层流动传播，所以病人只能被从楼梯抬到病床上（比林斯的论文清楚地表明，他了解疾病相关的细菌理论，但在描述感染的传播时，有时会提到瘴气）。为了进一步减少感染的传播风险，比林斯将这些楼梯设计为对外敞开，减少了从一个建筑到另一个建筑的直接空气交换。在建筑内部，病房采光良好，并被设计了可以保证阳光充分照入房间的窗户。设计在病床下方的通风格栅也值得关注（图2.4）。比林斯想要引入尽可能多的流通气体来减少病原体的传播。

和其他医用建筑一样，这个独特的八角形病房的设计也是为了让病人尽可能多地沐浴在自然光线下。照片中的内景显示，每张床都邻近一扇窗户（图2.5）。尽管比林斯很有先见之明，建议在地基及建筑中将电路预先规划设

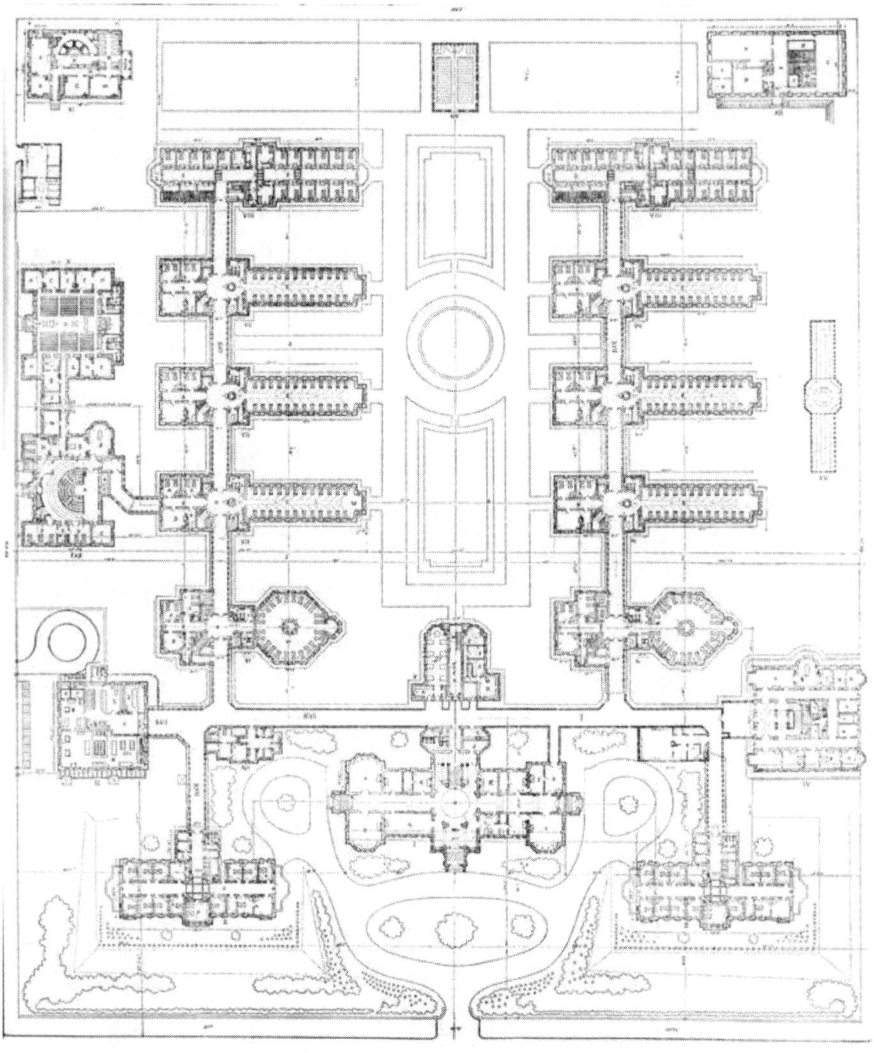

图2.3　约翰斯·霍普金斯医院原计划的图纸（约1877年）

注：比林斯设计了一个减少感染传播风险的广厅式布局模式。其正门，即现在的比林斯行政大楼，就在正下方6点钟的位置。

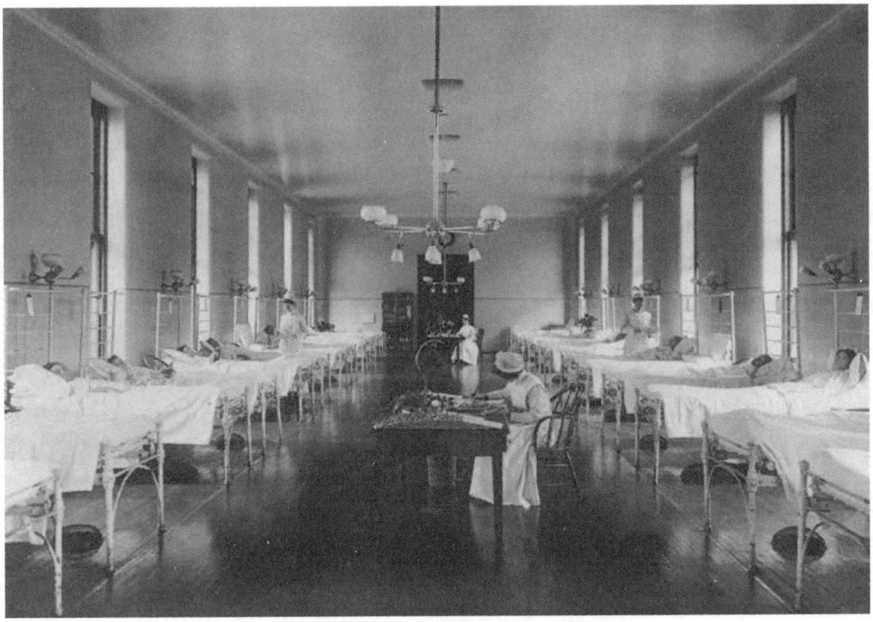

图2.4　普通病房照片

注：每张病床底下都设有通风格栅，用来增加空气流通，大量窗户为室内提供了充足的光线。

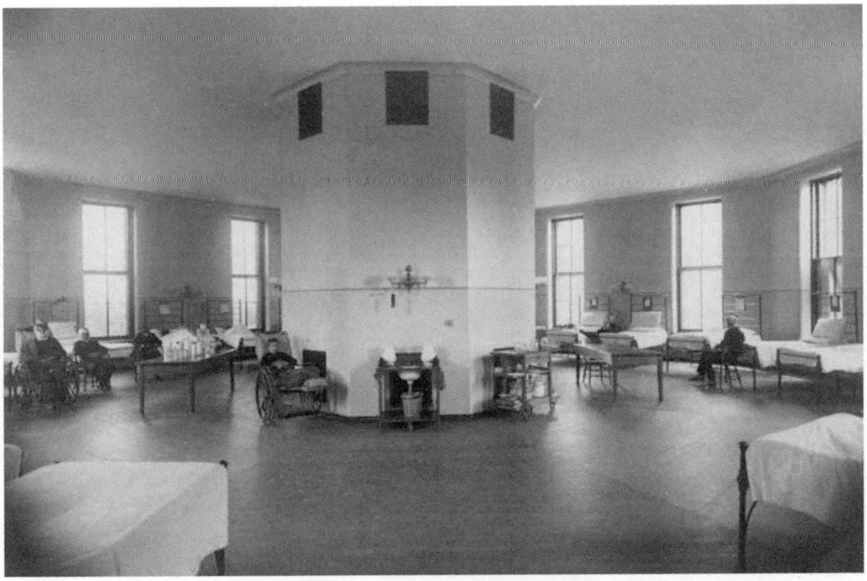

图2.5　八角形病房内部照片

注：每张病床都紧挨着一扇窗户，从照片中心可以看到，由于没有设计室内管道，病房里水槽的水都排在水桶里。

计出来，为电力时代的到来作准备，但管道铺设仍然是一项挑战。我们仔细看看同一张照片中病房的中心，很明显，水槽中的水流进了一个桶里。可以看出新建的约翰斯·霍普金斯医院里的设施并不是完全现代化的！

当时隔离病房设置约有20间单人病房（图2.6），正如竖立的烟囱所示，每个房间都设有壁炉和独立的通风管路，以促进通风并减少病原体的传播。值得注意的是，医院要求每个护理单元的护士在值班时，一次在病房里待上几天，因为担心她们出入可能会传播疾病。

除了在头脑中一直萦绕着将约翰斯·霍普金斯医院创建为一个一流医院的雄伟设想，比林斯也特别重视创始人的初心：“此机构（即医院）将最终成为大学医学院的一部分，我已经在我的意愿中注有充分的条款说明。”比林斯将创始人的意愿应用到实践中，并将它们变成约翰斯·霍普金斯医学的基本使命：将严格的医学教育、富有同情心的病人照护和开创性的科学研究进行整合并融为一体。

图2.6　1889年隔离病房的外景照片

注：隔离病房有大约20个单人房间。屋顶上方的烟囱表明，每个房间都有独立的通风系统，以防止病原体的传播。

比林斯特别强调研究的力量，他在1889年医院的开幕式中着力强调实验室的作用，他强调："在实验室获得的结果将会使更多的生命获得拯救，使更多的病人从难以形容的痛苦中获得解脱，使城市远离瘟疫。"

与那个时代美国医学界的其他领军人物相比，只有比林斯设想将科学研究作为约翰斯·霍普金斯大学医学培训的核心组成部分。比林斯在文章《医院建设与管理》中，写道："医学院应该不仅期望培养出训练有素的、能够作出准确诊断的医生，而且还应该培养出能够独立开展调查并进行科学研究的医生。"比林斯认为约翰斯·霍普金斯大学必须设立这样的目标："给社会提供这样人才，他们不仅能按旧的航海图航行，还能描绘新的、更好的航海图供他人使用。"比林斯对医学研究和教育的进步思想在今天仍然正确，但他的"男孩俱乐部"论调，总是将医生定义为男性，表明他是当时那个沙文主义文化时代的俘虏。

比林斯渴望把科学医学教育带进约翰斯·霍普金斯医院的围墙内，并使病房成为教学的延伸。在照护穷人和推进科学研究的同时，比林斯在他的演讲中强调，医院"应该以开展临床教学的方式，为机构内外病人谋求福祉"。在比林斯看来，学生能够越早获得带教老师在病人床旁的指导越好。他很快补充说："没有什么能取代这一点。如果学生在毕业前没有获得这部分技能（在此阶段，有带教老师的保驾护航来避免失误犯错），那么学生的这部分技能只能毕业之后获得，可惜的是，到那时候只好以牺牲第一批他们所服务的病人为代价了。"虽然学生在医院进行临床实习的宝贵意义在今天似乎显而易见，而这种想法在当时的欧洲也被广泛接受，但在同期的美国却是个新鲜事儿。

医学院四位创始人的伯乐

比林斯还帮助招募了新医学院学术上的领军人物。首先，他聘请了威廉·韦尔奇，医学院的首任院长和第一位病理学系主任。1876年，比林斯接受设计约翰斯·霍普金斯医院的委托后，在该机构十多年的建设期间，比林斯前往欧洲学习医院的设计和组织管理相关内容，同时，他也带回了欧洲的哲学思想和医学方法论。同年11月7日，比林斯在德国莱比锡参观了德国科学家恩斯特·瓦格纳的实验室。在参观实验室时，他遇到了当时在那里学习的韦尔奇。当天晚上，比林斯和韦尔奇在奥尔巴赫的凯勒酒吧约见喝啤酒（据说浮士德和魔鬼就是在这里做交易的）。尽管这一会谈环境不甚体面，但两位医生对科学医学有着共同的愿景，他们的此次相会启动了韦尔奇受邀加入约翰斯·霍普金斯大学医学院的计划。

十多年后，比林斯还招聘了第一任内科主任威廉·奥斯勒。根据奥斯勒的叙述：

"1889年早春，他来到了我在费城核桃街的住处……他还没有坐下来就立马问我：'你愿意负责约翰斯·霍普金斯医院的内科吗？'我毫不犹豫地回答说：'愿意。''那么请就具体事宜和韦尔奇谈谈吧，我们很快就要开业了，我今天很忙。哦！早上好。'比林斯在我的房间里停留还不到几分钟就离开了。"

对于一个像比林斯这样有干劲的人来说屡见不鲜，他会毫不犹豫地让他的新员工尽快投入工作中，并要求后者继续帮忙为约翰斯·霍普金斯大学招募负责其他学科的一流医生。韦尔奇在为约翰斯·霍普金斯大学招募外科第一任主席威廉·斯图尔特·霍尔斯特德方面也发挥了重要作用，奥斯勒帮助招募了第一任妇产科主任霍华德·阿特伍德·凯利。

从1876年被约翰斯·霍普金斯大学的董事会任命到1889年医院开业的15年间，比林斯从根本上改变了美国医疗机构建设的理念，他设计了一个体现新的"最先进技术的"医院，并融入有关病人照护和感染防控的最新理念。比林斯建立了以重视科学研究和以病人为中心的双轨制教学体系，同时以此作为约翰斯·霍普金斯医院照护病人使命的双重基础。此外，他还招募了最优秀、最聪明的候选人作为医学院的创始成员，并促进他们走上了医学发现和医生培训方面的开创性道路。用比林斯自己的话或许能够最好地描述他的终极抱负："让我们祈愿，在最后一粒时光的沙尘从19世纪的脚下吹尽以前，约翰斯·霍普金斯将成为学习的典范。"1989年出版的《约翰斯·霍普金斯医学百年史》中的很多灵感来自比林斯，确实应该赋予约翰斯·霍普金斯这样的名誉——"同类机构的典范"。这部上下两卷的作品也证实了比林斯的历史成就和他的愿景的正确性。

创立通用医学书目检索系统

尽管比林斯在设计约翰斯·霍普金斯医院、发展其哲学思想和招募许多早期领导者方面取得了显著的成就，然而比林斯的贡献还不仅仅如此。令人惊讶的是，在约翰斯·霍普金斯大学工作的同时，他还指导了华盛顿特区卫生总署图书馆的建设工作。如前所述，当比林斯加入卫生总署时，他被指派负责医学文献的收集工作。也许得益于其学生时代有着为发表文章大量收集关于癫痫的参考文献的经历，比林斯几乎从一开始就认为他的任务不仅仅是撰写书籍和文章，也包括如何提升医生和其他医学研究人员找到和使用这些文献的能力。到1883年，比林斯宣称："我们正在努力使这个图书馆成为完整的医学文献收藏之地，使之成为全球意义上藏书量最大的图书馆，人们在此可以查阅到相关信息并能够将其应用到合理而又可实现的目标上，也可以查找到与他们所研究医学课题相关的、业界已出版的全部文献。"

1867年，在比林斯接手这个项目之前，这个图书馆已有1800册藏书。比林斯亲自挑选并购买了大量书籍和期刊，到1895年，在他的领导下，其藏书量已经增长了50倍，达到9万册。那时的收藏囊括了最新的期刊，并允许市民和军事人员享用其资源。起初是作为卫生总署的陆军医学图书馆，后来成为武装部队医学图书馆，最终成为国家医学图书馆，这是由约翰·肖·比林斯建立的又一个具有变革性的美国医学机构。

随着藏书量的迅速增加，对建立图书管理制度的需求也在增加。"信息存储和检索"无疑是一个现代术语，但它恰当地描述了比林斯在卫生总署图书馆工作时在收集、管理和索引时所采取的"时间前置"的方法。正如当时负责史密森研究院图书馆的助理秘书查尔斯·科芬·朱厄特所说："一座没有目录的图书馆就像失去了双眼的人体。"

比林斯的解决方案是，他本人通过独自查阅数万种期刊和书籍，创建一个按医学文献中所有有关作者和主题的字母顺序排列的索引目录。1880年，比林斯在美国陆军卫生总署图书馆制作了他的第一个鸿篇巨制的索引目录（从'A'到'Berlinski'）（图2.7），每卷索引目录平均超过1000页。至1895年，比林斯每年都出版一本新的索引目录。索引目录总计涵盖了超过50万篇

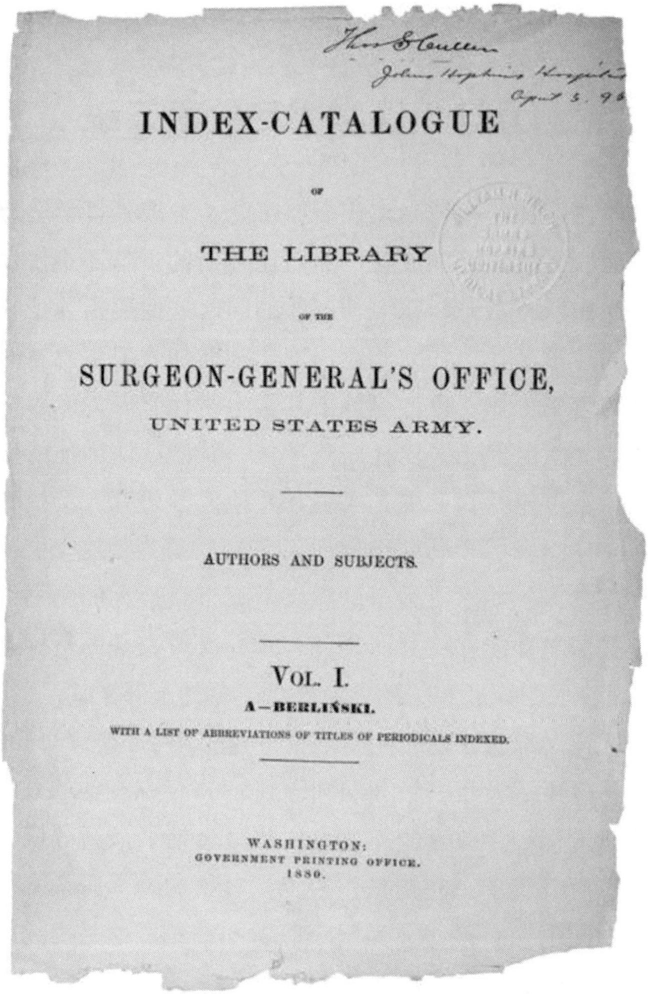
INDEX-CATALOGUE

OF

THE LIBRARY

OF THE

SURGEON-GENERAL'S OFFICE,

UNITED STATES ARMY.

AUTHORS AND SUBJECTS.

VOL. I.

A—BERLIŃSKI.

WITH A LIST OF ABBREVIATIONS OF TITLES OF PERIODICALS INDEXED.

WASHINGTON:
GOVERNMENT PRINTING OFFICE.
1880.

图2.7　比林斯不朽的医学信息索引目录第一卷的扉页照片——诺曼·巴克

注：这些书平均有一千多页。1880—1895年，比林斯每年出版一本新的索引目录。这些更新最终演变成了今天的PubMed数据库。

期刊文章以及17万本书和小册子。索引目录的更新又成为医学文献索引体系的内容，最终成为今天强大的PubMed数据库，用美国国家医学图书馆负责人的话来说，PubMed数据库是比林斯的卫生总署图书馆的直系后裔，包括“超过3200万篇生物医学文献引文”。

比林斯为每一篇文章创建了一个在特定位置打孔的索引卡片，卡片上标有所指定的相关主题内容。之后，用直径与曲别针相当的金属丝将相关内容的一叠卡片串起来，每张在相同位置被打孔的卡片都可以被提取，这样一来，与指定主题相关的所有信息，比如“胰腺”主题的相关卡片，都可以很容易地被检索出来。

奥斯勒称该索引目录“不论与任何领域相比，这个索引目录堪称最惊人的编目作品之一。它为世界提供了一份最早的通用医学参考书目，比林斯医生为他所从事的事业投入的精力和热爱具有永久性的里程碑式的历史意义……”同样，结核病病原体的发现者罗伯特·科赫写道：“比林斯已经为未来的科学医学家创造了一个绝对不可或缺的工具。”比林斯因其索引目录而广受好评。比林斯在国际医学大会上发表了题为“我们的医学文献”的演讲后，听众们大声欢呼，直到声音嘶哑。喧闹的招待会有时也会演变成有趣甚至离奇的社交场合。1881年8月3日，在伦敦，比林斯参加了由著名的英国外科医生詹姆斯·佩吉特爵士举办的招待午宴。他和其他名人，包括查尔斯·达尔文和威尔士亲王坐在一起，而在他的右边就座的竟然是威廉·古尔博士，有些人认为他就是臭名昭著的“开膛手杰克”（即1888—1889年在伦敦作案累累，奸杀妓女的凶犯杰克）。比林斯竟然是与这样的一群人聚餐！

由于比林斯对信息和信息管理有着浓厚的兴趣，他自然也对统计学感兴趣，并后来将其应用于公共卫生领域中。1873年比林斯出版的一本关于“感染防控和引发公共卫生”的书中写道，“防疫措施要想有效，就应该在大多数人没有看到担忧的特殊起因的时候实施，而这样，才能减少不必要的担忧和资金的浪费”。（如果我们将比林斯在1873年发表的论文内容引申到公共卫生总体政策方面，他当年的理念对如今新冠病毒感染疫情相关领域具有深远的意义，而医疗健康系统对此却毫无准备）。作为一个积极采取公共卫生措施的早期倡导者，比林斯被任命为宾夕法尼亚大学公共卫生研究所的第一任主任。

1880年为人口普查设计独特的打孔卡片系统

在政府工作的同行们在面对收集和处理大量信息的挑战时注意到了比林斯在这方面的才华，比林斯和商人兼统计学家赫尔曼·霍勒里斯一起被邀请参加1880年的全国人口普查的组织工作。他向霍勒里斯介绍了打孔卡片检索系统，即他在卫生总署图书馆开发的将不同类别的信息用于分类和归类的方法。比林斯写道："通过打孔或压槽的方式把大量数据记录在卡片上，这样，就可以采用电子计数或机械分发卡片的方法来进行需要的枚举操作。"（图2.8）

霍勒里斯在其《电子计数表设备历史》一书中回忆道："1880年的第十次人口普查中，是比林斯博士让我意识到需要一些机械装置来协助与人口普查相关的统计汇编工作。最终，霍勒里斯将原有公司变成了制表机公司，并改进了原来分类和归类信息的策略，一家制造电子计算机的公司就这样诞生了。1911年，霍勒里斯以120万美元的价格卖掉了他的公司，公司经过多次迭代

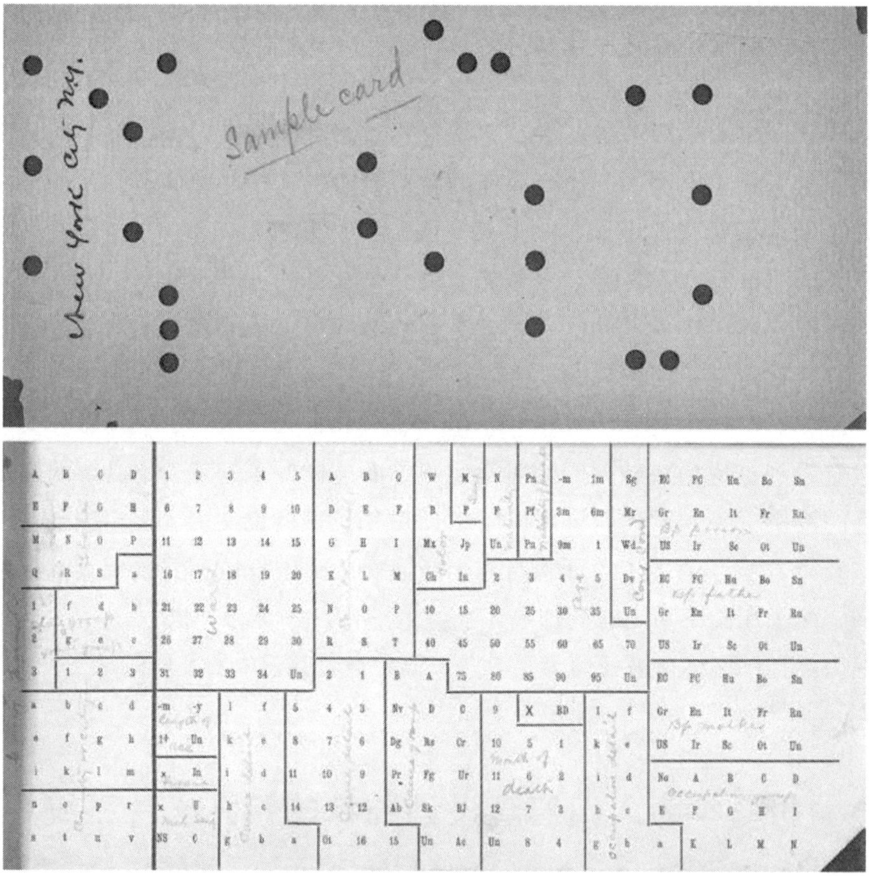

图2.8 比林斯收藏的打孔卡片可能用于美国人口普查

注：在卡片上打孔（上）可以指定年龄、职业和来源国等特征，如"解码器卡片"（下）上所示。比林斯把打孔卡的想法告诉了赫尔曼·霍勒里斯，后者创办了一家电子制表公司，最终成为国际商业机器公司（International Business Machines，IBM）。

后成为当今赫赫有名的IBM。”

许多有才华的人如果与比林斯在军事、医疗或政府供职时所取得的最高成就相比都不会感到很轻松，更不用说同时在这三个领域了，但比林斯还渴望接受新的挑战。1896年，比林斯担任纽约公共图书馆的馆长职位。在这个职位上，他指导了阿斯特图书馆、伦诺克斯图书馆和蒂尔登信托基金的整合工作，之后成为我们现在所熟知的纽约公共图书馆。比林斯帮助创建了以作者名字为主题词的参考文献目录，并把标准参考文献安排放置在主阅览室的四周，从而增加了标准参考文献的可用性。

比林斯还曾说服安德鲁·卡内基捐赠520万美元建造纽约公共图书馆那栋非常精美的主分馆，该分馆位于纽约第五大道和42街的拐角处，可以看到巨大的狮子雕塑守卫着入口。比林斯负责指导这栋楼的建设工作，并亲自帮助设计了宏伟的玫瑰主阅览室（图2.9）。在纽约公共图书馆任职期间，就像在他之前职业生涯中取得的诸多成就一样，比林斯的关键贡献在于将他所拥有的技术专长、组织领导力以及必要时的说服能力，他将这三种能力结合起来并发挥到极致。有趣的是，那些比较了解他的人指出比林斯并不是一个特别和蔼可亲或合群的人。

图2.9　纽约公共图书馆的玫瑰主阅览室照片

注：除了指导纽约公共图书馆的创建，比林斯还率先设计了这个优雅的空间（图片来源：David Iliff。授权：CC BY-SA 3.0）。

比林斯的遗产

约翰·肖·比林斯于1913年3月11日去世，葬于阿灵顿国家公墓。威廉·斯图尔特·霍尔斯特德——约翰斯·霍普金斯大学医学院外科的首位主任，亲任比林斯葬礼的荣誉护柩者。比林斯的人生成就清单很长，而且相当惊人。他是美国内战英雄；他设计了约翰斯·霍普金斯医院；他树立了医学院的初始哲学思想，并招募了几位学科奠基人；他建立了国家医学图书馆，并创建了索引目录系统；他还是宾夕法尼亚大学公共卫生系的引路人；他对现代计算机技术的发展发挥了重要作用；他还创建了纽约公共图书馆系统。

当我们想起约翰·肖·比林斯时，也许最重要的印象是比林斯不知疲倦地将科学应用于医学和更广泛的公众利益中。比林斯的传记作家卡尔顿·查普曼强调，比林斯是这样一个“不达目标绝不罢休”的人。比林斯在1886年的《波士顿内科与外科杂志》上写道：“最好的生活……应该尽力去帮助他人，是无私的，不被妒忌、嫉恨所玷污，它的主要快乐之处和驱使行动的愿望，是使人们生活得更愉快，可以把光明带到黑暗的地方，并帮助人类。”

当然，这种无私的奉献可能要以牺牲个人和家庭的利益为沉重代价。他的一位传记作家报告说，1898年比林斯没有参加他母亲的葬礼，原因是这与一场商业活动相冲突。

据说，约翰·肖·比林斯的儿子曾说过：“我不会……即使拥有我父亲双倍的盛名和声望的生活，我也不愿意去尝试。我一直都很讨厌我父亲的生活……我非常非常痛恨……因为它剥夺了他的一切。”

我们也许永远无法解释像比林斯这类人生活的道德困境，他们把自己完全地奉献给人类，却难以对最爱他们的亲人尽到应尽的义务。但有一点可以肯定的是：尽管约翰·肖·比林斯的名字刻在约翰斯·霍普金斯医院行政楼具有标志性的圆顶上，但这绝不能表明他只是一个简单意义上的建筑建造者。需要强调的是，他不是一个产品或设施场所的建造者，而是一个完整系统的建造者，比林斯独特的解决方案从根本上应对了当时的挑战，并远远超前于那个时代。

比林斯发明了索引目录系统，最终使医学研究人员可以站在世界范围内几乎全部的科学研究者的肩膀上。他构想并交付给赫尔曼·霍勒里斯的打孔卡片系统，将美国人口普查从费力又基本毫无意义的手工统计数据工作中解放出来，并将其带入具有强大的科学统计分析方法的时代。

当然，就我们更关注的美国医学领域，比林斯的最大成就是设计建造了约翰斯·霍普金斯医院并使其成为美国医学的最高学府。比林斯制定的建设约翰斯·霍普金斯医院的整体规划，在建设初期就将当时最新的卫生和感染防控原则融入其中。同时比林斯还清晰地阐述了照护病人的愿景，即利用研究和床旁教学的双轨制来改进病人的治疗路径。最重要的是，比林斯为新约翰斯·霍普金斯大学医学院招募了水平一流的科学医学专家，是这些专家研发的新医学成果和治疗路径成了约翰斯·霍普金斯新医院的核心内容，犹如医院跳动的心脏。比林斯的梦想犹如建筑师希望能够建造一种全新类型的医疗建筑的梦想，但不同的是，他所有努力的方向既有远见，又植根于科学。

比林斯在给约翰斯·霍普金斯新医院的董事会提交的第一份报告中指出：这所医院，应该能够提升我们对疾病原因、症状、病理以及治疗方法的认知，其伟大的工作就不会局限于巴尔的摩市或马里兰州，而应该作为全面认识疾病和有力控制疾病的一部分，使将来的病人受益并惠及世界各国。

时下的我们，作为活在“将来”的人，已然可以证明比林斯当时梦想的正确性和现实意义了。

（格　伦　译）

三、威廉·亨利·韦尔奇

科学视角下的医学

玛丽·伊丽莎白·加勒特是一位颇具远见卓识的慈善家，她为约翰斯·霍普金斯大学医学院的创建提供了资金支持。她对校长丹尼尔·吉尔曼曾经拒绝其入学的歧视行为，积极地进行了回击，她不仅在资金支持上为医学院作出了贡献，还促使医学院走上一条历史性道路——朝着更严格的入学标准和公平对待女性的方向发展。

约翰·肖·比林斯是一位参加过钱斯勒斯维尔和葛底斯堡血战的老兵，也是军队医院建设和组织方面的专家。他设计了约翰斯·霍普金斯医院，招募了几位创始医生，并塑造了以教学和研究为基础的医院理念。医学院的第一任院长威廉·亨利·韦尔奇，作为比林斯最初招募的医生，开始在医生培训和病人照护方面开辟全新的科学道路，这将彻底改变美国医学教育。

毫无疑问，韦尔奇具备胜任这项任务的杰出才华。韦尔奇是一位和蔼的新英格兰乡村医生的儿子，他父亲对病人关怀备至。他在耶鲁大学接受过文学和艺术方面的古典教育，也曾在国外与欧洲最著名的内科研究人员共事。这一特殊的家庭背景使得韦尔奇在推动美国科学医学发展方面具有无与伦比的优势地位。他也是个充满智慧的人。他在约翰斯·霍普金斯大学的同事，一位传奇人物，将在下一章中与我们见面的威廉·奥斯勒对韦尔奇的评价是："他的才智不只有三层楼那么高，他那智慧的楼顶还有一个阁楼。"除了充满探索欲的高智商，韦尔奇还有另一种思维品质，我们今天可以称之为情商，这使他具备影响同事和同伴的非凡能力。

一系列的悲惨事实：19世纪后期的医生培训

尽管早在1893年约翰斯·霍普金斯大学医学院成立时就建立了新的医学教育和实践模式，但整个美国医学教育转变的进程是缓慢而零碎的。直到1901年，哈佛大学才效仿约翰斯·霍普金斯大学，要求研习医科专业的学生必须拥有大学学位。直到1907年，美国医学会新成立的医学教育委员会才秘密发布了一份遭人诅咒（因为害怕激怒其成员）的报告，报告内容与美国和加拿大的162所医学院有关。报告发现，大多数医学院不隶属于任何大学或医院，而且没有任何入学标准，权力被掌握在靠以学生学费为收入的教师手中。更糟糕的是，正如约翰·巴里在《大流感》一书中指出的那样："1905年，在一所学校中毕业了105名'医生'，他们中没有一个人完成过任何实验室工作；他们没有解剖过一具尸体，也没有见过一个病人。"1910年，受人尊敬的卡内基教学促进基金会公布了第二份关于美国医学教育的报告，这一报告更是颠覆了医学院校的规则。卡内基教学促进基金会的评估人员指出，"阿肯色州的两所学校没有任何可取之处，得克萨斯州的三所医学院资源匮乏、理念空洞、设施贫瘠"。报告指出大约155所美国和加拿大的医学院中有80%应当关闭。

这就是韦尔奇在约翰斯·霍普金斯大学职业生涯早期所面临的恶劣处境，这使得加勒特和比林斯创造新一代严格训练、有科学基础的医生的梦想举步维艰。尽管障碍重重，韦尔奇仍然证明了自己是唯一适合这项任务的人。

乡村医生的儿子

威廉·亨利·韦尔奇于1850年4月8日出生在康涅狄格州的诺福克。在他六个月大的时候母亲就去世了，祖母将他抚养长大。他的父亲是一名使用老式疗法的乡村医生，例如，救治被响尾蛇咬伤的患者，老韦尔奇医生的处方是："从安妮女王统治时期的一枚大铜币中取出铜屑，把它溶解在醋里，并立即涂在伤口上。"幸运的是，新英格兰的响尾蛇很小，而且很少会致命。

1866年，16岁的威廉·韦尔奇进入耶鲁大学学习古典文学。他把自己的研究重点放在宗教上，在毕业论文中他提出了一个问题，这个问题丝毫没有暗示他后来可能会对科学感兴趣："把世界看成'一台没有正义之神指引的巨大机器'，难道不会让生活变得毫无希望，不值得活下去吗？"毫无疑问，韦尔奇是个聪明的学生，1870年他以全班第三名的成绩毕业。尽管他差一点成为致告别辞的代表，但正如一位同学所指出的那样："他身上没有任何可以'嘲讽挖苦'之处，这与绝大多数低年级学生迥异，他毫不费力就获得了知识，似乎他吸收知识就像呼吸一样简单。"这种平易近人的性格和行云流水般的学习能力使韦尔奇的一生不同凡响。

韦尔奇的志向是毕业后在耶鲁教希腊语，但当时学校并没有空缺职位。在接下来的学年里，他在纽约诺里奇一所新成立的学院教拉丁语和德语，然后默默地在绝望中转向了父亲的职业。他的导师兼传记作家西蒙·弗莱克斯纳写道："韦尔奇的未来看起来如此黑暗和空虚，于是他听从了父亲的建议，遵循家族传统，投身医学。"1871年末，韦尔奇开始跟随父亲当学徒。

一年后，他进入了位于纽约市的内科与外科医师学院，即现在的哥伦比亚大学医学院。与其他大多数医学院一样，从严格意义上来说这所学校是一家商业企业，除了支付学费，没有其他入学要求。韦尔奇在那所医学院接受三年的训练后，只需要通过一场考试。他形容："这简单到……我从寄宿学校毕业后从未遇到过。"

1875年毕业后，韦尔奇在纽约贝尔维尤医院实习，成了病理学领域的顶尖人物。由于当时这一学科在美国还处于起步阶段，于是，一年之内，他像许多更有抱负、更有科学头脑的医生同行们一样去了欧洲。正如巴里在他关于第一次全球大流行的书中所说："美国几乎没有进行医学研究，但在欧洲，科学一直在不断进步，不断突破。"韦尔奇因其非凡的学识而闻名于美国，但在欧洲，他却因学识不足而被拒绝进入冯·雷克林豪森的实验室。尽管如此，他还是设法在斯特拉斯堡、莱比锡、布雷斯劳、维也纳和柏林的大学学习和进修，他积极地吸收了欧洲的科学医学模式，并回到美国大力推广。

我们之前提到，韦尔奇在欧洲的时候，他在莱比锡的奥尔巴赫的凯勒餐厅遇到了约翰·肖·比林斯。比林斯当时在欧洲研究医院的设计，以完成他对约翰斯·霍普金斯的设计计划。两位医生在一幅描绘浮士德与魔鬼订立契约的画作下，讨论出一个与众不同的方案——即将科学医学带到美国的共同志向。虽然比林斯当时没有给韦尔奇提供约翰斯·霍普金斯大学的职位，但显然他对韦尔奇印象深刻，他告诉与他一起前往莱比锡的约翰斯·霍普金斯董事会成员弗朗西斯·金："在我看来，医学院开业的时候，那个年轻人绝对应该是第一批被招募者之一。"1878年韦尔奇回到美国后，当时的内科与外科医师学院没有工作可以给他，所以他回到了贝尔维尤，在当地医院的医学院教授了六年的病理解剖学和基础病理学。

在贝尔维尤，医院为他的研究提供了三个配备有厨房和桌子的房间。韦尔奇悲伤地写道："医院仅仅花了25美元来装备实验室。"尽管道路上阻碍重重，韦尔奇还是克服困难在贝尔维尤设计出了美国第一个病理学实验课程，并开始了他的研究。来自纽约市和周边地区的医学生蜂拥而来聆听他的讲座。尽管这促使越来越多的人认识到病理学的重要性，但韦尔奇还是对当时美国医学的糟糕现状感到绝望。在给姐姐的一封信中，他写道："当我展望未来，我有时会感到相当沮丧，因为我发现我对于实现自己的愿望无能为力……在这个国家没有任何机会，而且似乎未来也不太可能获得机会，在这里没有研究机会，没有人欣赏研究，也没有研究需求。"

尽管韦尔奇在贝尔维尤的那些年看起来略显惨淡，但也有一些轻松愉快的时刻体现着他幽默的人格魅力。他经常抓青蛙来用于教学，有一次他带着满满一箱青蛙登上了去纽约的火车，很快，车里就充满了这种两栖动物的呱呱叫声。这时，韦尔奇偷偷把盒子塞在座位下面，假装和其他乘客一样惊讶。

霍普金斯的召唤

1884年春天，在约翰斯·霍普金斯医院开业的五年前，也就是医学院招收第一届学生的九年前，大学校长丹尼尔·吉尔曼向韦尔奇提供了一个病理学主任的教职。像今天一样，当时的病理学处于医学学科的前沿，在这所尚未开业但备受瞩目的医学院获得如此重要的职位让人欣喜。韦尔奇宣称：“人们对约翰斯·霍普金斯大学医学院的医学教师寄予厚望，希望他们取得成就、进行改革。”

来到约翰斯·霍普金斯大学的过程并非一帆风顺，正如我们将要看到的那样，接下来这些复杂的因素揭开了韦尔奇的内心世界。在纽约的时候，韦尔奇和弗雷德里克·丹尼斯建立了深厚情谊甚至“亲密关系”。丹尼斯是韦尔奇的前寄宿学校室友，他是一位铁路大亨的儿子，也是一名医生，他和韦尔奇一样也曾在欧洲留学。丹尼斯在纽约有时会利用家族关系为韦尔奇铺平道路，偶尔也会在经济上资助他。

当受到约翰斯·霍普金斯大学的邀请时，丹尼斯坚持要韦尔奇拒绝，并告诉任何愿意听他讲话的熟人：“如果他去了，他必须牺牲一生的友谊，把自己孤立在一个外省城市里，和一群没有经验、缺乏训练的人在一起。”韦尔奇犹豫了一段时间，丹尼斯和他们共同的朋友精心策划了一场幕后活动，让贝尔维尤大学为韦尔奇建造了一个可以与约翰斯·霍普金斯大学媲美的实验室。但最后，韦尔奇还是接受了约翰斯·霍普金斯大学的邀请，他认为：“这无疑是这个国家最好的机会”。韦尔奇仍是很苦恼，但他意志坚定，他写信给他的继母：“他为就这样结束了一生的友谊而倍感悲痛。”

1884年3月31日，韦尔奇同意在约翰斯·霍普金斯大学担任新职位时，年仅33岁。他成为第八位被该大学正式任命的教授，也是医学院的第一位教授。他宣布：“我可以在巴尔的摩拓展我的领域，不受传统的阻碍。”在此之前，美国没有一所医学院设有专门研究诸如病理学这样的基础科学的实验室，也没有一位美国医生仅靠教学和科研工作谋生。

作为教师和病理学实验室主任的韦尔奇

韦尔奇因其不照本宣科的教学风格而被公认为一位伟大的老师（图3.1）。他注重原始资料，并让学生自己做研究。实验室取代了美国医学院传统的枯燥无味的讲座，实验取代了死记硬背的戒律。米尔顿·温特尼茨是约翰斯·霍普金斯大学早期的医学院学生，后来成为耶鲁大学医学院院长。他捕

图3.1　教学中的韦尔奇照片（1903年）

注：韦尔奇坐在黑板前，他被称为“老爹”，是一位能鼓舞人心的老师。

捉到了韦尔奇那种常常看似"心不在焉"但又独特迷人的教学风格:"他当时正在给同学们做测验，他把背心口袋在桌子上摩擦，这引燃了口袋里的一大把硫磺火柴，他并没有停下来，只是从口袋里掏出火柴放在桌子上，我们都惊奇地看着这一切。"

吉尔曼不仅资助建立新的病理实验室，还向韦尔奇提供了进修学习和旅行的经费。1884年9月，韦尔奇回到欧洲，在那里他调研了超过6家顶级的医学实验室的配置和设备，包括罗伯特·科赫的实验室——发现肺结核病原体的人，开创了改变整个医学界的"疾病细菌理论"者，还有闻名世界的路易斯·巴斯德的实验室。他还在这一年的旅行中收集细菌培养物，并为他在约翰斯·霍普金斯大学的新实验室购买设备。

韦尔奇于1885年8月前往巴尔的摩，到达后，他着手创建一种新型的病理实验室。一位观察者称之"充满钻研精神"和"良好的团队精神"，临床医生和实验室人员在愉快而亲密的环境中共事（图3.2）。值得一提的是，韦尔奇的实验室欢迎女性的加入。正如女医生先驱莉莲·威尔士在她的回忆录中所描述的那样:"任何男人或女人，都可以一起享受这个国家有史以来最富有活力的医疗伙伴关系。"民主原则盛行，西蒙·弗莱克斯纳以前是韦尔奇在约翰斯·霍普金斯大学医学院的学生，他评论说:"韦尔奇实验室的一个不寻常的特点是完全不区别对待年轻人和更有经验或训练有素的人。把握主题的机会、追寻梦想的机会对所有人都是平等开放的。"值得注意的是，在反犹主义盛行的时期，尤其是在高等教育领域，韦尔奇指导了犹太人西蒙·弗莱克斯纳和米尔顿·温特尼茨，并帮助他们在各自的事业发展中进一步提升。

韦尔奇的贡献远不止是为病理实验室营造一种富有成效的研究氛围奠定了基调。他拥有惊人的能力，在别人描述一个科学问题时，他可以立即指出关键点和必不可少的实验要点。当处于同时进行研究与教学的场合中，学生们会发现自己沉浸在一种研究新科学所带来的充满激情的知识氛围中。韦尔奇认为科学必须是揭示基本生物学和生理学原理的基础科学，他曾这样说:"科学上最重要的发现，不是来自那些以实用为指导原则的人，而是来自纯粹为真理本身而探索真理的人。"

韦尔奇实验室的学生不同于其他医学实验室的学生，即使是相当低年级的学生，也经常独自进行研究。因此，他培养了许多独立自主的研究人员。这种教研方法非常有效，韦尔奇的声望也如此之高，以至于他的学生经常会

图3.2　使用显微镜观察的韦尔奇照片（1905年）

注：韦尔奇在使用显微镜观察。他将科学带入了美国医学领域，在此方面无人能及。

获得最好的职位，他的一些学员后来在其他机构担任系主任和院长。一位医学历史学家称韦尔奇的病理实验室是“全国各地年轻人的圣地”，并滔滔不绝地列举出在韦尔奇实验室接受过培训的杰出医生的名单。图3.3中的漫画由著名的医学插画家马克斯·布雷德尔所绘制，我们将在第七章与他见面。这幅名为《一些韦尔奇的兔子》的漫画诙谐地描绘了十几位杰出的内科临床科研工作者的情态，他们都曾是韦尔奇的学生，后来成为全国各地的医学系、医

图3.3　漫画《一些韦尔奇的兔子》——马克斯·布雷德尔

注：在绘画中被韦尔奇牵在手中的许多学员（所谓兔子）后来都成了全国各地医学院和医院的领导者。

院或大学的领导者。这幅漫画彰显了韦尔奇非凡的影响力。他所倡导的严谨与循证医学的理念迅速传遍全美国。

天生的领导者

韦尔奇凭借其敏锐才智和人格魅力成为胜任领导这一职务的不二人选（图3.4）。在约翰斯·霍普金斯大学，他不仅是病理学系的首任主任，还是医

图3.4　韦尔奇半身像照片（约1893年）

注：43岁的韦尔奇，摄于医学院成立时。

学院的首任院长和公共卫生学院的首任院长。在后一个角色中，韦尔奇产生的影响远远超出了他的学术职责。正因如此《巴尔的摩太阳报》称赞韦尔奇："在将这座城市从一个每户住宅后院都是由粪坑和水井堆砌而成的污秽之地转变为一个现代卫生城市时发挥了主导作用。"在约翰斯·霍普金斯大学传奇职业生涯的后期，韦尔奇被任命为医学历史研究所的首任所长。

事实上，韦尔奇作为一名领导者的魅力也在于他能够招募顶尖人才。1893年，他向著名的解剖学家和胚胎学家富兰克林·玛尔发去邀请，玛尔曾是韦尔奇早期的研究生伙伴之一，但后来离开了约翰斯·霍普金斯大学，成为芝加哥大学的解剖学教授。尽管芝加哥大学为玛尔提供了相当可观的加薪待遇，但他还是接受了约翰斯·霍普金斯大学的邀请并回归，他告诉韦尔奇：

"我将与霍普金斯大学共命运，我把你视为最大的吸引力，是你创造了这些机会。"韦尔奇在更艰难的情况下，同样成功地招募了伟大的外科医生威廉·霍尔斯特德——变革医学教育的十大先驱人物之一，他们在19世纪70年代末于贝尔维尤相识。

韦尔奇不只在约翰斯·霍普金斯大学，更在全国舞台上，成了美国医学界的领军人物。他接连被任命为美国内科医师协会主席、美国科学促进会主席、美国医学会主席和国家科学院主席。韦尔奇还创办了《实验医学杂志》。

具有讽刺意味的是，到了1900年，身负多重且似乎无穷无尽的角色和责任的韦尔奇，几乎放弃了自己的科学研究。如果他的显赫地位不是建立在他的研究和著作之上，那又是建立在什么基础上的呢？韦尔奇的同事，约翰斯·霍普金斯大学的第一任内科学系主任威廉·奥斯勒，在秘密日记中写道："到目前为止，团队中最有能力的人是病理学教授威廉·H. 韦尔奇……世上没有比他更有用的人了——他的时间、头脑、书籍和钱包随时为所有人服务。他是我所见过的最平和的人——永远不会烦恼，永远诙谐幽默，总是以积极的心态看待问题，我从来没有听到他对谁作过严厉的评价。他信念坚定，从不惧怕表达观点，面对任何有争议的问题，他总是会表明自己的立场并说服所有人。"据韦尔奇的一位同事说，当在医疗问题上出现分歧时，作为院长的韦尔奇的领导风格是避免发表"不合时宜"的声明，而是给予其他人充分肯定，并以一种愉快而有说服力的方式表明自己的立场，避免情绪上的冲突。

韦尔奇对医学教育和实践的影响并未止步于美国国土之内。他一生获得了诸多荣誉奖章，包括德国皇家王冠勋章、日本旭日勋章和英国公共卫生服务奖章。洛克菲勒基金会表示希望将西式医学带到中国，其高层官员呼吁韦尔奇带领1915年的委员会赴华考察，该团后来为北京协和医学院的建立奠定了基础。该学院（图3.5）于1919年成立，其目标是成为一所拥有自己的医院、教学和现代化的实验室设施的综合机构。韦尔奇本人曾表示，他希望北京协和医学院以及其他以约翰斯·霍普金斯大学的研究和培训理念为基础的医学院能够"为全国树立榜样"。2017年，本书合著者拉尔夫·H. 鲁本有幸访问北京，出席了北京协和医学院百年校庆。

图3.5　韦尔奇于北京协和医学院合影

注：韦尔奇被推举为1915年建立的洛克菲勒委员会的领导者，该委员会致力于改善中国的医学教育，并最终促成北京协和医学院的创办。此合影中，韦尔奇位于前排左三，约翰·D. 洛克菲勒手拿帽子，紧挨着韦尔奇。

引导慈善助力科学医学发展

韦尔奇热衷于开拓和革新医学研究，他成为将慈善资金引导至科学医学领域的幕后推手。正如巴里在《大流感》中指出的那样，19世纪后期，欧洲大陆政府和大学对医学研究的大力支持是他们领先于美国而率先取得医学研究突破的主要原因之一。巴里注意到，约翰斯·霍普金斯大学医学院刚刚成立时，美国神学院获得的捐赠总额大约是医学院的36倍。韦尔奇在欧洲的两段学习经历中观察到这种影响美国医学发展的悬殊经济差距，凭借其影响力和声誉，他用独特的优势去改变了这种现状。

1901年，韦尔奇被任命为洛克菲勒医学研究所科学董事会首任主席。在1906年，他还兼任卡内基研究所执行委员会主席。在职期间，韦尔奇能够引导来自美国两大慈善机构的巨额资金流向医学研究领域，帮助他一直构想的美国科学医学革命获得资金支持。

提到筹措资金，韦尔奇颇具魅力的个性和非凡的公众形象也提供了极大帮助。西蒙的弟弟，也是1910年卡内基美国医学院报告的作者亚伯拉罕·弗莱克斯纳曾被问及：“如果你有一百万美元来开始重组医学教育的工作，你会怎么做？”弗莱克斯纳毫不犹豫地回答说：“我会把它交给韦尔奇医生。”

1917年美国加入一战时，韦尔奇即将迎来67岁生日。他此前已为国家的公共卫生事业作出了宝贵的贡献，但他仍旧主动请缨，并被任命为军官预备役部队医疗部门的少校（图3.6）。最初，他的职责似乎是评估医疗护理质量，确保即将奔赴欧洲战场的数万名美国士兵得到妥善照顾。他的一位上司写道：“韦尔奇医生有一套完美理解当地情况并向一线人员解释情况的方式。”也许是因为他穿制服时的年龄，也可能是出于个人习惯，韦尔奇从未真正掌握军

图3.6　少校韦尔奇照片

注：1919年，韦尔奇作为军官预备役部队医疗科的一名少校（右二），他和其他医务人员在法国阿尔勒罗马圆形剧场的台阶上合影。

纪礼仪。西蒙·弗莱克斯纳在为韦尔奇撰写传记中描述了韦尔奇漫不经心的举止：他回复下级军官的标准军礼时，只是抬起手模糊地指向帽子，轻轻晃动手指。

直面致命疫情——今昔对比

尽管韦尔奇不善言辞，但他在1918年秋天美国军营流感大暴发期间，在军队应对疫情方面发挥了重要作用。作为美国医学界的领军人物，当疫情规模扩大时，他成了首批咨询专家之一。洛克菲勒大学医院首任院长、约翰斯·霍普金斯大学医学院毕业生鲁弗斯·科尔写道："我唯一一次目睹韦尔奇博士表现出真实的担忧和不安是在1918年秋天的波士顿附近的迪文斯营地……从各个营房不断有士兵涌入（医院）……他们大多数人面色青紫，不停咳嗽……由于人数众多，急诊室人满为患，尸体被安置在走廊上……我们不得不踩着尸体走过。"

面对即将到来的大流行，韦尔奇接下来做的每个决策都在今天为我们带来很多启发。根据巴里描述，离开迪文斯营地后，韦尔奇立刻拨出了三通电话。他首先找来波士顿布里格姆医院的朋友兼同事伯特·沃尔巴赫，请求他对感染者进行尸检，研究感染的病理学（这一点至关重要，因为与今时不同，当时的医生并不清楚这种疾病如何破坏人体组织）。然后，他联系了洛克菲勒研究所的开拓性分子生物学家奥斯瓦尔德·艾弗里，要求他研究这种疾病（艾弗里后来得出结论，该疾病是由病毒引起的）。最后，韦尔奇敦促美国陆军代理军医总监查尔斯·理查德，"立即准备……为每个营地都扩增医院空间"。通过这三个电话，韦尔奇制定并启动了对抗大流行病所需的诊断、研究和公共卫生流程。韦尔奇本人也可能在迪文斯营地感染了流感病毒，并一度病重，但他最终康复。总而言之，他所培养和激励的一代专业人士，秉承了他所倡导的科学医学方法，为了解和对抗这种可怕的疾病铺平了道路。

美国疾病控制中心专门介绍大流行历史的网站资料显示，1918年流感大流行的防控工作因为缺乏有效的疫苗和对抗常见继发性细菌感染的抗生素而受到严重阻碍。美国疾病控制中心指出："如果没有这些预防和治疗工具，全世界的防控行动仅限于隔离、检疫、保持良好的个人卫生、使用消毒剂和限制公共场所聚集等非药物干预措施。”我们在抗击新冠病毒感染疫情中尝试过的许多措施，在韦尔奇那个时代就已经为人所知。值得注意的是，佩戴口罩、将日常活动转移至户外以及保持窗户通风等都是抗击1918年流感大流行的重要措施。令人惊讶的是，与今天一样，当时医生甚至尝试过利用各种形式的恢复期血浆来治疗感染病人。

公众形象与个人内心

1930年，韦尔奇在自己80岁生日那天，登上了《时代》杂志的封面。彼时，他已经成为美国医学界的代言人，并以约翰斯·霍普金斯模式为基石构建了医学的新根基（彩图5）。但远离聚光灯的威廉·亨利·韦尔奇究竟是一个怎样的人？我们已经提及过，他的私人形象难以捉摸——而且似乎与他平易近人的公共形象截然不同。然而，如果我们从最明显的特质出发尝试理解韦尔奇，那么我们理解得将会更深刻。他有十分严重的拖延症，这要从《约翰斯·霍普金斯医院报告》（简称《报告》）的撰写历程说起，《报告》第1卷的内容应是病理学，第2卷的内容应是内科。当时总医师威廉·奥斯勒在韦尔奇之后开始撰写自己负责的部分，并于1890年完成了第2卷，而韦尔奇的第1卷直到1897年才出版。

尽管韦尔奇总是办事拖延，但他却慷慨爽快，乐于助人。他的一个学生讲了这样一个故事：“当我准备离开餐厅时，韦尔奇博士对我说，‘休谟，我知道你可能会有经济困难，我从你写给我的两三封信上剪下了你的签名，贴在商业信托公司的一张银行储蓄卡上。我以你的名义在那里存了三百美元，他们会认你的签名’。”其他同事和熟人证实，韦尔奇经常在没有被要求的情况下把自己的资源分享给大家。

韦尔奇富于幽默感，喜欢搞恶作剧。82岁那年，他与神经外科医生，前约翰斯·霍普金斯学员和同事哈维·库欣一起去欧洲旅行，库欣回忆道：

> 大约六点半的时候，我听到敲门声，顿时跳了起来，开门一看，韦尔奇站在门口，穿着睡衣。“我们有大麻烦了，”他说，“请立刻去我房间，那里发生了一起谋杀……我躺在床上，被打开落地窗的声音惊醒。我从床上跳起来，

和他扭打在一起，最后把他扔出了阳台，掉到街上——而且流了大量的血。我们必须在警察发现这件事之前离开巴黎。”

库欣急忙来到韦尔奇的房间，打开窗户，他看到阳台上满是浴巾和报纸，到处血淋淋的。事实是韦尔奇半夜打翻了一瓶红墨水，于是决定对他的朋友搞个恶作剧。

还有一次，韦尔奇在他们最喜欢消遣的马里兰俱乐部找到了他的好朋友威廉·霍尔斯特德。韦尔奇把一个小橡胶球藏在衬衫口袋里，连到另一个小橡胶球上，通过挤小球来模拟动脉搏动。他告诉霍尔斯特德，在爬上俱乐部的楼梯后，他感到胸口疼痛，并说服这位著名的外科医生把他的耳朵贴在他的胸口，以鉴别他是心脏病发作还是患有巨大搏动性动脉瘤。

根据一位权威人士透露，熟悉韦尔奇的人说：“韦尔奇是个雪茄爱好者，他会抽‘任何能燃烧的东西’。”他还是金莺队的狂热球迷，他在给妹妹的信中写道：“我观看了金莺队（巴尔的摩一支职业棒球队）大部分的比赛，已经成为他们的狂热球迷，甚至为之神魂颠倒。”韦尔奇独自一人住在租来的房子里，后来又住在巴尔的摩圣保罗街的一所出租房子里。他的大部分闲暇时光都是在私人俱乐部度过的，尤其是大学俱乐部和马里兰俱乐部，特别是大学俱乐部，是他活动的中心。常常直到凌晨两三点，韦尔奇才合上书，溜达回家。“我从来不回家，”他说，“直到强盗们都睡觉了。”韦尔奇很喜欢谜题游戏，曾给他的妹妹寄去了一个缺字母的谜题，并提出了挑战：

——RTHDXXFRDDNSKNWGDLDPRTFRMLGWD

——在适当的地方插入一个元音（同一个元音），以获得一个句子，这句话应是在我们一所最古老的大学中获得的知识。

［答案：当在不同位置加入字母O后，Orthodox Oxford dons know good old port from logwood，意为“正统牛津学监从原木酒中辨别出陈年老波特酒。”］

韦尔奇的消遣活动并不全是智力方面的。即使在他所处的年代，大西洋城也略显破旧，但是他还是喜欢去那里。“毫无疑问，这是一个庸俗的地方，”他坦白说，“但我很满足。”“有一个最可怕、最惊奇、最令人毛骨悚然的游乐项目，叫作‘翻盖铁路’……在被电车拉到顶部后，你会从大约75英尺（约

22.86米）的高度掉下来。"（图3.7）

如果我们试图更深入地探寻韦尔奇的私人生活，它的核心仍然是难以捉摸的。在韦尔奇30多岁时结束与弗雷德里克·丹尼斯的关系后，他似乎把自己隔绝起来，不再与任何其他人建立深层次亲密关系。洛克菲勒医学研究所的负责人、韦尔奇的亲密合作者西蒙·弗莱克斯纳写道："韦尔奇终其一生不再向任何人倾诉心声，不管那个人是谁，也不管他了解多少。他总是被人包

图3.7　大西洋城的韦尔奇照片

注：韦尔奇在大西洋城的海滩上穿着泳衣，抽着雪茄。

围着，在他生命的大部分时间里，他都在公众的舞台上为着公众的目的而行动，但始终保持着内心世界不受侵犯。”

韦尔奇一生从未结婚，事实上，他似乎一直坚决反对婚姻制度，在职业生涯早期他一度称其为“一场浩劫”。除了钟爱大西洋城，他还经常光顾巴尔的摩的土耳其浴室。正如我们提到的，他的学生私下里亲切地称韦尔奇为“老爹”，他们有一首关于他的小曲：

没人知道老爹在哪吃饭，
没人知道老爹在哪睡觉，
没人知道老爹在关注谁，
除了老爹自己。

回顾往事，韦尔奇完全有可能是同性恋。韦尔奇的一位远房亲戚在描述韦尔奇与弗雷德里克·丹尼斯的关系时写道：“他非常喜欢丹尼斯医生，把他当作朋友，也可能是伴侣。”韦尔奇可能的性取向在当下会很容易被大部分学术界接受，但在韦尔奇所处的时代，对于一位杰出的公众人物来说，尤其是在健康和医学领域，这是相当可耻的。如果他真的是同性恋，他将陷入永远无法表达自己，永远无法公开自己的性取向的悲剧之中。这一定对韦尔奇的一生产生了相当深远的影响。

值得铭记的一生

1933年2月1日，韦尔奇被送往约翰斯·霍普金斯医院接受前列腺癌治疗。得益于当时医院的管理制度，韦尔奇可以住在医院里一边接受治疗，一边继续自己的各项工作，这种安逸的生活持续了一年多，他最终于1934年4月30日在约翰斯·霍普金斯大学去世。无论是在世时还是去世之后，韦尔奇都因其专业成就和朴实的人道主义精神而备受朋友和同事的仰慕，甚至可以说是崇拜。他的耶鲁室友劳里斯顿·斯卡菲在毕业后写信给韦尔奇，表达他对韦尔奇的深切感激：“感谢你一直对我表现出的善意，感谢你为我树立了纯粹的榜样。”并补充说：“比利，我现在比以往任何时候都更深刻地感受到我经常对别人说，但没有对你说过的话——我完全不配拥有你这样的朋友。”正如我们所看到的，和韦尔奇同为医学院的创始人——威廉·奥斯勒，在日记中盛赞韦尔奇慷慨、平和的性情，以及他对韦尔奇深切的怀念。

韦尔奇的传记作者唐纳德·弗莱明醒我们注意韦尔奇性格中看似矛盾却又相辅相成的两个方面，这两个方面使他无与伦比地适合在自己的领域中掀起一场革命。弗莱明写道：“他职业生涯的秘诀在于，他将舒适、宁静、从容的个性与深刻而压倒一切的反叛医学现状的思想和承诺结合在了一起。”

也许，约翰斯·霍普金斯的护士卡罗琳·霍尔斯特德（威廉·霍尔斯特德的妻子）在丈夫于1922年去世后写信给韦尔奇时，将这一点表达得淋漓尽致：“我有时会想，您是否知道霍尔斯特德医生对您怀有多么浓厚的爱和钦佩。他始终对您赞不绝口……他多次提及您对他来说是一个多么真诚的朋友，您和您的工作对约翰斯·霍普金斯大学多么重要。”他经常说，“韦尔奇就是约翰斯·霍普金斯，没有他，这所大学什么也不是”，“他是我遇到的最好的朋友。”

这些评述体现了威廉·亨利·韦尔奇的精神。它们证明了他是一个多么善良的人，一位多么有才华的医生，以及他对约翰斯·霍普金斯大学和世界各地受他思想感召的人产生了多么巨大的影响。加勒特点燃了霍普金斯的革命火种，比林斯构建了它的改革蓝图，韦尔奇将其付诸实践，彻底改变了美国医学——在这个过程中，他重塑了健康和疾病的概念，改造了医院，并重组了医学院。正是因为韦尔奇，美国的医学被彻底地改变，并将永远屹立在科学的视野中（彩图6）。

（赵大春　译）

四、威廉·奥斯勒

“何以为医”的哲学和以病人为中心的教学

与威廉·韦尔奇在1889年携手加入约翰斯·霍普金斯大学医学院的加拿大医生威廉·奥斯勒爵士，通过其文字精准地捕捉到了时代变化的精神，他写道：“并不是每一代人都有机会亲历一场变革，去目睹一次科学的新生，去见证医疗资源的再分配、医学院体制的重塑、医院的改建以及属于人类的全新展望。”然而，奥斯勒对美国医学“变革”抱有的感激之情掩盖了他本人在这场改变中作出的巨大贡献。作为一名临床医生、一名教育家和一名医学领域的哲学家，奥斯勒被广泛誉为北美大陆所培养出的最为杰出的医生。他从根本上永久改变了医学生的教育方式，也定义了作为一名能力与仁心兼备的医生所应具备的独特品质。

奥斯勒于1849年7月12日出生在多伦多北郊约40英里（约64千米）外的一座名叫邦德海德的村庄。大约在奥斯勒达到学龄的时候，他的父亲把全家搬到位于多伦多与尼亚加拉瀑布之间的一座名叫邓达斯的大一些的城市，期望为孩子们提供更好的受教育条件。奥斯勒的父亲费瑟斯通·莱克·奥斯勒牧师以及母亲埃伦·弗里·皮克顿·奥斯勒都是英国国教的传教士。这对夫妇在十二年前从英格兰移居到了加拿大安大略省。他们这个虔诚的家庭育有九个孩子，其中威廉·奥斯勒排行第八。孩童时代，这位“小威廉”给人留下了活泼好动的印象。

年轻的奥斯勒还是个十足的捣蛋鬼。他曾将一群大鹅关在了邓达斯的校舍里，还曾造出过释放刺鼻气体的烟雾弹并丢进教室。在某次恶作剧之后——并不清楚具体是哪次，因为他的恶作剧太多了——奥斯勒骑着一匹从本地神职人员那里盗来的马匹溜了，一边骑着马还一边高兴地对着他姐姐喊着“查蒂，我得手了！”学校终究劝退了“小威廉”奥斯勒，甚至还因他的种种劣迹威胁将他送进监狱，好在奥斯勒的叔叔把他保了下来。奥斯勒的父亲决定将他送到约40英里（约64千米）外的巴瑞文法学校读书。然而据一名奥斯勒的传记作家记载，奥斯勒作为学校里的问题学生团体“巴瑞坏男孩”的一员仍在继续闹事。有一次，奥斯勒和他的一个伙伴乔装成年轻女子参加了一个当地农夫的征婚活动——奥斯勒扮成一位棕发姑娘，而他的伙伴扮作金发的。这位农夫起初看上了乔装的金发姑娘，但幸好是在萌生任何谈婚论嫁的念头之前看破了这桩恶作剧。年轻的奥斯勒无疑是个麻烦制造者，但这也很早体现出了他创新、勇敢、不畏直面权威的品质，而这些品质都在奥斯勒重新定义医学的工作中起到了助力作用。

和同领域的许多其他革新者一样，奥斯勒的职业生涯一方面得益于他的气质和教养，另一方面也得益于他所处时代提供的机遇，而这些机遇恰是起因于一些医学历史上最为关键的拐点。奥斯勒的人生走向有着无可争议的发展逻辑，仿佛一种循序渐进的演变过程。奥斯勒起初是一名在病房里照顾病人的执业医师。虽然他在医学生时期就涉猎科学领域，但奥斯勒是在解剖室中历练成为一名杰出临床科学家的。在那里，他认识到，观察病人尸体这样独特的学习机会，能帮助学生将临床发现、疾病症状和所引起的器官和组织层面的物理变化形成关联。奥斯勒坚持教授他的学生们无论是在床旁还是在解剖室里，都要去对人体进行直接观察，而他的这份坚持使他成为一名富有开创性的教育者。

随着奥斯勒作为一名教育者和一名科学医学家的声望不断提高，他得到了更多医学领域同僚的关注。奥斯勒逐渐收到了加入甚至领导一些知名医学学会的邀请，最终，他也得到了撰写教科书的机会。奥斯勒在他的成名著作《医学原理与实践》（*The Principles and Practice of Medicine*）（1892）一书中强调了体格检查的重要性，也将19世纪末在诸如细菌学和生理学等领域所出现的一些颠覆性进步同步介绍给了他的读者。同时，奥斯勒也借此书将医学界的关注点聚焦在对于大量可致死或致残的疾病尚无有效治疗手段这一尖锐问题上。奥斯勒探求医疗边界的赤诚之心为他给世人留下的最后一面，也是最为深远的影响作了铺垫，那便是他作为一名医学领域哲学家所产生的影响。

虽然作为一名临床医生和一名科学家，奥斯勒持续获得着认可与荣誉，但是在他事业的巅峰时期，奥斯勒却因他对"何以为医"这一问题的思考赢得了人们的关注。在他撰写的书籍、发表的文章以及演讲内容中，奥斯勒不断尝试着去定义当医学突破世俗行业的束缚而成为一种专业追求时，一名医生所应具备和遵循的道德观念和人文准则。只用简短的语言无法很好地概括奥斯勒的思想，但在之后我们聚焦讨论奥斯勒的哲学时，方能领略他是如何做到完美诠释从医的多面性的。纵使如此，任何对奥斯勒人生中包罗万象的主题进行总结的尝试都势必印证他于1903年为学生们作演讲时所说的这段话："从医是一种艺术而非一门技术；从医是一份追求而非一桩生意；这份追求不仅要用脑，还要用心。"奥斯勒是不是以人文主义者的态度来接触医学这个问题还有一些讨论的空间，但既然奥斯勒对"何以为医"的思考广泛且全面，我们在这里更希望用奥斯勒自己的文字去证明他自己。但有一点是肯定的，在奥斯勒对医生义务的洋洋洒洒的讨论中，他坚定不移地强调着从医者应当不断去拓展知识并提高技术，应当将病人视为能思考、有感知力的、鲜活的人而非冰冷的"病例"，以及应当对同僚抱以尊重与同情心。

教育经历及早期职业生涯

尽管奥斯勒儿时生性顽皮，但是他在学业上一直保持着高水准的成绩。奥斯勒起初就读于多伦多大学医学院，后转学至加拿大声名最盛的麦吉尔医学院学习，并于1872年毕业。奥斯勒毕业当年便以病理科医生的身份进入蒙特利尔总医院工作。奥斯勒在工作期间曾经志愿到天花病房工作，并因此感染上了不算严重的天花，而奥斯勒对病人的奉献精神也正是在这样的情况下最能得以展现。与韦尔奇、霍尔斯特德和凯利这几位未来在约翰斯·霍普金斯大学医学院任职的同僚以及其他雄心勃勃的北美医生一样，奥斯勒选择前往欧洲进修学习，并在那里汲取了当时最新的医学研究发现与技术。

奥斯勒于1874年作为讲师回到蒙特利尔并在麦吉尔医学院任教，后晋升为教授。与此同时，他也作为一名临床医生活跃在病房中。他在病房中照顾着病人，并早早展现出将临床案例作为他科研焦点的愿望。在奥斯勒的职业生涯中，他先后进行过千余次人体解剖，并运用解剖的发现来教育他的学生和自己。奥斯勒会将解剖结果和临床观察进行直接对照。以一个例子来说，奥斯勒认为，将在床旁听到的病人肺部声音和在病人过世后对其肺部进行解剖所得到的发现进行仔细关联对比，是非常有教育意义的。在蒙特利尔，奥斯勒以教师、临床医生和研究员的身份，先后在麦吉尔医学院和蒙特利尔总医院的工作中积累了较高声望，并最终于1884年被推举为加拿大医学会主席。

奥斯勒在1884年离开了蒙特利尔，前往宾夕法尼亚大学任职临床医学教授。尽管在当时加拿大人被任命为美国大学教授实属罕见，但奥斯勒此前就已经是伦敦名声显赫的英国皇家内科医师学会的成员，也是费城畅销的《医学新闻》(*Medical News*)在蒙特利尔的通讯员。与此同时，奥斯勒也受到费城医疗系统中那些身居高位者的高度尊重。在奥斯勒赴任前，他与宾夕法尼亚大学方面进行了反复的商讨，而麦吉尔医学院也提出了三倍薪资进行挽留，并表示愿意为奥斯勒新立病理学系主任一职。最终，来自宾夕法尼亚大学的邀请得到了奥斯勒的青睐，而奥斯勒也略带艰难地告别了蒙特利尔。但这并不妨碍奥斯勒在麦吉尔医学院的导师帕默·霍华德在他离开前为他送行，并赞他是“众多学生中唯一胸怀科学真理的人”。

声名鹊起

奥斯勒仅在宾夕法尼亚大学执教了五年，但这短短五年经历不仅提高了他的地位，且传播并深化了他作为临床医生和教育家的声望，还逐渐打造了他作为一个政治家、哲学家的形象。数十年后，奥斯勒任教于宾夕法尼亚大学时期教授的一位学生曾这样形容他：

> 他（奥斯勒）的第一次病房授课便令人大开眼界。他那次课讲得声色并茂且充满激情，又恰到好处地带些玩味。他很快就深深吸引住了在场的每个人，让他们意犹未尽。对奥斯勒而言，每个解剖中的样本和每次疾病在活体中的呈现都是一份宝藏……相比于费城同期的其他人，奥斯勒花了更多精力去教导人们：所谓疾病并不是一种需要被某些名曰医疗工作者的人去研究从而谋生的糟糕事物，而是一种可以被接受过专业教育的人所……积极地、享受地……去寻觅的追求。在奥斯勒来任教之前，学生们大多只是把恶性肿瘤当成癌症这样一个疾病来理解；几年后当奥斯勒离开时，学生们已经将它视为一种细胞群体，一种蕴藏着晦涩奥秘、尚待揭晓的细胞群体。

奥斯勒在费城的医学教育中始终带领着他的学生们往返于病床和尸检室之间，从而获得对病症更完整、更客观的认识。或许奥斯勒关于对医生临床诊断过的病人进行尸体剖验的重要性的思考，来源于病理解剖学之父乔瓦尼·巴蒂斯塔·莫加尼（1682—1771）的作品。在他所著《从解剖检验谈疾病的病因和诱因》（*the Seats and Causes of Diseases Investigated through Anatomy*）一书中，莫加尼称“病症乃疾害内脏之痛苦哭嚎”。

奥斯勒习惯在大学附属医院里当着众多前来观摩的学生的面进行尸检（图4.1）。他甚至自行出资建造了医院的第一间病理实验室。另一位曾与奥斯勒共事过的学生如此描述奥斯勒在“停尸间”里的工作状态：

> 奥斯勒会带着他自己的和其他科室那些有空且愿意来的实习生们，在差不多下午两点的时候聚在尸检室里……助理会在每个台子上都摆上一具尸

图4.1 解剖中的奥斯勒照片（约1887年）

注：奥斯勒在费城总医院进行尸体解剖，约摄于1887年。图中端坐者为奥斯勒，戴圆顶礼帽。他并未戴手套，事实上他的手上有结核菌所导致的皮损。

体……等到胸腹都被剖开，奥斯勒会观察内脏在体内原本的状况，而学生们会跟着他从一具尸体看到另一具。接着，我们会把这些器官都摘除取出并放置在托盘上。之后，奥斯勒会一组一组地观察每一个器官，不放过任何细节。要是发现什么新鲜或不寻常的东西，他马上就会高兴地跟我们分享——我现在还能想象他对着台案低头观察时突然大喊"哎呀！臭小子们，过来看看这个"的神态。

奥斯勒并不晦于表露他渴望通过尸体解剖来满足自己了解疾病的表现和进展的意愿。倘若病人死亡时没有家属或朋友在场，想进行尸检就需要找到逝者相关的人以获得书面同意。根据一位跟随过奥斯勒的住院医生的描述，在他手下做过事的人都清楚，未能获得尸检所必需的授权许可在他看来是一种"彻头彻尾的耻辱"。奥斯勒自己则有着当某位病人于家中过世时，他亲自登门拜访逝者亲属并请求许可当场进行解剖这样的"事迹"，并以此被人们所知晓。甚至更大胆地，奥斯勒经常以研究为由尝试获得许可去取走（或者换个说法，"借用"）逝者身上的某个器官。

诚然，奥斯勒是一位知识渊博且技术出众的诊断学家，但他偶尔也有过失，而这时候奥斯勒会以谦卑的姿态承认这些错误。某次在进行了一整天的尸检后，奥斯勒为一位被他诊断为肺炎并收进病房的病人进行了检查。当他对这名病人进行胸部听诊时，他察觉到一种微弱的"浊音"，但这种情况并不罕见，于是他没有多加留意。这位病人于次日病逝了。当尸检时发现这位病人的胸腔内充满液体，奥斯勒"把参加他病房教学课程的人都叫了过来，给他们展示了自己犯的错误，告诉他们这种失误是可以避免的，并对在场者强调应当多加注意以免重蹈覆辙"。也许即便救治及时，那位病人也是回天乏术，但奥斯勒这种执着于将临床诊断和尸检发现相互印证的精神，为医生们展示了坦承错误并从中学习成长的医学精髓。

奥斯勒在宾夕法尼亚大学任教的薪资平平，于是为了增加些收入，奥斯勒在费城一个颇为高档的社区开了家私人诊所。来自昔日病人与医学同僚的推荐和转诊很快为奥斯勒积累下了大量客户，他的收入也因此得到快速增长。据一位奥斯勒的传记作家所述，奥斯勒渐渐获得了"医生的医生"这样的口碑，因为很多同样来自费城的医生会找奥斯勒为自己看病或者咨询亲友的疾病。奥斯勒接手过的病人中不乏社会名流，包括美国开颅手术的创始人之一[小]威廉·威廉斯·基恩及著名诗人沃尔特·惠特曼。

奥斯勒积攒的声望使他获得了来自包括费城内科医师学院在内的知名组织的邀请，也帮助他赢得了为美国国内外重要医学团体讲座的机会。在1885年，奥斯勒获得了为伦敦英国皇家内科医师学院作古尔斯顿荣誉讲座的殊荣。奥斯勒选择的主题是"恶性心内膜炎"，一种几乎必然致命的心脏瓣膜感染。奥斯勒对该主题的讨论扎根于他在蒙特利尔时对细菌学的深入研究，而他的演讲则被评价为"充分展示了这种仍令人费解的疾病的病理以及临床细节"。一年后，奥斯勒再度受邀为精英们作了名为"论血细胞在生理学上的存疑"（*On Certain Problems in Physiology of the Blood Corpuscles*）的演讲。这次的听众是来自纽约的内科与外科医师学院（译者注：现为哥伦比亚大学瓦杰洛斯医学院）的校友们。在这次演讲中，奥斯勒对他在蒙特利尔时期已开展的具有开创意义的血小板研究进行了深入探讨。

成为医学政治家

渐渐地，奥斯勒开始被邀请针对医学领域的行业问题和哲学问题发表观点。1885年9月，奥斯勒回到蒙特利尔就任加拿大医学会主席，并作了就任演讲。在演讲中，奥斯勒强调了提高医学教育标准以及进行专业化改革的重要性（加拿大已经有省级医疗委员会为医生颁发执照，并避免了“文凭的自由贸易”，因为在当时的美国，按照奥斯勒的说法，培训医生等同于“过失杀人”）。同时，他倡议关闭加拿大那些最不入流的医学院，并指出作为教授，“应当肩负对同僚们敞开胸襟并主动汇报自己的工作职责——毕竟大家都会以自己的信誉为职位担保。”

还有个对当下新冠病毒感染疫情问题具有暗示意义的小插曲。奥斯勒回到蒙特利尔为加拿大医学会演讲后，还去为麦吉尔医学院的一座新楼作了开业仪式的致辞。彼时，蒙特利尔适逢历史上最为严重的一次天花疫情。关于在蒙特利尔发生的害死数以千计儿童的这场严重疫情，我们并没有收集到奥斯勒的直接评论。我们知道的只有，奥斯勒终其一生都是疫苗的坚定倡导者，并抗议着“反对疫苗的……江湖骗子行为”。

同时作为美国和加拿大的顶级医生，奥斯勒自认为有责任对加拿大医学院是否应当接收女性学生这一当时的尖锐问题发表看法。从结果来看，他对此事的观点是相当前卫的，尤其是和他的同僚们比起来。尽管他反对专为女性设立单独的医学院，但奥斯勒还是写道：“我完全理解她们想看看能在学医的坎坷道路上走多远的心情，也认同她们为解决这个问题而付出的努力。”同时，奥斯勒也清楚地认识到，女性医生在考入医学院后仍会遇到的种种困难。这或许有助于解释奥斯勒在与初到约翰斯·霍普金斯大学医学院的多萝西·里德初次交流时所用的悲观语调。我们在第八章接触里德时会更加深入地展开两人的对话。

在美国，在各类关于医疗体系未来发展的讨论中，大家都希望得到奥斯勒的支持并借用他的影响力。他帮助成立了美国内科医师协会，这个邀请制的新设协会将有百人的规模，并致力于医疗科学事业的发展。奥斯勒开心地将这个他后来牵头的美国医师协会称为“美国临床医学的成人礼”。在奥斯勒之后的事业中，他一直担任着各种医疗和政策研究机构的引领者。但随着时间的推移，奥斯勒开始将重心放在对何以为医这个哲学问题的思考上，尤其是在他到了约翰斯·霍普金斯大学之后。

在霍普金斯的岁月

在第二章，我们讲述过约翰·肖·比林斯是怎么闯进奥斯勒的费城的家中，并提出请他在新成立的约翰斯·霍普金斯医院就任内科主任的邀请的。或许奥斯勒能接受比林斯的邀请，在他之前的经历中就已有所铺垫。奥斯勒初到费城时便拜访过约翰斯·霍普金斯大学。他在给安大略省的朋友致信时写道："这是一所属于未来的大学，一旦它的医学院正式运转起来，美国其他的医学院会被远远甩开。"奥斯勒于1889年落足巴尔的摩，他的到来不仅代表着医疗体系的转折点，也是其哲学思想基础理论发展的转折点。

作为这家新生机构的首席医生，奥斯勒被赋予了组建医疗团队的权力。奥斯勒根据他在欧洲见到的导师–学生体系，在约翰斯·霍普金斯医院建立了住院医师制度，而这是一种与美国绝大多数医院的松散体系完全不同的制度；同时，他亲自选拔了一批经验丰富的住院医师，有些甚至在他手下做过五年以上。奥斯勒的第一位总住院医师是亨利·拉弗尔，一位他亲自招募的毕业于麦吉尔医学院的校友。拉弗尔和其他住院医师一同接管了病人的日常照护工作，这使得奥斯勒可以专注于教学和写作。根据一位学生所述，奥斯勒作为一名临床教师"有亲和力且不刻板，无以比肩的博学，风趣幽默又让人印象深刻"。目前来看，奥斯勒在他初到巴尔的摩的几年中的最高成就，便是他编写的教材《医学原理与实践》。

奥斯勒有意编写教材有些时日了，但一直都因为其他更具吸引力的项目而暂时没有在这方面投入精力。1891年初，奥斯勒意识到医学院短期内都不会有开院的势头（译者注：约翰斯·霍普金斯大学医学院在建成之初的四年内未能招到学生），且在他刚刚在欧洲诸多医学之都的游历中度过了一个充实夏天后终于与一家纽约的出版社签了合同。虽然奥斯勒之后称这个项目仿佛将他的"脑子卖给了魔鬼"，但他教材的深远影响是毋庸置疑的。

正如奥斯勒的传记作者麦可·布利斯所述，《医学原理与实践》"既是一座19世纪科学医学成就的纪念碑，也是一道开启20世纪医学研究的门扉"。奥斯勒在书中展现了他对19世纪80年代细菌理论突破点的透彻理解。尽管当时还没有相应的抗生素可以提供有效治疗，细菌理论的突破点就已经为理解诸多传染病的病因开辟出一条通路。彼时，包括X线成像和心电图在内的诊断技术尚未问世，但奥斯勒已经利用他在尸检时积累的经验知识，对疾病的临床表现提出独到的见解。

《医学原理与实践》基本可以算是一部千余页厚的大百科全书，囊括了常见疾病、其相应的症状以及对应的治疗方法，亦如奥斯勒清晰认识到的那样，绝大多数病症都缺少有效治疗方法。奥斯勒对这种绝大多数致死致残的疾病尚缺乏有效疗法的现状尤为关切。有些时候，奥斯勒开具的处方仅仅是为了缓解病人的痛苦，同时也是因为他知道很多病人就是希望医生能帮他们减轻痛苦。奥斯勒会果断地为一些主诉为“身心俱疲，咳嗽不止，彻夜难眠”的病人开具阿片类药物，但也会对那些滥用及过度用药的情形保持审慎态度，尤其是在他那个年代日渐盛行的，将多种无效药方组合在一起的“鸡尾酒”药物。大体来说，奥斯勒的理念是不过度用药。事实上，奥斯勒在他的教科书中表示对当时医疗领域缺乏效果明显的治疗手段的现状十分担忧，而也正是这个原因使得约翰·D. 洛克菲勒的心腹顾问——牧师弗雷德里克·T. 盖茨鼓励洛克菲勒将他的慈善事业更多地投入医疗领域。

然而，奥斯勒终究是个现实主义者，他深知以当时的医学知识水平去为细菌感染和其他病症寻找治疗方法所存在的种种局限。哪怕有着百科全书般的知识与经验，奥斯勒仍保持着谦卑。在教科书的开篇，他引用了希波克拉底的名言：“经验危险，诊断不易（Experience is fallacious and judgment difficult）。”

《医学原理与实践》的成功一方面证明在奥斯勒著书的年代存在着对医学教材的市场需求，另一方面也证明奥斯勒自身在写作方面的独特才华。很多其他曾被广泛使用的医学教材都已过时，其主要归因于科学的发展，尤其是在细菌学方面的。某些教材的作者已经过世，导致难以再版。奥斯勒在美国、加拿大、英国这三个国家同时作为临床医生和研究者的声望，使得他的著述深受欢迎。

首先，奥斯勒著作的准确性和精简性令他的教材独树一帜。奥斯勒习惯将他的著述像他的尸检报告以及病历记录那样，以口述的形式给到他的速记员B. O. 汉普顿（“汉普小姐”）成文，这使得他的“句式结构更加简洁明了”。另外，《医学原理与实践》并非浅显敷衍的作品。对于几乎每一种疾病，奥斯勒都追溯了最新医学思想的完整演变，包括所有的争议和相互矛盾的观点，也包括他自己的观点。奥斯勒在书中时常使用"我"这个在教材编写中忌讳的第一人称，但也是这个原因让他的文字具有亲和力，正如英国著名医生和科学家阿瑟·麦克纳利爵士所写的那样，"根据他个人丰富的临床经验，在症状和治疗的插图中对古代和现代的人物进行了引人入胜的暗示"。其中最令人称道的是，奥斯勒坦率而干脆地承认了医生知识的局限性。

为了进行大段落的教材编写，奥斯勒征用了约翰斯·霍普金斯医院一名住院医生亨特·罗伯的起居室近乎长达六个月的时间。据罗伯回忆，奥斯勒会打断他的工作并闯进他的房间来聊天或者邀请他玩硬币游戏。罗伯自称享受着来自奥斯勒的叨扰，"除了他（奥斯勒）在寻找灵感时把我的废纸篓在房间里踢来踢去的时候"，而罗伯则通过在废纸篓里压上砖头来解决这个"烦恼"（图4.2）。

《医学原理与实践》于1892年一经出版，立刻赢得了学术口碑和商业销量的双丰收。其出版商——纽约的D. 阿普尔顿公司，在三个月内便将其第一批印刷的3000册销售一空。奥斯勒则在两年内凭借14 000册教材的销售量共计拿到了10 000美元的版税。后来，奥斯勒津津乐道地将他在这家出版社积累的版税称为"摇钱树"。

图4.2　奥斯勒撰写《医学原理与实践》照片（约1891年）

注：为了进行教科书写作，奥斯勒征用了约翰斯·霍普金斯医院一名住院医生的起居室。

何以为医：奥斯勒的哲学

若非奥斯勒的哲学思想，纵使他著有好评如潮的教科书并享有作为临床医生和研究者的杰出成就，我们也很难在一个多世纪后的今天仍铭记着他。奥斯勒是一位出色的思想家，尤其是论及作为一名医生意味着什么的问题，或者更直接地说，在论及怎样活着才算是充实精彩的问题上，他给出了自己精彩的富于哲理的答案。我们认为值得在这里通过直接引用奥斯勒的话语来分享他的一些见解，从而复现他启发性的理念。

关于床旁教学

自他在蒙特利尔总医院任教开始，奥斯勒便带着学生直接到病房里进行教学。这样的教学方式在宾夕法尼亚大学得到延续，并在约翰斯·霍普金斯大学得以发扬光大。奥斯勒只是在欧洲进修时观察到这种教学方式的人之一，但他是第一个将这种教学形式带到美国的人。我们可以想象奥斯勒在早上九点准时出现在医院主入口那被称为“大穹顶”建筑前的场景。奥斯勒的总住院医师会在那里等着他，然后与他并肩走到病房，而他的学生和实习生们会在那里等着观摩他给病人查体并讨论病情（图4.3）。在1901年，他对内科医学会如是说：

> 我坚信最好的医学书籍是大自然所著之书，其权威多展现于人体之中。诚如你们所熟知，当不朽的亨特（英国著名外科医生）被问及什么是学生们最应拜读的解剖学书籍时，他的回答便是推开解剖室的大门并指向其中的一张张台案。

奥斯勒关于医学教育的思想内核，便是要去观察，要去动手实践，不能只停留在死读书的层面。他希望自己的墓志铭上镌刻着：于此安息着将学生带入病房之人（图4.4）。

在当今这个病人的诊断和治疗被“碎片化”地交至各专科人士分别处理，

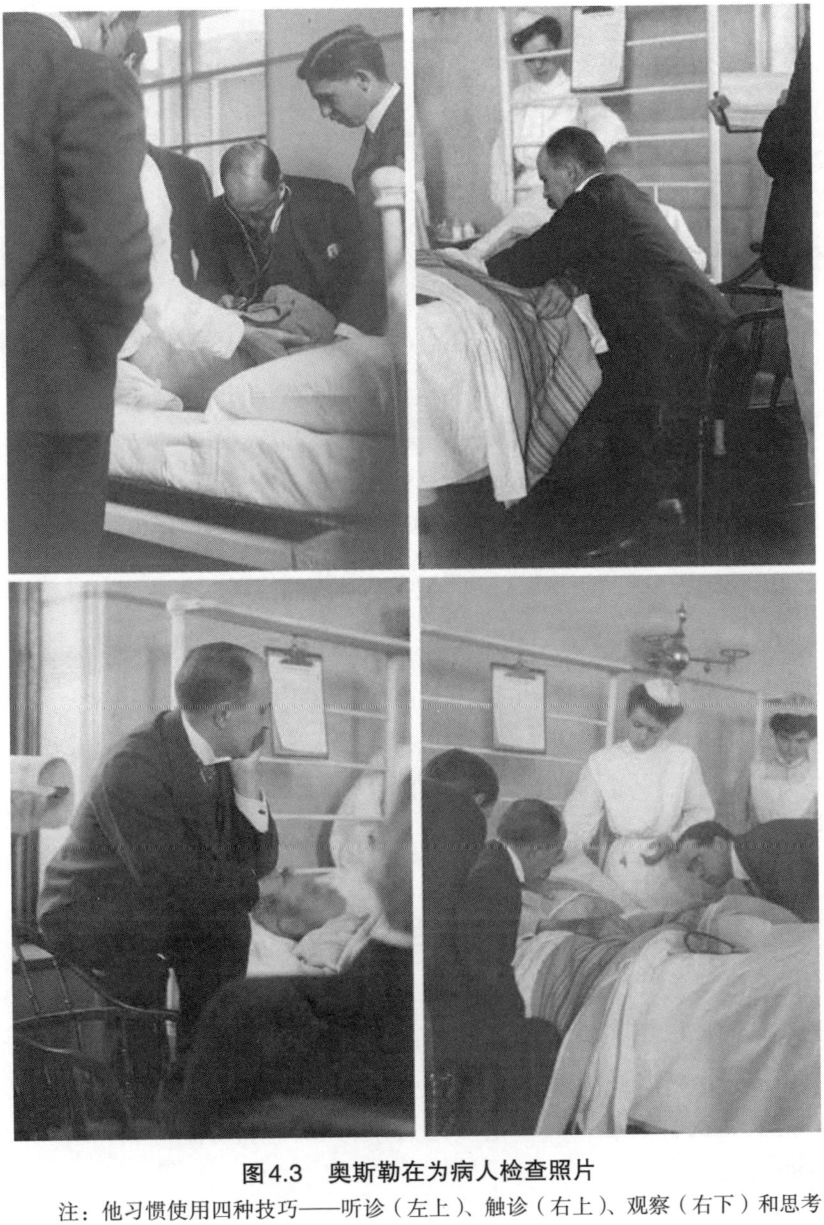

图4.3　奥斯勒在为病人检查照片

注：他习惯使用四种技巧——听诊（左上）、触诊（右上）、观察（右下）和思考（左下）。

图4.4 奥斯勒在病人床旁指导学生照片（约1900年）

注：除了要体现他将学生带入病房进行教学，奥斯勒并不渴求其他墓志铭。无论是在病房内还是在病房外，奥斯勒的教学都是以病人为中心的。图中展示了奥斯勒于约翰斯·霍普金斯医院的阶梯教室中，在一名病人的床旁对学生进行指导。

导致其诊断全貌仅能通过复杂的电子病历呈现的时代，我们应当铭记奥斯勒的忠告：“去倾听你的病人，因为他在告知你诊断。”倾听病人对自身疾病的描述，并以此为指导进行触诊、视诊，尤其是听诊和问诊的过程，极富意义。

安之若素与镇定自如

奥斯勒明白医学本质上是一门充满压力的学科，这种压力时常来自遭遇各种困难且肩负巨大责任的状况，并同时作用于人的身心。他认为想要成功，医生需要具备两种资质。其一是安之若素，一种仿佛来自身体的、本能的、如磐石般的镇定：

安之若素，是指在任何情况下都能保持头脑清醒与冷静，一种置身风暴中的宁静，一种遭遇险恶时的笃定，是坚定不移，是不为所动。

（节选自奥斯勒的毕业致辞《保持平常心》，
1889年5月1日，宾夕法尼亚大学）

其二则是镇定自如，这是一种可以保持精神层面如“黄瓜般凉爽”的个人能力。奥斯勒认识到，有些人天生安之若素，另一些则不然。但他坚持认为，每名医生都可以而且应该努力保持镇定自如。

那么，先生们，去培养这种被称作“无动于衷”的高超素质吧，它能帮你在从医时以勇气和坚毅来面对各种紧急情况，但与此同时，又不至于使“我们那颗赖以生存的良心”僵化。

（节选自奥斯勒的毕业致辞《保持平常心》）

奥斯勒的哲学思想在约翰斯·霍普金斯大学长存至今。约翰斯·霍普金斯大学医学院的住院医生们所佩戴的围巾和领带都绣有“Aequanimitas”字样的纹章，以时刻提醒他们铭记那来自奥斯勒的训诫：保持平常心。

生活的奥秘：工作

在奥斯勒的哲学思想中，这则信条无须赘述，甚至乍看上去颇有陈词滥调之嫌。他认为实现成功且充实的人生的秘法便是工作。在这方面，奥斯勒绝对是身体力行。他在临床上和学术上的产能都可谓巨大。以下这段话是诸多值得被引用的奥斯勒的名言中被节选最多的段落之一。

我即将向你们揭秘人生的奥秘，诚如我所亲见，亦如我所身感……这秘钥虽短，却寓意颇深。它是打开任意大门的钥匙，是令众生平等的武器，是能将人类文明最为平庸之才转变为真正贤者之法宝。它能让你们之中的愚笨者变得精明，让精明者变得出众，让出众者变得扎实……过去25个世纪以来所有的医学进步，它皆功不可没……这秘钥便是工作，正如我所说那般，它是如此简短的一个词，但倘若你能将其扎根心底，它便会为你结出累累硕果。

（节选自奥斯勒在多伦多大学与三一学院及其医学院的
合并仪式上发表的演讲，1903年，多伦多大学）

今天，在这个学生们迫切追逐着捷径的时代，奥斯勒的这番话提醒我们，这世上没有什么能够代替勤恳与付出。

消化自身的负能量

奥斯勒对“别为小事发火”有他自己的说法。他警示我们不要把力气浪费在生活的琐碎矛盾上，以免分散精力。

学会去消化自身的负能量。人们因生活中不可避免的喧嚣而引发的无关痛痒的小事去低声抱怨，这会让气氛变得低沉。并不是什么事都能称心如意的。学会去默默接受这些小的不如意吧，培养把事情藏在心底的能力，然后去消化自己的负能量，并通过加倍努力来发泄出去。这样，你周围的人将不被你那些抱怨和牢骚所叨扰。

（节选自奥斯勒的毕业致辞，1903年，多伦多大学）

正如你我所见，身边有能力的同事被那些毒害职场的小矛盾拖累下水的例子还少吗？

区分并认真对待每一天

声名远扬的英国历史学家、散文家托马斯·卡莱尔曾写道：“我们的主要目标并非去关注远方那些若有若无的东西，而是去做手头上这些实实在在的事情。”奥斯勒时常引用卡莱尔的话，正如他在写通过区分并认真对待每一天来管理时间的智慧时所做的那样。在当下容易焦躁的社会里，这事说起来比做着要容易得多，但不管怎么说，奥斯勒都坚定地推崇着将对明天的顾虑和对昨天的悔痛一并抛之脑后，然后去直面来自今天的挑战的理念。

于今天所背负的来自过去和将来的担子，是最让人踌躇不前的。一点都别去担心未来的事，就和不要惦念过去一样……谁知道每天会发生什么呢？……所谓的未来，就是指的今天，不是什么虚无缥缈的明天！……把今天、把当下活得真切、饱满，而不是去盯着将来做梦，这才是对未来的唯一保障。就把你视线的边界，划在这二十四小时之内吧。

（节选自奥斯勒对学生的演讲《一种生活方式》，1913年，耶鲁大学）

在这里，奥斯勒鼓励他的听众们去将他们那冗长的烦恼清单分而破之，只专注于面对那些在当天最为紧迫的事情。这是一个对所有人都有意义的道理，过去犯下的错误和未来无穷无尽的麻烦所形成的负担，只会让我们更加焦虑，却完全不能帮助我们完成手头的工作。

学无止境

奥斯勒深深信奉着学无止境的理念（图4.5）。他鼓励医生们将每天最后的半小时"在人类文明圣人的陪伴下"度过。他自己的床头藏书就包括了《圣经》、莎士比亚著作、《堂吉诃德》，还有爱默生著作等经典文学。在今天，老实说，我们当中有多少人不得不承认自己每天醒着的最后半小时是抱着手机度过的！

正如柏拉图奠定的伟大要义所说，教育是一辈子的事，是穷其一生也只能略通皮毛的……将医学这个庞大的领域压缩到四年的教育里是一件无法做到的事。我们能做的只有打下基础，带领学生们踏上正途，传授他们方法，教他们学习，并帮他们早早将必要与不必要的事分辨开。

（节选自奥斯勒对教职员工和学生的演讲《二十五年后》，1899年，麦吉尔大学）

奥斯勒床头那些经典文学并非只是对那些过往时代的追念。经典之所以是经典，是因为它们对人性和生死的启迪，哪怕放在今天也一样像它们刚被写下时适用于行医之道。

图4.5　奥斯勒于牛津的宅邸中阅读照片

注：奥斯勒强调倾尽毕生去学习的价值，并且他也是一名从不倦怠的阅读者。

尊重其他医生

奥斯勒深知在医生这种个人情感和私人判断占据很大比重的职业中，从业者会有着很强烈的冲动去对自己的某些同僚恶语相向。他警告不要这么做。

即使是很多工作中心怀善念的医生，也会对自己的同僚说些坏话或者产生些不好的想法。没什么是比对自己的手足同行恶语相向更加令你堕落的恶行了。作为医生的主观情感是如此之强，而每个科室的闲言碎语又是如此之多，从业者不可避免的疏忽与过失，会很容易遭受那些充满恶意言语的、欺骗的、诽谤的声音的攻击……任何时候都不要听信那些用以败坏同行名声的不敬之词。

（节选自奥斯勒的演讲《医学的主语》，1903年，多伦多大学）

在我们这个被电子邮件、短信、社交媒体的嘈杂声音所浸没的当代，奥斯勒对不要听信和传播恶意谣言的警示显得更加重要。

对全人类的爱

奥斯勒的医学及人生哲学中最为核心的，便是他对他人深切的理解和包容。他不仅能看到自己圈子里这些人善良的一面，也能如此看待其他行业的人们。

没有什么是比在你那姑且被认为是单调的日常中找到真正的生活诗篇更能让你秉持自我的事了：这是平凡所谱写的诗歌，它属于那些普普通通的男人，也属于那些容貌平平还带些憔悴的女人，属于他们的爱恋和欢喜，也属于他们的忧愁与悲伤。

（节选自奥斯勒在前往牛津大学前的临别演讲
《作为学生的一生》，1905年）

在奥斯勒赠予他人的礼物上，他时常会附上利·亨特的诗歌《阿布·本·阿德罕姆》（*Abou Ben Adham*）中的这段话："将吾写成热爱同胞之人吧。"奥斯勒对人类的厚爱和信心为我们照亮着前路。

不难想象，作为一个对人类抱有如此积极态度的人，奥斯勒也必定非常喜爱孩子们。他的传记作家麦可·布利斯形容他为于孩子们而言仿佛拥有魔法一样。布利斯是这样描述奥斯勒的："他是会在任何人群中脱颖而出的人，而事实也确实如此，只不过他有从人群中消失去找小朋友们玩的习惯。"（图4.6）

图4.6 奥斯勒与其儿子里维尔玩耍照片

注：奥斯勒热爱孩子们。

婚姻，家庭，前往英国

从奥斯勒的哲学回到他的人生故事上，我们看到在他完成那本旷世教材后不久，便与保罗·里维尔的曾孙女、著名费城外科医生塞缪尔·W. 格罗斯的遗孀格蕾丝·里维尔结了婚。在宾夕法尼亚大学时，奥斯勒便与格罗斯交好，而此时格罗斯已经在杰佛逊医学院从他那同样名声显赫的父亲那里继任了外科主任一职。1892年5月两人结婚时，奥斯勒时年42岁，格蕾丝·里维尔37岁。这对夫妻育有两个孩子。第一个孩子是个男孩，由奥斯勒的同僚、霍普金斯大学医院的妇产科主任霍华德·凯利接生，但于短短六日后夭折。对此不幸，奥斯勒悲痛缅怀道:“人须以平和面对不幸。”第二个孩子爱德华·里维尔于1895年出生。

奥斯勒在约翰斯·霍普金斯大学医学院的事业蒸蒸日上，并在19世纪90年代和20世纪初期持续颠覆着医学和医学教育领域。从多形性红斑到脑膜炎（脑脊髓膜炎），再到慢性发绀，他都发表过重要学术论文，也进行过开创性的演讲。在1895年，奥斯勒同时被任命为他曾帮助成立的美国医师协会主席，以及美国医学院协会主席。1898年，他被任命为约翰斯·霍普金斯大学医学院院长。与此同时，奥斯勒不断荣获来自各类医学团体和从阿伯丁大学到耶鲁大学等众多英美大学的奖学金和荣誉学位。学术研究、领导职责及一些社交场面工作给他本已繁重的临床和教学工作增加了负担。

全美乃至全球的病人都在赶往巴尔的摩请奥斯勒看病。他的病人中有富豪也有穷人，有名流也有凡夫。最终，众多病人对奥斯勒的期待为他带来了难以承受的压力。奥斯勒写道:“现在这种生活对我的压榨已经超出我所能承受的范畴。无论是在身体上还是精神上，我都在走下坡路了。”1905年，奥斯勒接受了来自牛津大学的特聘荣誉教授的邀请。在某种层面上，奥斯勒青睐此职位缘于牛津大学没有自己的附属医院，因为这可以为奥斯勒保留些安静生活，也能给他留出更多写作的时间。

虽然在牛津大学任教的好处之一是减免了临床工作，但奥斯勒并没有完全放弃它。刚到牛津几个月，奥斯勒便在拉德克利夫医院为医学生们开设了周日早间授课。尽管他开始将精力转至更偏向于文学和哲学领域的问题，但奥斯勒仍继续发表着颇为重要的科学论文，其中包括他于1910年在《柳叶刀》（*Lancet*）期刊上发表的关于心绞痛亦即胸痛的文章。

哪怕奥斯勒的人生终章充满傲人成就，他也一直在心中保留着那个爱恶作剧的小男孩的影子。在1911年，英国君主册封他为准男爵（这也是“威廉·奥斯勒爵士”称号的由来）。起初奥斯勒想要回绝这份荣誉，如他一直以来的谦逊品行，但最终还是接受了册封，并在对他姐姐查蒂的信中写道:“一旦坏男孩开始工作，他便能将自己的本质瞒过身边所有人，这棒极了。”

虽然搬到牛津帮助奥斯勒夫妇从约翰斯·霍普金斯大学医学院领导的重担下解放出来，但也同时为他们带来灾厄。在第一次世界大战爆发后不久，他们的儿子，已是青年的里维尔，放弃了他在牛津大学的学业并志愿加入了加拿大远征军（图4.7）。他所在的团参加了1917年8月29日在比利时展开的第三次伊珀尔战役。他因德军的重火力轰炸受了重伤。这个奥斯勒家的小儿

图4.7　奥斯勒与他的儿子里维尔于牛津的宅邸露台上照片（1916年）

注：次年（1917年）8月，里维尔在比利时伊珀尔市的交战中遭德军的炮火轰炸而身负重伤。

子很快被转移至伤员站，并在机缘巧合下被卸任哈佛大学医学院外科教职来到战场的哈维·库欣照料。库欣曾与奥斯勒关系紧密，他也竭尽全力去抢救导师与朋友的儿子。不幸的是，里维尔所受的伤是致命的。“我们目睹他下葬”，库欣写道：“那是清晨的时候。在法兰德斯一片泥泞土地上的一棵橡树旁……那是阴沉有风、仿佛入了秋的日子，一行一行简朴的十字木架，一条一条新挖的水深过半的浅沟。”

在牛津，奥斯勒夫妇被迫忍受失去最后一个孩子的痛苦。虽然奥斯勒的天性使他不会将自己失去亲人的痛苦分给他人承担，但我们知道奥斯勒早已掌握了从哲学角度与深切的悲伤做斗争的能力。在他的演讲《保持平常心》（1889年）中，奥斯勒曾说：

> 未来将会有失望甚至失败在等着你们中的一些人，这令人很难受。当然，你们不能寄希望于逃避……勇敢地挺身直面吧，哪怕面对的是那些最糟糕的情况……因为坚持就是胜利……你们中的一些人不免要承受失败的苦果，而养成一种面对挫折时镇定自如的积极心态，会在这样的时候为你们带来慰藉。

奥斯勒仿佛遵循着自己的叮嘱。在里维尔不幸过世后，他在表面上依然保持着积极和乐观的样子，但越是熟悉他的人越能看出他那深入骨髓的悲伤从未愈合。在他临终前不久，奥斯勒写道：“命运不允许我那一直以来的好运伴我直至入土——人生在世，所有人都必定经历不幸。”

奥斯勒的死和他的死亡哲学

奥斯勒是一位注重床旁教学的杰出临床医生，但他更是一位超前的人文主义者，在他的时期便以更为慈悲和全面的视角去看待疾病、死亡以及死亡的过程。他于55岁时在约翰斯·霍普金斯大学医院对486位正在走向死亡的病人进行了一次观察试验，这次试验佐证了奥斯勒的人文主义思想。他的目的是尝试理解“即将死亡的人有着什么样的感受”，而对此他总结道：“大多数人并没有展现出特别的地方。正如他们出生时一样，他们的死只是一场长眠和忘却。”奥斯勒清楚地意识到这种身患绝症的病人最终会死在医院里的趋势剥夺了其在临终前接受亲人悉心照料的权利，而亲人才是真正了解并尊重病人临终愿望的人。一些医护人员会剥夺绝症病人“希望死于宁静的强烈动物本能”并对他们采用终究无效的治疗措施，而奥斯勒对这些人和他们的做法保持怀疑和很大程度上的批判态度。

对于他亲自照料的临终病人，奥斯勒相较于采取些最后的医疗措施，更注重于表达同情并去缓解病人的恐惧和焦虑。奥斯勒这种态度在一名叫詹妮特的小女孩身上得以体现。这位小女孩在1918年席卷欧洲的流感大流行中步入了生命的倒计时，而在之前一年奥斯勒刚刚在世界大战中失去了自己的儿子。根据詹妮特母亲的描述，奥斯勒在十一月的一个大风呼啸的日子最后一次到她家看望，并握着一支来自他花园的红玫瑰。他对詹妮特说，在他经过这支夏日余留的最后一朵花时，这朵花对他开口说话并要求：

> 这朵花她希望和他一起去看看他的小姑娘。那个傍晚我们都经历了一场仙境茶会，就在小小的床头桌旁，威廉爵士用堪称精湛的方式和玫瑰花、他的“小姑娘”及小姑娘的母亲说着话……而我们都紧紧靠在他身边；小女孩明白了无论是人还是仙灵都无法永葆红润的脸颊，也无法在同一个地方一直停留下去，但即便如此，他们在新的家园也会同样开心，所以他们不应该让被留下来的人感到难过，尤其是他们的父母。小女孩听懂了，也没有表现出悲伤。

无论我们是以医护人员、家人，还是以朋友的身份去照料身患绝症的病人，我们都可以从奥斯勒对詹妮特讲的道理中学到很多。

奥斯勒在面对他自己的死亡时也采用了合乎常情的镇痛医疗以及在无法避免的终局面前坦然选择接受的态度，一如他帮助自己的病人们接受死亡时一样。奥斯勒在于1905年离开约翰斯·霍普金斯大学前往牛津大学前便已患有慢性支气管炎。他一直坚持进行着教学工作和写作活动，但他的病情终究恶化了。从1919年10月开始，奥斯勒便被长期而反复的咳嗽逐步击垮了。

卧床不起之际，奥斯勒要求用阿片去缓解那些让他身心俱疲的“阵痛”。这种药物非常有效，正如奥斯勒知道的那样。“把药典合上，但把阿片留下来。这东西多多少少能起点作用。”另一种能让他得到慰藉的良方是书。临终前，奥斯勒已经不能自己读书，他便让自己的小外甥把他最喜欢的那些诗篇朗诵出来，其中包括在他临终当天所念的柯勒律治的《老水手之歌》（*The Rime of the Ancient Mariner*）中的段落。奥斯勒于1919年12月29日下午4时

30分在他自己的床上平静过世，除了那些需要依靠阿片缓解的肺脓肿导致的不适，他没有遭受更多痛苦（彩图7）。

当我们回忆起奥斯勒并尝试去捕捉他所作的长远贡献时，我们应该想到什么呢？显然，我们会想到他高尚的职业道德和他无可动摇的正直人品，这两种品质在他看来息息相关。在1891年的演讲《医生与护士》(*Doctor and Nurse*)中，奥斯勒对他的听众们说:“你们每个人都会有一个充实有用并且快乐的人生，再多的就不可强求了……我们活着是为了尽可能给生命增添色彩，而不是对生命一味地索取。”

我们还会想到奥斯勒职业生涯中的两盏明灯——从病人出发的床旁教学以及对何以为医的哲学思考。这两者相辅相成，一同帮助着奥斯勒去寻求对疾病的科学理解并树立以仁心救治身陷病痛者的信念。他在这两方面的成就都是具有历史意义的。我们很容易把奥斯勒看作一位医学圣人，但和我们讲述的这十位先驱一样，他也有着自己的缺点。最近的一些学术研究发现，奥斯勒在种族问题上存在着一些偏执的观点。

奥斯勒为医学界带来的人文色彩是如此的强大和深远，以至于让探讨他这样的人是否在种族问题上存在偏见这件事很困难甚至常常使人变得沮丧。但正如近期发表于加拿大医学会期刊(*Canadian Medical Association Journal*)上的文章的作者们所举证的那样，坐实奥斯勒存在种族偏见的证据众多且确凿。在给H. V. 奥格登医生的信中，奥斯勒就是否参加1893年的泛美洲医学大会表态“我恨拉美人”。年轻的多萝西·里德女士曾因在约翰斯·霍普金斯病房里一夜之间有六位黑人病人由于肺炎失去生命而饱受来自同期实习生们的讥讽，而奥斯勒为她所做的激昂辩解同样颇有偏见。奥斯勒在为她辩解时竟说道:“这些人身为生活普遍糜烂还酗酒的有色人种，就是导致他们患上呼吸系统疾病的最大风险。”他对美洲原住民的评价同样刻薄。在一封未曾发表的手稿中，奥斯勒就原住民问题用了这样的歧视性用语:“每个原始部落都保留着一些没能跟上［人类］物种进化进程的粗鄙的动物习惯。”在奥斯勒最后的几次公开演讲中的一场中，他就一批来到加拿大的亚洲移民问题宣称道:“我们势必要确保我们的国度是白种人的国度。”

我们也不能忽视奥斯勒的拥护者们常以“时代背景”来为奥斯勒的种族偏见作辩护。同时，我们也承担着公开记载的被证实为真相的责任。纵然已经过去一个多世纪，我们也须通过这些真相来重新审视奥斯勒，将他视作一个普通的人，而不是医学界的道德标杆。而最适用于评价奥斯勒道德的标准，很有可能就是奥斯勒本人的标准——由他内心向善的天使所主导的标准，虽也不尽然，但这在大多数奥斯勒对人文事件的思考中都得以彰显。在1902年加拿大医学会上的发言中，奥斯勒斥责了国家民族主义和其他地域性排外行为，他称这些是“流淌在血液里的罪行……今天，即便有宗教来约束民主的践行，这样的罪行仍泛滥在我们这个种族当中，一如过去那般……我在此谴责的是那些在猜忌中赋形、在无知中孕育的偏狭之咒……它们扭曲我们的心态……［使我们忘却］那些更加高尚的人类情谊”。

奥斯勒和我们所有人一样，都存在对世人的关爱方面未能践行自身准则的情况，尤其是在面对其他人种和国家的时候。不论如何，我们都在尝试在衡量一个人的一生时尽量做到全面客观（我们在前言中写道，也正如奥斯勒自己说过的那样，这是一件很难的事）。我们认为在讨论奥斯勒的种族偏见时，不应完全剥离于他为医学界带来的影响。从这样的角度出发，奥斯勒的颠覆性理念，以实践为导向的“床旁教学”和以关怀为导向、以病人为中心的诊疗模式，帮助将玛丽·伊丽莎白·加勒特和约翰·肖·比林斯所设想的医学院付诸现实，也将约翰斯·霍普金斯大学医学院树立为行业之典范。

（曾学军　译）

五、威廉·斯图尔特·霍尔斯特德

胜利源于失败

让我们回忆起玛丽·伊丽莎白·加勒特，在她与约翰斯·霍普金斯漫长的、充满斗争的、但最终引发变革的关系往来的最后阶段，向该校赠送了由约翰·辛格·萨金特绘制的巨幅群像《四大医生》(*The Four Doctors*)。这幅画描绘了她最崇拜的新医学院的创始团队——威廉·亨利·韦尔奇、威廉·斯图尔特·霍尔斯特德、威廉·奥斯勒和霍华德·阿特伍德·凯利，他们都身着正式的学术礼服(彩图2)。长期以来，艺术史学家和一代又一代的观赏者都被这幅令人回味的描写科学工作者献身于医疗事业的艺术作品所吸引。

观赏者经常在不经意之中被这幅著名画作的一个奇特之处所吸引：霍尔斯特德，尽管是画像中唯一站立的人物，却几乎隐匿在背景中。似乎这位被公认为美国历史上最具创新精神的外科医生希望留在阴影中，远离照亮他同事脸庞的光芒。事实上，他确实如此。他通过一系列出色的试验证明了可卡因作为局部和区域麻醉药的价值，但是与此同时，霍尔斯特德开始对可卡因成瘾。虽然他努力克服了对可卡因的依赖，但最终却又对吗啡成瘾。在本章中，我们将了解霍尔斯特德为实现手术的安全无痛所付出的巨大代价，以及他作为外科医生的先驱，在药物成瘾的沉重负累下，仍然取得的诸多非凡成就。

要充分了解霍尔斯特德如何革新外科手术，我们只需看看美国医学史上的第二幅名画。在彩图8中，我们看到托马斯·埃金斯于1875年创作的《格罗斯医生手术示教课》(*The Gross Clinic*)，该作品让我们近距离审视美国最著名的外科医生之一——塞缪尔·D. 格罗斯医生在霍尔斯特德进入医学院第二年所实施的一次手术。这幅画让我们生动地感受到了19世纪末外科手术的恐怖。格罗斯没戴手套的手上沾满了鲜血，他的助手似乎正按住病人，背景中男孩的母亲捂住眼睛，吓得缩成一团。格罗斯也是奥斯勒夫人的第一任丈夫塞缪尔·W. 格罗斯的父亲，他拒绝接受约瑟夫·李斯特关于无菌手术的观点。

当霍尔斯特德开始他的医学生涯时，手术是一场与时间赛跑的仓促竞赛，意味着粗糙的切割、对失血的漠视和粗暴的组织处理，所有这一切都在无视清洁的条件下进行。尽管全身麻醉在19世纪中叶就已问世，但大多数外科医生仍坚持尽可能快速地为病人实施手术。正如一位外科医生所描述的那样：“当时的手术室简直就是噩梦……实习生经常把绷带含在嘴里，而且很少注意清洁手术器械。外科医生和护士经常穿着被污染的衣服从一个手术室走到另一个手术室，连手都懒得洗。”

外科手术的新模式

图5.1展示了1904年霍尔斯特德在约翰斯·霍普金斯医院实施手术。我们可以清楚地看到这位被誉为“美国外科之父”的医生是如何改变这一职业的。井然有序的场景呈现出在无菌条件下进行手术时深思熟虑的节奏感、精确度和美感，以及对控制失血和精细处理组织的密切关注。正如霍尔斯特德

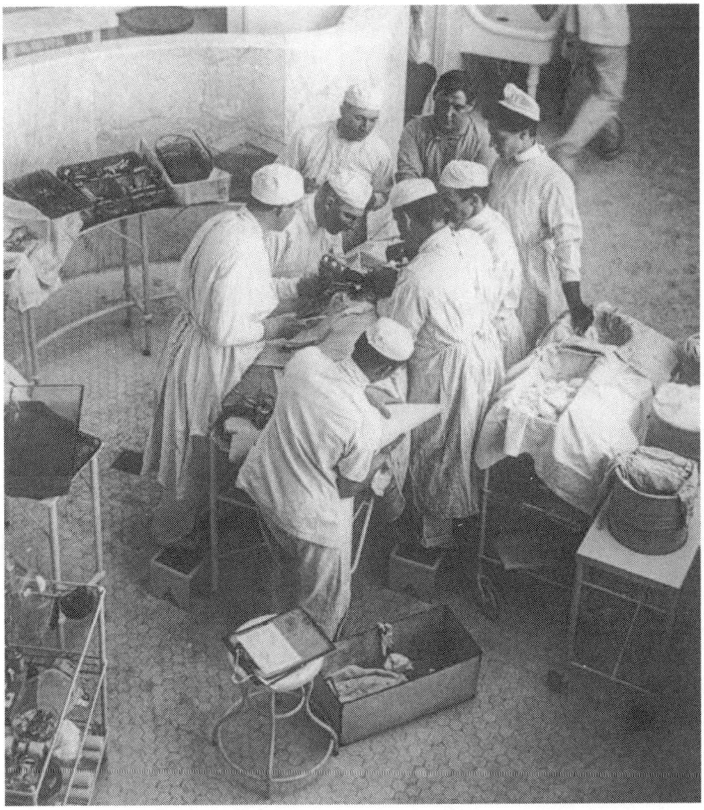

图5.1 霍尔斯特德实施手术照片（1904年）

注：霍尔斯特德（靠在病人身旁，11点钟的位置）戴着手套给一位股骨感染的病人实施手术。虽然医生和护士都戴着手套，但当时还没开始佩戴口罩。

所描述的那样："疼痛、出血、感染，这三个一直困扰着外科手术并阻碍其发展的恶魔，在四分之一个世纪（1846—1873年）这一短短的时期里，它们所带来的恐惧消失了。"

人生的两个不同阶段

作为美国外科手术的先驱，霍尔斯特德的成就无人能及，但他的职业生涯轨迹却有两个截然不同的阶段。早年在纽约，年轻的霍尔斯特德从医学院毕业，之后又从欧洲学成归来，师从欧洲大陆最伟大的医生，声名鹊起，成为一名大胆创新的外科医生。霍尔斯特德的手术日程排得满满的，除了需要在这座城市最繁忙的至少六家医院定期做手术之外，他还保持着高水准的体育锻炼和繁忙的社交生活。这一时期的朋友称他为"身体强壮、精力充沛、充满热情和生活乐趣的典范"，是一位"大胆创新的外科医生"，而且"性格开朗"。

霍尔斯特德搬到巴尔的摩并在约翰斯·霍普金斯医院任职后，他的外科同事和前实习生哈维·库欣写下了对他的评价：

> 他个性独特、害羞，有点像个隐士，在生活品位和交友方面都很挑剔，是个有教养的贵族，习惯于学术研究，多年来一直健康欠佳……对自己的工作过于谦虚……对医学界人士的聚会不感兴趣，不苟言笑，对私人执业兴趣不大。

19世纪80年代中期，霍尔斯特德开展了一系列突破性试验，发现可卡因可以作为一种有效的手术麻醉剂，但随后意外对可卡因成瘾，这成为他职业生涯的转折点。要了解霍尔斯特德作为一名外科医生、研究人员和临床教师，如何在与药物滥用的抗争过程中继续保持惊人的工作效率，我们需要回到故事的开始。

霍尔斯特德的早年经历

1852年9月23日，威廉·斯图尔特·霍尔斯特德出生在纽约市的一个富裕家庭。他是玛丽·路易莎·海恩斯和小威廉·米尔斯·霍尔斯特德所育四个孩子中的老大。家族企业——霍尔斯特德·海恩斯公司经营进口贸易，生意兴隆，霍尔斯特德早年的生活可谓优渥。除了在第五大道的豪宅，他们还在风景优美的赫德逊河谷的欧文顿拥有一处避暑胜地。年轻的威廉早年在被送往马萨诸塞州的莫森学院之前，父母为他聘请了家庭教师。这段在校学习经历非常不愉快，以至于霍尔斯特德逃离了学校。接下来，父母又把他送进了马萨诸塞州安多弗的精英学校菲利普斯安多佛学院。在安多佛就读六年后，霍尔斯特德被认为还没有做好上大学的准备，于是他又在家里跟随家庭教师学习了一年，于1870年进入耶鲁大学。

霍尔斯特德的大学室友塞缪尔·布什内尔形容他"特别强壮，在着装方面很谨慎，很受欢迎……拥有机智和尖刻的言辞，但没有表现出非凡的能力或远大的抱负”。按照霍尔斯特德自己的描述，他“在大学里全身心地投入体育运动中”。传记作家找不到任何证明他在纽黑文的4年里从耶鲁图书馆借阅图书的证据。霍尔斯特德在运动场上的成就远比在课堂上的成就更大。他是耶鲁棒球队的游击手，划艇队队员，还是一名出色的橄榄球运动员（图5.2）。事实上，在大四那年，霍尔斯特德曾担任耶鲁校队队长，带领球队参加了第一场11人制的比赛，这正是如今“超级碗”的前身，他在这场比赛中赢得了制胜分。霍尔斯特德的社交生活也很活跃，他参加了耶鲁大学的多个社交俱乐部和社团。从他的大学生活可以看出，他是一个在校园中过着令人羡慕的生活的年轻人。

正如我们所看到的，那个时代的美国医学院几乎没有设立任何入学标准。1874年，霍尔斯特德从耶鲁大学毕业后，很容易就进入了纽约内科与外科医师学院（现哥伦比亚大学医学院）。一位医学史学家在讲述内科与外科医师学院的一个报告厅时，对当时的医学教育状况作了这样的描述：“那里光线昏暗，烟尘弥漫，闷热难耐，学生们经常晕倒。教授一进门，一般都会听到猫

图5.2　耶鲁大学棒球队合影（1874年）

注：肌肉结实的霍尔斯特德站在最右边。

叫声、口哨声和吆喝声，讲课间歇时，整个教室一片混乱。”尽管课堂环境嘈杂，但霍尔斯特德在医学院学习时人生的重心发生了巨大变化，他刻苦钻研学业。我们可以把他作为外科医生所取得的无与伦比的成就归功于这一时期的努力。

在还差一年就能完成内科与外科医师学院的三年课程时，霍尔斯特德申请到了贝尔维尤医院的实习医师职位。虽然从原则上讲，没有医学学位的霍尔斯特德没有资格参加实习，但他凭借在考试中的出色表现，最终获得了这个职位。作为实习生，霍尔斯特德的大部分时间都在内科病房度过，他也参与一些手术。霍尔斯特德在贝尔维尤医院工作的那一年，英国外科医生约瑟夫·李斯特访问美国，宣传消毒手术的效果。虽然美国的许多医学同行都不愿意接受李斯特的观点（例如当时费城著名外科医生塞缪尔·D. 格罗斯），但显然，霍尔斯特德相信外科医生通过努力减少感染会取得更好的效果。无菌操作，即确保手术环境中无病原体的做法，成为霍尔斯特德的严谨外科技术的一大特点。

霍尔斯特德在实习接近结束时参加了医学学位考试，并在班上名列前茅。1877年毕业后，他被聘为贝尔维尤医院的住院医生。在那里，霍尔斯特德开发了一种通过记录脉搏、体温和呼吸来追踪病人生命体征的床旁图表。今天，这种图表或其电子版本几乎在全球每家医院中广泛使用。在贝尔维尤医院期间，霍尔斯特德遇到了威廉·韦尔奇（当时那里的病理学家），他成了霍尔斯特德最亲近的朋友之一，并在他加入约翰斯·霍普金斯的过程中起了至关重要的作用。

在贝尔维尤医院的两年时间里，霍尔斯特德先后担任实习医生和住院医生，完成了他在美国所能接受的所有医学毕业后教育。和韦尔奇、奥斯勒以及其他许多雄心勃勃的年轻美国医生一样，霍尔斯特德前往欧洲，跟随当时最杰出的医生接受培训，吸收他们以研究为导向的医学理念。在维也纳，他师从汉斯·基亚里学习病理学，师从利奥波德·施内克学习胚胎学，师从安东·沃夫勒和传奇人物西奥多·比尔罗特学习外科手术。在维尔茨堡，霍尔斯特德师从阿尔伯特·冯·克利克尔学习胚胎学，师从菲利浦·斯托尔学习组织学，师从恩斯特·冯·伯格曼学习外科手术。哈勒的外科医生理查德·冯·沃克曼、汉堡的马克斯·谢德和基尔的弗里德里希·冯·埃斯马奇也将霍尔斯特德纳入麾下。当我们读到这些著名医生的名字和声誉时，我们难以想象霍尔斯特德在欧洲所吸收的先进技术知识的广度和深度以及以科学为基础的医学信念有多么令人仰慕和钦佩。

纽约岁月：勇敢无畏的外科医生

1880年秋天，霍尔斯特德回到纽约，这几乎是他开始外科生涯的最佳时机。正如约翰·卡梅隆在他的传记中所指出的，在李斯特提出通过消毒以降低感染风险这一理念之后，德国外科医生已经很好地开发出控制出血的器械。细菌学和生理学等领域也取得了突飞猛进的发展，人们对全身麻醉控制疼痛的益处也有了更深刻的认识。霍尔斯特德在正确的时间出现在了正确的地点，他抓住了机会。

霍尔斯特德加入了罗斯福医院，孜孜不倦地工作，他的外科手术技能很快得到了大家的认可。他在罗斯福医院建立门诊部的工作非常成功，以至于医院专门为门诊病人修建了一栋大楼。布莱克威尔岛的慈善医院也任命霍尔斯特德为客座医生，他还被任命为沃兹岛移民医院的外科主任。与此同时，霍尔斯特德还在贝尔维尤医院担任客座医生。由于担心贝尔维尤医院的条件不允许他使用无菌技术进行手术，霍尔斯特德说服纽约市慈善和惩戒事务专员建造了一间手术室供他专用。手术室位于医院内，是一座华丽的帐篷式建筑，建造费用超过1万美元。他还被任命为纽约长老会医院和钱伯斯街医院的巡诊人员。由于众多机构争相聘请他，霍尔斯特德经常工作到深夜。

在纽约担任外科医生的六年中，霍尔斯特德赢得了敢为人先的声誉，他的手术经常挑战现有知识和技术的极限。他首次尝试了通过自体输血来治疗因吸入照明路灯排放的气体而窒息的工人。霍尔斯特德先给病人放血，在敞开的容器中震荡其血液以尝试清除一氧化碳，然后再将其回输。

大多数外科医生通常不愿意为自己的家人动手术，这是人之常情，但霍尔斯特德却在两个令人难忘的场合展现了他的胆识和自信。1881年，他的妹妹米妮在生下第一个孩子后出现了无法控制的大出血。虽然霍尔斯特德被叫来并设法止住了出血，但她已经失血过多，生命垂危。他迅速作出反应，将注射器插入自己的手臂，抽出血液，直接注射到妹妹体内。她康复了，谢天谢地，这可能是美国历史上的第一次输血。

第二年，霍尔斯特德遭遇了同样严重的家庭医疗危机。他的母亲玛丽·路易莎·霍尔斯特德病入膏肓。当他半夜赶到她家时，发现她面部黄染，右上腹疼痛。霍尔斯特德明确诊断出她患了急性胆囊炎。凌晨两点，他在家里厨房桌子上为她做了手术，切开胆囊，排出脓液，并取出了七颗胆结石。霍尔斯特德大胆的急诊手术再次获得成功，他的母亲恢复了健康。在后来给他的朋友韦尔奇的信中，霍尔斯特德表示，这可能是美国有史以来的第一例胆囊结石手术。

霍尔斯特德大胆创新的手术技巧与他作为教师的天赋相得益彰。由于内科与外科医师学院的常规课程无法让学生为最终的考试做好充分准备，像其他教授一样，霍尔斯特德也为学生设计了他的私人"小测验"，通常在查房、讲课和演示中作为补充内容进行。他的"小测验"是纽约最受欢迎的测验之一，一位学生形容霍尔斯特德是"一位理想的老师，对自己的专业非常熟悉"。

即使在疲惫不堪的手术日程中，霍尔斯特德也会抽出时间来结交朋友，过着繁忙的社交生活。他和他的朋友托马斯·麦克布莱德博士住在麦迪逊大道和第四大道之间的第25街（现在的公园大道南段），他们被同时代的人们形容为富有、出手阔绰的英年才俊。他们经常招待其他成功的年轻专业人士，举办晚宴和音乐会，甚至就广泛的当代话题发起严肃的思想讨论。霍尔斯特德的好友，也是他后来的导师威廉·韦尔奇也经常参加这些聚会。在这些光辉灿烂的纽约岁月里，霍尔斯特德被他的一位富豪朋友形容为"令人愉快的伙伴"。

成瘾与康复斗争

无菌技术和有效止血是现代外科技术的两大基础，而第三个关键的创新是有效地控制疼痛。在引入麻醉之前，外科手术是一项粗糙、简陋和匆忙的工作。病人通常是清醒的，至多是在威士忌的作用下对手术刀片和骨锯产生的刺骨疼痛感到迟钝，因此手术速度是至关重要的。正如外科医生埃米尔·戈奇所描述的那样，"旋风式手术是当时的主流——外科医生看着时钟，当工作完成时自豪地宣布‘六分钟’或‘十分钟’”。苏格兰的外科医生罗伯特·李斯顿（1794—1847）被誉为当时速度最快的外科医生之一。在一次臭名昭著的手术中，他在不到两分半的时间就截去了病人的一条腿。然而，在手术过程中，李斯顿不小心切断了助手的手指，最终病人和他的助手都因为感染而死亡。至少有一则关于李斯顿手术的报道称，一名旁观者被李斯顿的刀划伤，随后休克死亡。在霍尔斯特德看来，这些主要由仓促、草率和不卫生的手术造成的后果是完全可以避免的。

1884年10月11日，霍尔斯特德在《医学记录》（*Medical Record*）上读到亨利·诺伊斯医生的一篇报道，报告了他最近参加的海德堡眼科大会上的一条惊人消息。与会者目睹了令人信服的演示：将2%的可卡因溶液局部涂抹于眼部，具有强大的麻醉效果。霍尔斯特德立即意识到这一发现对外科手术的影响。他与纽约的同事们一起开始了一系列创新实验，证明注射可卡因能够阻断任何周围神经的痛觉，并由此推动了局部和区域麻醉的发展。他把自己、同事和医学生当作小白鼠，但他显然忽略了亨利·诺伊斯报告中的最后一段话：“然而，我们仍需研究这种物质的所有特性，我们可能会发现它既有光辉的一面，也有阴暗的一面。”不幸的是，霍尔斯特德和他的几名志愿者都染上了毒瘾，他们中的许多人都去世了。对无痛手术的永恒探索终于大功告成，但霍尔斯特德和其他人却为此付出了巨大而持久的个人代价。正如医学史学家霍华德·马克尔所描述的那样：“在短短几周内，霍尔斯特德和他周围的人就从精英医生转变成了可卡因的滥用者。可悲的是，一些参与这些实验的医学生、住院医生和外科医生被药物折磨得体无完肤，过早地离开了人世。”霍尔斯特德只在1885年的《纽约医学杂志》上发表过一篇关于局部和区域麻醉的文章。他开篇的第一句话有一百多字，行文杂乱无章，这显然是霍尔斯特德药物成瘾后迷失方向的象征。

事实证明，戒除可卡因成瘾非常困难。现有证据表明，霍尔斯特德最终没能成功。1886年2月，也许是在韦尔奇的陪同下，霍尔斯特德登上了一艘前往加勒比海向风群岛的帆船。他随身携带的可卡因数量只有航程中他所需剂量的一半，他希望在返回纽约之前戒掉毒瘾。有报道称，由于无法忍受没有可卡因的日子，霍尔斯特德闯入船长的药品仓库，以获得另一种麻醉剂（可能是吗啡）在返回国的途中使用。霍尔斯特德在纽约的职业生涯一落千丈，在父亲、哥哥和韦尔奇的劝说下，他住进了罗得岛普罗维登斯的巴特勒医院，这是一家专门收治精神病病人和“酗酒者”的医院。他的护理人员有意避开了纽约的疗养院，因为他的姓氏在那里太有名，他们将新病人登记为“威廉·斯图尔特”。

在巴特勒医院，为了扑灭霍尔斯特德的毒瘾之火，霍尔斯特德接受了吗啡治疗。在当时，吗啡并不是非法药物，可以在药店购买，用于治疗许多常见疾病。可悲的是，吗啡治疗导致了霍尔斯特德对第二种麻醉剂上瘾。1886年11月，在巴特勒医院住了7个月后，霍尔斯特德出院并接受了他的朋友威廉·韦尔奇提供的职位。

霍尔斯特德作为研究生在韦尔奇新建的实验室工作，实验室里还有其他年轻有为的研究人员，其中最著名的是解剖学家富兰克林·玛尔。在与玛尔的合作中，霍尔斯特德将他在欧洲学习期间学到的欧洲科学医学研究模式应用于解决一个重大的外科难题：如何将手术切断的肠段连接起来。外科医生可以切除病变的肠段，但当他们试图将剩余的肠段吻合在一起时，往往会出现缝线脱落，肠内容物溢出腹腔的情况，病人往往会因感染而痛苦不堪地死去。霍尔斯特德与玛尔合作，证明了构成肠道内壁（即黏膜下层）的纤维具有独特的强度和韧性。

在一系列依靠显微镜检查肠道组织的巧妙试验中，他们证明，如果将线缝合在肠道黏膜下层，缝合线就能固定住。由于这一进步，肠道手术的破裂风险大大降低。19世纪末20世纪初，霍尔斯特德对这一重要外科问题的科学研究直接推动了消化道外科的快速发展。由于这项工作意义重大，霍尔斯特德应邀在哈佛医学院展示了他的研究成果。尽管在学术研究上取得了突破性进展，但仅仅1个月后，也就是1887年3月，他再次被送进巴特勒医院，他的毒瘾仍未治愈。

巴尔的摩岁月：非凡的手术成就

9个月后的1887年12月，霍尔斯特德回到了约翰斯·霍普金斯大学，他的毒瘾似乎痊愈了。他重新开始实验室工作，也被允许看诊和做手术。1889年约翰斯·霍普金斯医院开业时，霍尔斯特德最初被任命为较低级的助理外科医生。尽管如此，他对外科的卓越贡献仍不容忽视。1890年，霍尔斯特德被任命为医院的外科主任和医学院的外科教授。从内科主任威廉·奥斯勒写给大学校长丹尼尔·吉尔曼推荐霍尔斯特德担任这些职务的信中可以看出，人们认为他的毒瘾已经痊愈。奥斯勒告诉吉尔曼："霍尔斯特德在外科方面的工作非常出色，我觉得任命他到大学和医院工作是非常安全的。"

霍尔斯特德担任外科主任和医学院教授长达30多年，直到1922年去世。约翰斯·霍普金斯大学后来的外科主任、资深传记作家约翰·卡梅隆写道："霍尔斯特德在这一时期展现的巨大创造力，在美国外科界可能再也无法复刻。"霍尔斯特德孜孜不倦地将科学研究应用于外科，彻底革新了他所在的领域。

霍尔斯特德将自己视为科学家，这是他不可磨灭的遗产中不可或缺的一部分。尽管霍尔斯特德在手术室里敢为人先，但他深知，只有刻苦钻研，不断积累深厚的解剖学和生理学知识，才能真正保证外科治疗的长足进步。这一点在他早期与解剖学家玛尔一起研究发现手术切除和肠道吻合的最佳技术时体现得淋漓尽致。霍尔斯特德在外科方面的许多其他突破，从甲状腺的精细手术到技术创新，使用具有杀菌功能的银箔覆盖伤口，都是建立在广泛的实验室研究基础之上的。就连他发现可卡因是一种有效的神经阻断麻醉剂，也经过了精心策划的试验（把他自己和同事当作小白鼠）。具有讽刺意味的是，在生命的最后阶段，霍尔斯特德对可卡因神经阻断特性的研究为他赢得了牙科界迟来的认可，为无痛牙科开辟了道路。

霍尔斯特德的学生，后来成为神经外科之父的哈维·库欣在霍尔斯特德的讣告中说："他有一种罕见的想象力，能够发现问题，他的技术能力加上坚持不懈的精神，使他能够成功地解决问题。"如果我们没有考虑到他一贯的奉献精神和对外科研究的卓越贡献，我们有可能忽视霍尔斯特德对医学的持久奉献。我们已经注意到，威廉·韦尔奇在很大程度上放弃了自己的实验室研究，因为他作为科学医学倡导者的富于公众性和多面性的职业生涯将他推向了约翰斯·霍普金斯大学和更高层次的角色。令人惊讶的是，霍尔斯特德的职业生涯却走上了另一条道路。霍尔斯特德是一位大胆、敢于冒险的外科医生，他的名声和声望与他所做的开创性研究密切相关，这些研究为外科手术开辟了新的道路。

如果说缜密的科学研究是霍尔斯特德遗产的一极，那么精心设计、慎重实施的外科手术则是另一极。霍尔斯特德专注于安全的外科手术，在许多外科医生坚持快速手术（尽管乙醚和氯仿作为全身麻醉剂已经存在了几十年）、很少关注失血和精细处理组织的时代，霍尔斯特德坚持不懈地实践和倡导安全的外科手术。19世纪末，使用手术刀进行粗暴、草率的手术与其说是必要的，不如说是一种传统。资深外科医生处于医学界金字塔的顶端，他们的学员往往不愿意打破公认的手术室惯例。与之形成鲜明对比的是，霍尔斯特德在手术中一丝不苟。他鼓励轻柔地处理组织，并宣扬“好的手术……是不流血的手术”。即使是最微小的血管，他也使用结扎技术，一次手术中可能要结扎几百条细小血管。据说，梅奥诊所的创始人之一查尔斯·梅奥在参观了霍尔斯特德的手术后曾打趣道：“这是我第一次看到切口的上端在下端被闭合之前就已愈合。”霍尔斯特德不断将科学知识应用于重要的外科问题，同时实践虽缓慢但安全的手术，据他的一位传记作者称，霍尔斯特德取得了一系列“惊人的”开创性成就。

无论是作为一名科学研究者，还是作为一名安全手术的实践者，霍尔斯特德都有着不懈的工作精神。库欣在他的讣告中评论，“霍尔斯特德在他的医疗生涯中，只要有可能……就避开病人……在健康允许的情况下，在诊所和实验室工作，解决一系列引起他兴趣的问题。”（机缘巧合的是，霍尔斯特德的最后一本出版物是在他于1922年去世前几个月写的，回到了肠道吻合的主题，这是他来到巴尔的摩后从事的第一批研究课题之一）。

霍尔斯特德与毒瘾的斗争使他有时变得孤僻，他将更多的时间用于研究和临床工作，而不是许多同龄人所热衷的社交活动，这既是他的选择，也是性格使然。和库欣一样，埃米尔·戈奇也是霍尔斯特德的学生，后来成了霍尔斯特德的同事。据报道，霍尔斯特德说：“你能想象这样一种情况吗？现在是五点钟，你正在实验室里研究一个问题，这个问题会让你忙到深夜。电话铃响了，是你妻子打来的，说有客人要来，请你去吃晚饭。戈奇，你能想象吗？”他无奈地摇了摇头。这个故事或许可以解释为什么霍尔斯特德39岁才结婚。

回到霍尔斯特德在外科手术方面的众多突破，他开发了可靠的重新吻合两段肠道的缝合技术，为创新的消化道外科手术开辟了道路。除了对肠道肿瘤进行开创性的手术治疗，霍尔斯特德还利用他对解剖学和病理学细致的科学研究，推动了其他前沿领域的发展。他是第一位成功实施胆管手术、切除壶腹周围癌（一种发生在胆管和胰管与十二指肠交界处的癌症）的外科医生，也是第一位切除锁骨下动脉瘤的外科医生。他最早使用金属板和螺钉修复长骨骨折，也是最早通过手术治疗腹股沟疝的医生之一。因为甲状腺附近有许多神经和血管，长期以来人们一直认为甲状腺手术过于危险。但霍尔斯特德凭借其深厚的解剖学知识和精细的手术技巧，开展了甲状腺手术。在巴尔的摩的岁月里，他自谦到了极点，但却为现代外科事业的拓展作出了巨大贡献。

霍尔斯特德的技术和基于科学研究的方法在乳腺癌的手术治疗中体现得淋漓尽致。19世纪末，患有乳腺癌的妇女预后极差，很多时候她们只能无助地看着肿瘤不停地生长。许多肿瘤越长越大，以至于皮肤溃烂。一些病人选择退出社会，而另一些病人则面临着可怕的乳房切除术或烧灼手术。

霍尔斯特德采取了不同的方法。他利用科学方法研究癌症的生物学特性，他希望了解导致癌症扩散的细胞和组织，并将这些知识应用到手术中。他发明了一种手术方法，完整切除乳房、周围淋巴结和几块胸部肌肉，而避免冒着将癌细胞扩散到手术创面的风险去切开肿瘤。这种手术虽然对女性形体带来严重的损害，但却给妇女带来了从这种毁灭性疾病中存活下来的希望。霍尔斯特德的手术实际上是根治性的：为了避免切到癌细胞，霍尔斯特德只在健康组织内进行大面积切割。正如历史学家里克·科顿在谈到霍尔斯特德的方法时所说："是的，这是个根治性手术。是的，它对女性形体带来严重的损害。但是，在大多数情况下，它是有效的。"采用旧式的、不太精确的乳腺癌手术，手术部位的复发率约为60%。而采用霍尔斯特德的根治性乳房切除术后，局部复发率降至6%。

虽然"霍尔斯特德根治性乳房切除术"在当时可能是合适的，但对于今天治疗乳腺癌的方法来说，这种手术过于激进、创伤过大。现在我们可以通过乳腺钼靶检查发现小的肿瘤，放射治疗也可以改善对这一疾病的局部控制。遗憾的是，尽管霍尔斯特德早已去世，许多外科医生仍然不愿放弃他的做法，直到几十年前仍在继续实施这种激进的乳腺癌根治手术。

霍尔斯特德是美国最早在手术室使用橡胶手套的外科医生之一。霍尔斯特德的外科护士长卡罗琳·汉普顿于1889年来到约翰斯·霍普金斯医院（图5.3）。由于霍尔斯特德坚持手术室的无菌环境，他要求助手在手术前用高锰酸盐、热草酸彻底洗手，有时甚至用氯化汞洗手。汉普顿因为接触这些刺激性的化学物质患上了接触性皮炎，并最终引发了严重的湿疹。她告诉霍尔

图5.3　卡罗琳·汉普顿照片

注：大约在1890年（译者注：原著此处1889有误已刊误），卡罗琳·汉普顿嫁给了霍尔斯特德，当时霍尔斯特德发明了手术手套，以保护她的手免受用于术前消毒的刺激性化学物质的伤害。

斯特德，由于疼痛难忍，她打算辞职。霍尔斯特德不愿失去这位“格外高效”的助手，他将汉普顿双手的石膏模型送到固特异橡胶公司，请他们为她设计橡胶手套。度假归来后，霍尔斯特德惊讶地发现，他的手术团队中的其他成员也在使用手套。橡胶手套的使用得到普及后，手术过程中病人和医务人员的感染率急剧下降（图5.4）。霍尔斯特德在1890年与卡罗琳·汉普顿结婚，这可能与霍尔斯特德为保护外科手术护士而研发手套有关。汉普顿是南卡罗来纳州一个名门望族的女儿，但她抗拒在南方社会中扮演传统角色，希望从事护理事业。她北上纽约寻求培训，1888年从西奈山护理培训项目毕业，1889年受聘担任约翰斯·霍普金斯医院外科护士长。

霍尔斯特德的最高成就或许是采用了一套正规的系统来培训下一代外科医生。这个系统与威廉·奥斯勒在约翰斯·霍普金斯大学医学系引入的住院医师培训系统甚为相似。在约翰斯·霍普金斯医院于1889年开业之前，美国的外科医生基本上都是自学成才，或者最多在医院当一两年的学徒。在约翰斯·霍普金斯医院，霍尔斯特德建立了一个新的制度，医学院的毕业生要接受以医院为基础、由大学资助的外科培训项目，通常为期六到七年。在培训过程中，这些未来的外科学术型医生需要掌握扎实的解剖学、病理学和生理

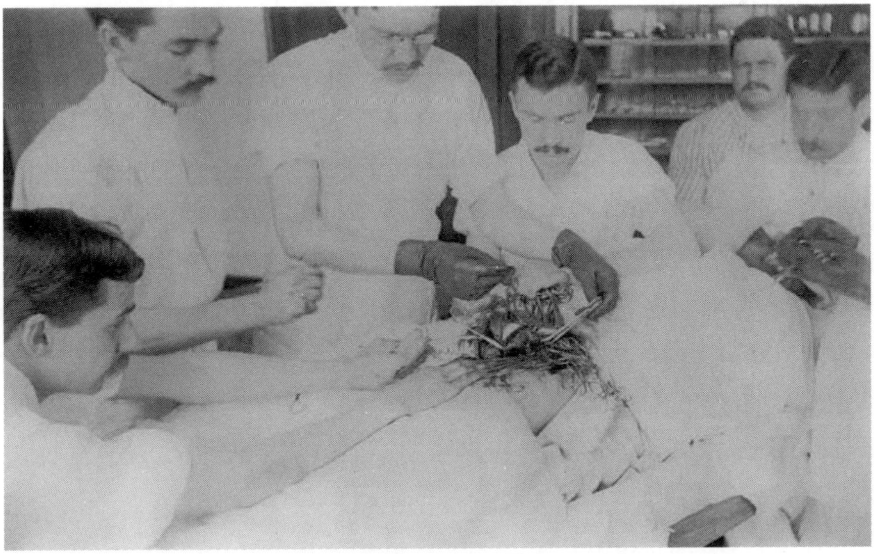

图5.4　霍尔斯特德戴手套手术照片（1893年）

注：霍尔斯特德缓慢地操作，小心地控制出血，轻柔地处理组织。这张手术照片是霍尔斯特德最早戴手套做手术的照片之一。

学基础知识，并承担越来越多的责任。在项目的最后阶段，经验丰富的实习医生，通常被称为“外科住院医生”，可以获得独立完成手术的资格。随着霍尔斯特德的外科住院医生培训模式逐渐在全国推广开来，约翰斯·霍普金斯大学的毕业生遍布全国并最终为许多一流医院输送了未来的外科主任。卡梅隆认为：“正是这种由霍尔斯特德引入的外科医生培训方法，可能比其他任何因素都更能造就美国令人难以置信的创造力，使美国处于世界外科学的前沿。”

为培养既能进行安全手术又精通解剖学、病理学、细菌学和相关学科的外科医生而开发的这种培训模式，其重要性无论怎样强调都不为过。在霍尔斯特德的时代，这种模式最直接的效应是为这个行业培养了一批具有科学头脑的学生。除了向全国各地的医院输送外科主任，霍尔斯特德还为他的许多受训者提供了建立新的外科亚专科的技术和动力，包括神经外科的哈维·库欣、泌尿外科的休·扬和头颈外科的塞缪尔·克罗。20世纪初，哈佛大学、耶鲁大学、康奈尔大学、斯坦福大学和匹兹堡大学等院校的外科教授都曾是霍尔斯特德的总住院医师，这绝非偶然。这些男人（可以预见的是，当时没有女性）以霍尔斯特德的愿景为蓝本建立了外科培训项目。

称赞霍尔斯特德是一位教育家有些讽刺意味。在纽约，他以创新的私人“小测验”而闻名。但在巴尔的摩，即使是他最坚定的支持者也承认，霍尔斯特德不是一个好老师。一位同事把霍尔斯特德与学生在床边进行的病例讨论称为一个“艰苦的过程”。哈维·库欣在《科学》（*Science*）杂志的讣告中指出：“对他来说，逐床探访病人几乎是不可能的事。但是如果他感兴趣的话，他会在一个病人身上花很长时间（图5.5）。”霍尔斯特德的查房甚至被描述为“变幻莫测的枯燥”。霍尔斯特德的住院医生的看法则完全不同，他们把他当作外科医生的导师和培训者，而不是床旁教师。正如威廉·麦卡勒姆在他撰写的霍尔斯特德传记中所指出的，“在那些更为直接和个性化的环境中，这不是一个指导的问题，而是一个启发的问题……世界上只有少数这样的人（如霍尔斯特德）”。霍尔斯特德在巴尔的摩可能不是一个称职的老师，但他最终培养和启发了一代代非凡的外科医生（图5.6）。

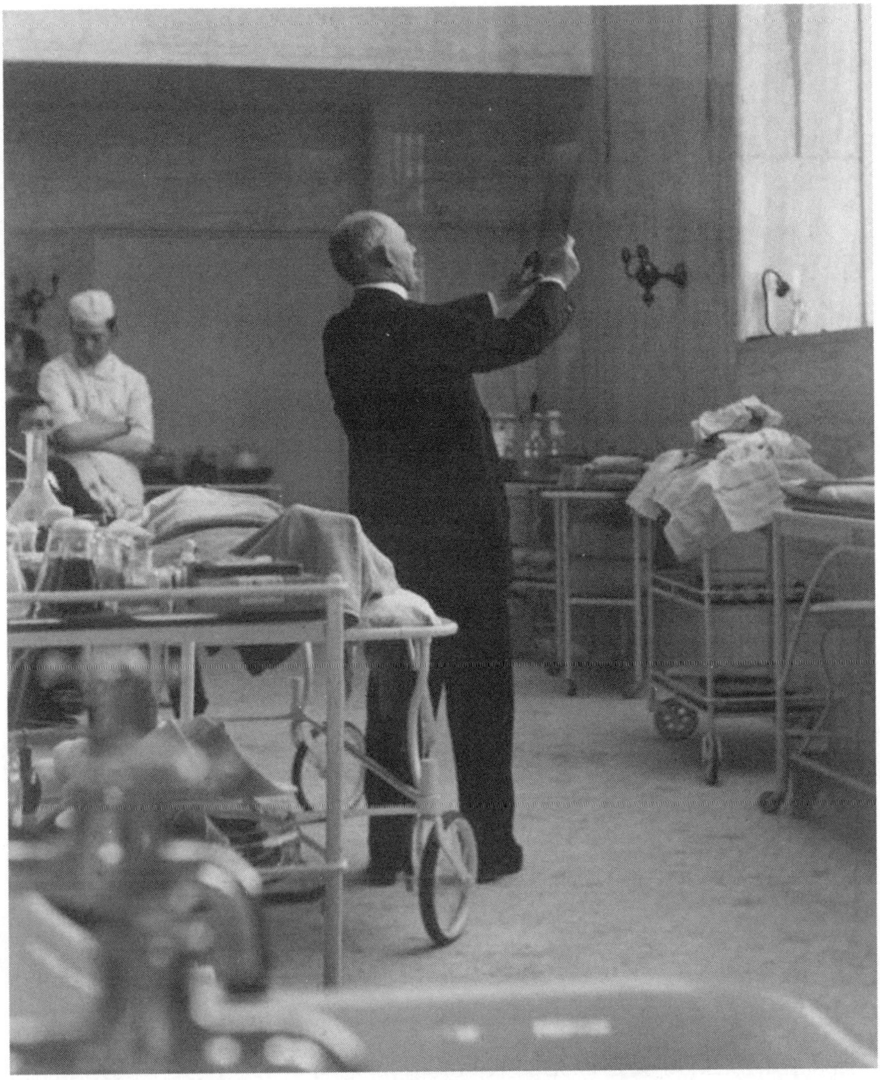

图5.5　霍尔斯特德阅读X线片照片（1904年）

注：霍尔斯特德在教学查房时阅读X线片，与奥斯勒相比，霍尔斯特德的查房被描述为缓慢而冗长。

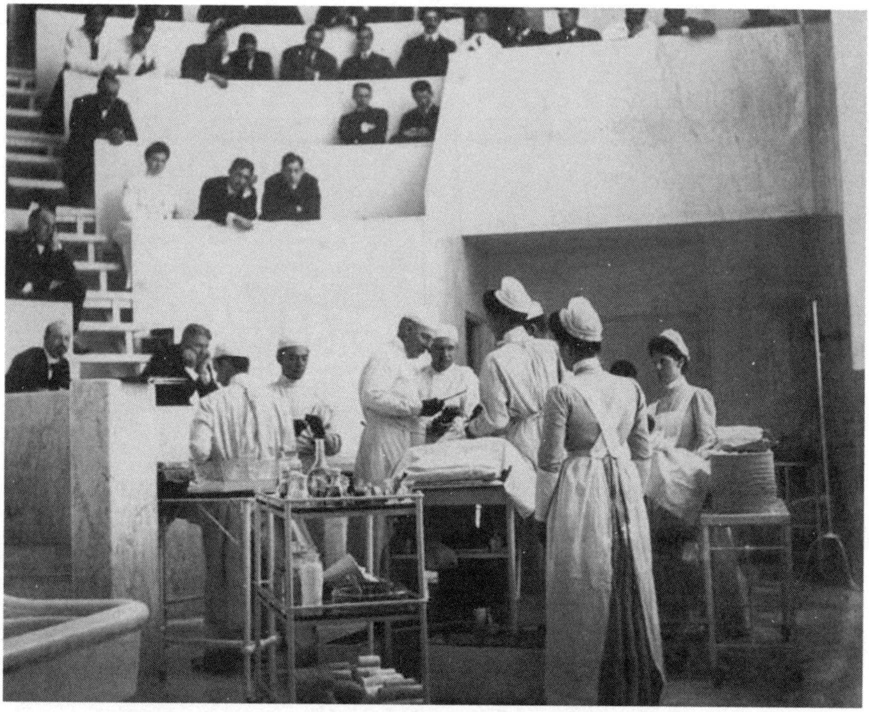

图5.6 霍尔斯特德戴手套进行示教手术照片（1904年）

注：霍尔斯特德戴着手套正在进行示教手术，很难想象在最上排坐着的观摩者是否能够看到。

保密的代价

我们之前提到，霍尔斯特德在纽约时大胆、果敢、好客，而到了巴尔的摩后，朋友和同事们发现他矜持、谨慎、神秘，两者之间形成了巨大反差。霍尔斯特德的孤僻可能是他无法戒除吗啡成瘾的结果。威廉·奥斯勒在他去世几十年后才公开的一本秘密日记中写道：“在他被任命为全职医生大约六个月后，我看到霍尔斯特德在寒战，这是我第一次知道他还在服用吗啡。后来我和他谈了很多次，他对我非常信任。他从来没有把每天的用量减少到3片以内，但这样他就可以舒适地工作，并保持极佳的体力。我认为没有人怀疑过他，甚至连韦尔奇也没有怀疑。”医学史学家霍华德·马克尔在其引人入胜、文笔优美的《毒瘾解剖》（*Anatomy of Addiction*）一书中，提出了一个令人信服的论点："即使是霍尔斯特德所创建的杰出的住院医生培训项目，也是源自于这位外科医生对麻醉剂的持续依赖。"毕竟，马克尔认为，还有什么理由比"坐在一群充满激情的年轻医生的金字塔顶端，愿意熬夜照顾他的病人"更能掩盖和解释他经常因药物滥用而缺席手术和查房呢？无论这对他的生活和工作有什么影响，霍尔斯特德持续存在的药物成瘾仍然是一个秘密，除了极少数认识他或自以为认识他的人。

霍尔斯特德在巴尔的摩过着平静的私人生活。在巴尔的摩的最初几年，他经常光顾马里兰俱乐部，并经常与韦尔奇——他唯一的挚友共进晚餐。与卡罗琳·汉普顿结婚后，这对夫妇在巴尔的摩时髦的博尔顿山社区的尤托广场1201号拥有一处优雅的居所。他们似乎更多地将宽敞的娱乐室用于正式场合，而不是休闲社交。一位与霍尔斯特德相识多年的朋友说，他只去过霍尔斯特德家几次。汉普顿是南方邦联著名将军韦德·汉普顿的侄女。除了巴尔的摩的家，这对夫妇还在北卡罗来纳州卡希尔附近的山区购买了一处乡村度假胜地，他们称之为"汉普顿之巅"。这处房产曾是汉普顿家族的狩猎小屋，新婚的霍尔斯特德夫妇曾在那里度蜜月。卡罗琳是一位出色的女骑手。霍尔斯特德把时间都花在了园艺和天文学上，他也是美国大丽花的主要种植者之一。霍尔斯特德夫妇膝下无子，但对他们的爱犬呵护有加，其中有两只的名字颇具意味，尼普（意为"夹"）和塔克（意为"挤"）（图5.7）。

也许是为了避免自己受到不必要的审视，霍尔斯特德对自己的外表和社交活动都非常谨慎。他衣着考究，经常戴着丝绸礼帽或德比帽。他的西装在伦敦定制，皮鞋在巴黎制作，衬衫也在巴黎缝制，他坚持认为在巴尔的摩找不到合适的洗衣服务而习惯于将衬衫寄回巴黎清洗。他不喜欢别人给他拍照，在手术室外或与医护同事的合影相对较少。

霍尔斯特德夫妇在婚后的大部分时间里都会宴请宾客，他们精心安排晚宴，就像对待自己的手术一样一丝不苟。他亲自监督为客人购买食物，挑选咖啡豆，为壁炉挑选原木，他的要求是"在干燥的地方放置三年的山核桃木……从……北卡罗来纳州运来"。就连桌布也逃不过霍尔斯特德的法眼，他要确保桌布铺在桌子上后要熨烫，以防止出现褶皱。随着时间的推移，霍尔斯特德夫妇逐渐淡出了巴尔的摩的社交活动。卡罗琳·霍尔斯特德在婚后从外科护士的岗位上退休了，这也是那个时代的护士经常做的。从春天开始，她开始每年花几个月的时间住在他们心爱的"汉普顿之巅"乡间别墅。

图5.7　霍尔斯特德在乡间别墅照片

注：这张罕见的非正式照片是霍尔斯特德在他心爱的位于北卡罗来纳州卡什纳的乡间别墅拍摄的，每年夏天他都会和妻子卡罗琳在那里度过一段时间。照片中的两只腊肠犬的名字分别为尼普和塔克。

每年夏天，霍尔斯特德从欧洲的医疗同行那里回来后，就会和她一起住在那里。

不变的是霍尔斯特德在外科手术方面的成就。早在1920年，霍尔斯特德在约翰斯·霍普金斯大学担任外科主任的第四个十年，他就出版了一本长达186页的关于甲状腺肿手术的专著。约翰·卡梅隆在他那篇关于霍尔斯特德的权威且引人入胜的文章中指出，霍尔斯特德获得了他的母校耶鲁大学和哥伦比亚大学的荣誉学位。霍尔斯特德还获得了入选美国国家科学院的殊荣。然而，在大多数情况下，他对外科手术的巨大贡献并没有得到同行的认可。霍尔斯特德隐士般的举止和埋头工作的习惯无疑是他不被公众认可的原因之一。

从更深层次来看，我们不可避免地会去对比纽约那个大胆、敢于冒险、善于社交的霍尔斯特德与巴尔的摩时期那个矜持、一丝不苟、极度注重隐私的霍尔斯特德之间的明显差异。在前面提到的解密日记中，奥斯勒写道："他喜欢与世隔绝，有轻微的特殊癖好，有时甚至是怪癖（对他在纽约的朋友来说，这些怪癖让他们更感到奇怪），这些都是这位勇敢的家伙多年来每天与病魔斗争的唯一外在痕迹。"根据奥斯勒的描述，他的吗啡成瘾至少持续到了1912年，这无疑是一个沉重的负担。然而，正如卡梅隆所言："霍尔斯特德之所以在学术上取得巨大成就，并不是完全与毒瘾无关，当然只是小部分原因。"在巴特勒医院接受了第二次康复治疗后，霍尔斯特德搬到了巴尔的摩，重新开始了他的生活。先是在韦尔奇的病理实验室工作，然后逐渐恢复外科手术生涯，这使霍尔斯特德能够过上一种新的生活，除了最亲密的朋友，他可以向其他人隐瞒自己的秘密，并让自己有更多的时间和空间专注于突破性的外科手术和研究。卡梅隆总结说："如果不是这个原因，他不可能跟随韦尔奇来到巴尔的摩和霍普金斯。那么他会失去在一家与美国第一所研究型大学……相关联的新医院中与杰出同事共事的机会……不寻常的情况让霍尔斯特德来到了……约翰斯·霍普金斯医院，结果是产生了惊人的创造力，创造了我们的外科宝贵遗产。"同样，曾与霍尔斯特德密切合作的神经外科医生哈维·库欣认为："甚至可以说，被我称为安全外科的整个霍尔斯特德创立的外科体系可能都源自其毒瘾。"库欣补充说，由于药物成瘾，霍尔斯特德"对外科手术本身的看法发生了改变，他转而追求无限精确的外科手术细节"。

与大多数隐藏的秘密一样，霍尔斯特德的毒瘾也让他付出了惨痛的个人代价。正如马克尔所指出的那样，这个秘密一旦被披露会为霍尔斯特德"显赫的声誉"带来风险，从而导致这种代价成倍增加（与韦尔奇可能有特别的性取向一样，霍尔斯特德的毒瘾也需要极大的努力来掩盖，因为这直接影响了他完成外科手术的能力）。在本书的最后一章，马克尔描述了一个外科医生和一个瘾君子之间鲜明的、几乎难以想象的分裂，前者白天"全神贯注，甚至痴迷地专注于推进这项技术，拯救了数百万人的生命"，而后者"当四点半的钟声敲响时……匆匆赶回家……拿出……一剂吗啡……驶向麻醉的忘我境界"。鉴于霍尔斯特德对工作的执着，这种解脱充其量只能是短暂的苦乐参半。

马克尔认为，在霍尔斯特德四十年的药物依赖生涯中，他仍然是"一个表现出色的瘾君子"，他基本上能够将自己的药物滥用限制在医院例行活动之外的时间，并灵活地使这些隐秘的毒瘾发作与外科手术的高强度工作错开进行。同样难能可贵的是，霍尔斯特德能够将他生活中的这一反常现象隐藏"如此之久，而很少有人知道他的这一癖好"。正如马克尔指出的那样，悲剧在于"羞愧、戒备和孤独的霍尔斯特德将他生活中的这一部分隐藏到了最后"。现代心理学认识到，隐藏秘密会给自己和所爱的人带来巨大的代价。在威廉·霍尔斯特德生活和工作的时代，隐藏像毒瘾这样可耻的秘密，无论会带来怎样的痛苦和孤独，都似乎是他唯一的选择。

逝去和追忆

霍尔斯特德的生命在最后一刻画上了圆满的句号。几十年前，作为一名无所畏惧的年轻外科医生，他曾在半夜为病入膏肓的母亲做手术取出胆结石，还曾为大出血的妹妹输血救命。1919年，霍尔斯特德指导过的住院医生理查德·福利斯为霍尔斯特德做了手术，切除了他的胆囊，清除了胆管中的结石。3年后，也就是1922年夏天，霍尔斯特德在北卡罗来纳州的避暑山庄再次出现胆管梗阻症状。他回到巴尔的摩，8月25日，他先前的另一位学员乔治·豪雅为他实施手术，取出了一粒卡在胆管中的结石。9天后，霍尔斯特德的内脏开始出血。他的外科住院医生们一个接一个地躺在他身边，为他输血。小威廉·里恩霍夫也是为霍尔斯特德输血的外科住院医生之一。里恩霍夫的一个儿子后来回忆说："对于所有这些与他如此亲近的人来说，这显然是一件痛苦的事情，他们都对他怀有深厚的感情和崇高的敬意。"

但这一切都无济于事。1922年9月7日，霍尔斯特德在手术后13天去世，离他的70岁生日还差2周。他的骨灰被安葬在布鲁克林的格林伍德公墓，葬礼在霍尔斯特德位于巴尔的摩尤托广场的家中举行，由他在耶鲁大学的室友塞缪尔·布什内尔牧师主持。只有霍尔斯特德的兄弟和两个姐妹及其家人，以及霍尔斯特德四十多年的好友威廉·韦尔奇参加了葬礼。卡罗琳·霍尔斯特德身患重病，悲痛欲绝，无法从巴尔的摩赶来。也许这是上天最好的安排，霍尔斯特德的职业生涯虽然辉煌却饱受折磨，他的葬礼在私下举行并平静地结束。

霍尔斯特德的讣告在他去世次日登载于《巴尔的摩太阳报》(*Baltimore Sun*)，对他作出如此评价：

> 因为威廉·斯图尔特·霍尔斯特德医生的存在，世界变得更美好、更安全、更幸福。他的去世不仅使巴尔的摩，也使整个文明蒙受了重大损失，他是少数真正有价值的人之一。他安静、朴实、不张扬，除了在医学界独树一帜，他的天才和他为人类所作出的巨大贡献的维度和价值，既没能为世人所知，也没有得到普遍的赞赏。

我们必须从21世纪的视角来回顾威廉·斯图尔特·霍尔斯特德的一生，这个视角是由更先进、更有技术含量的外科手术方法以及对药物成瘾更深刻、更富有同情心的理解所决定的(彩图9)。尽管如此，我们还是不能不被霍尔斯特德生活的两个方面所震撼。首先是他坚定不移、不断创新的奉献精神，将研究和科学方法应用于解决当时的重大外科问题。由于他的工作，外科成了一门科学，外科创新的中心也从欧洲转移到了美国。其次，面对吗啡成瘾的沉重负担，霍尔斯特德以无畏的勇气和不懈的意志推进自己的工作。霍华德·马克尔在谈到霍尔斯特德和西格蒙德·弗洛伊德(同样受困于可卡因成瘾)时，对此作了最好的概括，他写道："不顾几乎摧毁他们的病痛……抑或是得益于他们直面这些病痛所作的斗争……两个人都不曾失去给予世界治愈之力的热情。"霍尔斯特德的故事就像神话中的凤凰涅槃重生。霍尔斯特德从毒瘾的灰烬中重生，成为一位永远改变了外科学的伟人(图5.8)。

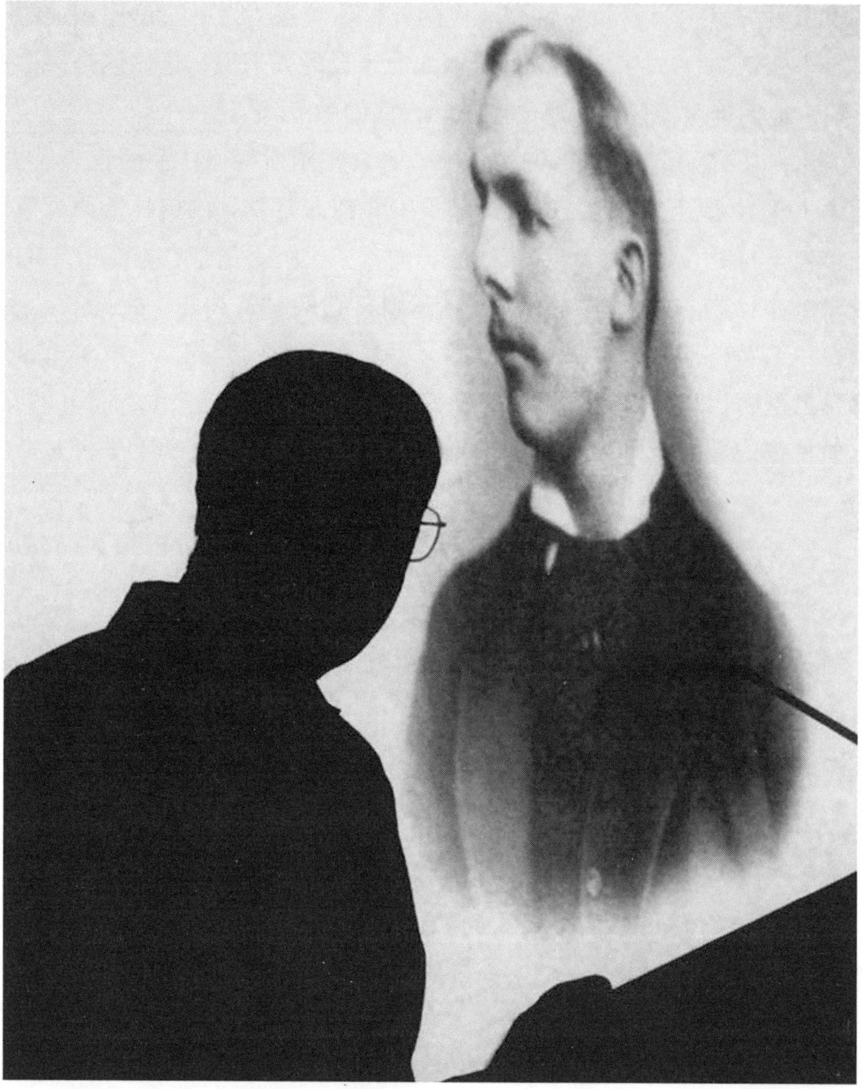

图5.8 约翰·卡梅隆作关于霍尔斯特德的演讲照片——杰德·基施鲍姆

注：约翰·卡梅隆（站在前方），约翰斯·霍普金斯第五任外科主任，正在作关于霍尔斯特德的演讲，直到今天，霍尔斯特德的鼓舞人心的事迹仍然在影响着后人。

（胡文杰　译）

六、杰西·威廉·拉齐尔

伟大的牺牲

本章记载了1900年9月19日黄热病病房收治的一例病人。病人名字叫杰西·W. 拉齐尔，时年34岁，是约翰斯·霍普金斯医院的一位医生。该病人病情严重且体温达到了38.9℃，在哈瓦那附近的美国陆军哥伦比亚军营医院接受治疗（图6.1）。次日早上，拉齐尔的体温升高到40℃，对于这个几天前还在附近海域游泳的年轻人来说，40℃是一个很危险的高热。9月23日晚，病人突然退热，但他的病情却像其他黄热病进展期的病人一样，继续迅速恶化。他很快就出现抽搐及精神错乱的症状，甚至必须对他的行动加以控制，后来还进展到了可怕的呕吐黑色污秽物的阶段。“黑色呕吐物”是1648年尤卡坦半岛的西班牙殖民者第一次遇到这种疾病时给它起的名字。2天后，9月

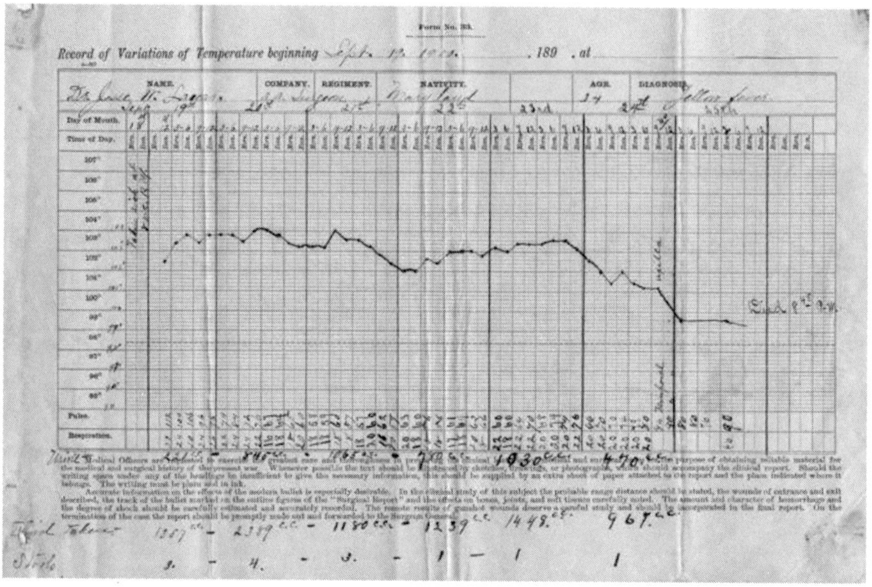

图6.1　杰西·拉齐尔与黄热病抗争时的体温表照片

注：体温表上的温度戛然而止，并以简短的文字显示“死亡时间：晚上8点45分”。

25日晚上8点45分，拉齐尔去世。

拉齐尔的死是一个悲剧。他留下了一位年轻的妻子和两个年幼的孩子，最小的孩子才出生两周。他的去世意味着他前途无量的事业戛然而止。拉齐尔曾是约翰斯·霍普金斯医院临床实验室的主任，并作为威廉·韦尔奇的学生，被选中加入美国陆军黄热病委员会。美西战争结束后，该委员会受命调查黄热病的致病原因，并在新获得的古巴领土上彻底根除这种黄热病。然而，从某种意义上，拉齐尔的去世反映了一个年轻人在追求知识的过程中不惜一切的决心。它让我们窥探到了科学医学的进步是无情的，也常常是缓慢而曲折的。

早在20世纪初，拉齐尔和他的同事们就带领美洲踏上了控制黄热病的道路。而拉齐尔的英年早逝更是让人们清晰地看到黄热病这个无形且未知的杀手为社会带来的破坏、恐慌和种族歧视。

一个可怕且难以捉摸的杀手

拉齐尔去世前，人们对黄热病的病因及其传播机制一无所知。当时，对于黄热病传播方式的主流猜测是通过“瘴气”（糟糕的空气环境）或“污染物”传播。这种猜测更多源于迷信和偏见，并没有确凿的经验和证据作支撑。这里所谓的“污染物”是指与黄热病病人的血液、粪便、尿液或其他分泌物接触过的物品。由于对黄热病知之甚少，人们饱受病痛之苦，人群中弥漫着深深的恐慌和极度的困惑。

是拉齐尔的勇敢牺牲使得我们现在清楚这种疾病是通过雌性埃及伊蚊（*Aedes aegypti*）的叮咬传播的。20世纪初，当微生物学尚处于起步阶段时，拉齐尔和他的黄热病委员会同事们发现了携带黄热病毒的昆虫，或称之为传播媒介。现在我们了解到黄热病病原体是一种黄病毒，与引起西尼罗河病和登革热的病毒密切相关，该病毒通过蚊子叮咬患病人群实现传播。此外，这类黄病毒是一种极小的微生物，无法通过常规显微镜观察到。

当拉齐尔自愿在军队的黄热病委员会任职，并加入抗击黄热病的战斗时，这种起源于非洲的疾病已经在西半球肆虐了250多年。早在1648年，西班牙传教士洛佩兹·科戈柳多前往现在的墨西哥尤卡坦地区，并描述了美洲历史上第一次有记载的黄热病暴发时的情形。根据这位西班牙人的描述，那些饱受折磨的病人“头部和全身的骨头都出现了非常剧烈的疼痛。疼痛如此剧烈，就像全身脱臼一般，或是好像有一股力量挤压着……（伴随着）凶险的高热”，并且病人经常伴有谵妄。其中症状严重的病人开始“呕吐腐烂的血液（黑色呕吐物），这些病人极少存活下来”。科戈柳多的描述使我们第一次但绝不是最后一次认识到黄热病对新世界带来的毁灭性影响。

奴隶贸易的邪恶兄弟

流行病的传播往往借由商业或移民主干线，黄热病传播至美洲的过程也不例外。17世纪后期，由于加勒比地区以种植园为基础的经济需要大量的强迫劳动力，于是奴隶贸易迅速扩张。这也为黄热病的传播开辟了多条跨大西洋的海上通道。奴隶船在即将离开非洲西海岸进行为期3个月的穿越大西洋的航行前，除了搭载那些被迫上船的乘客，还携带了大量红薯和其他当地食物，用以喂养被俘的乘客。另外，奴隶船为了长途旅行，还会用木桶装足够的水。这些水桶是蚊子滋生的温床。离开港口几天后，桶内水面下就能发现蚊子幼虫，再过几天成蚊就出现了。雌蚊叮咬奴隶船上的船员和乘客，吸取血液，然后返回桶中产卵。一次跨洋旅程，就能孵化出好几代蚊子。

正如讲述美洲黄热病史的《黄杰克》(*Yellow Jack*) 一书的作者约翰·皮尔斯和吉姆·莱特尔所提到的，被运送至西印度群岛的奴隶中具体有多少人死于黄热病，实际人数根本无从知晓。但综合考虑疾病、谋杀和自杀在内的多种因素，奴隶的死亡率约为20%。因此，有一件事几乎是肯定的："只有蚊子的数量在过境时增加了。"如果没有其他影响因素，那么巴巴多斯17世纪中期被奴役人口的急剧增加，以及18世纪末黄热病在整个加勒比地区的爆发，都支持了一个观点，那就是大西洋区域的奴隶贸易是造成黄热病在美洲流行两个多世纪的主要原因。

随着朗姆酒、糖以及最终使得强迫劳动力成为北美主要经济发展驱动力之一的奴隶的贸易往来，黄热病也从加勒比海域传播到北美地区。

近期，人们对黄热病病毒进行基因测序，发现该病毒可能起源于1500年前的非洲。测序数据还表明："黄热病病毒在美洲的传播与奴隶贸易的路线和时间密切相关。"这些发现对于了解黄热病的起源和传播至关重要，但也向我们敲响了警钟，因为当今旅行和贸易已经深深融入我们的生活。

双城记：费城和孟菲斯

18世纪末，北美最大的城市之一暴发了黄热病。此次暴发证实了黄热病的可怕，也暴露了人们对其病因和治疗方法的认知有多么匮乏。历史上在描述这次黄热病流行时，还指出了种族主义在这场黄热病大恐慌中也扮演了角色。1793年夏天，当时的美国首都费城暴发了一场毁灭性的黄热病。根据1998年在《科学美国人》(*Scientific American*) 发表的一篇关于费城疫情暴发的文章所述，此次疫情导致约5000人死亡，约占该市人口的10%。最初这场疾病的流行，似乎是由一群法国难民在特拉华河沿岸的费城码头登陆引起的，这群难民是来自相当于今天海地的叛乱奴隶。几周内，附近的工人群体中出现了典型的症状：高热、出血、皮肤和眼睛发黄，病情严重者呕吐黑色污秽物。

尽管疫情最初仅波及城市偏远和经济欠发达地区的人群，但很快就蔓延到整个费城，造成了大范围的恐慌、疾病和死亡。那些有能力离开的人们开始逃离费城，其中包括当时费城80名医生中的一部分。当然穷人无法离开，他们只能寄希望于费城颇具声望的医学院所倡议的防护措施，其中包括一些稀奇古怪的处方（至少以我们现代的思维方式来看），比如在脖子上挂樟脑香包或涂了柏油的绳子，在口袋里塞满大蒜，或者在屋子里开枪——可能是为了抵御恶劣的空气环境。随着疫情的蔓延，费城社会被撕裂了。夫妻抛弃了他们垂死的伴侣；孤儿们忍饥挨饿，在城市街道上流浪；商铺关闭，大部分政府工作被迫暂停。

最糟糕的是，费城脆弱的公共卫生系统和福利机构崩溃了，宾夕法尼亚医院和该市的两家救济院拒绝接收黄热病病人。无奈之下，市政府征用了当时的副总统约翰·亚当斯和他的妻子阿比盖尔曾居住过的宅邸，将其改建为临时医院。一位费城居民描述了当时情况之可怕："垂死之人和尸体被随便放置在一起，病人粪便和其他排泄物的处理状况也非常糟糕。"

在当时扭曲而刻板的种族认知中，黑人的身体构造不同于其他种族，可以对黄热病免疫。本杰明·拉什是费城最著名的医生，也是《独立宣言》的签署人之一。他呼吁黑人护士照顾病人，他写信给非裔美国牧师理查德·艾伦解释说："上帝将一种恶性的极具传染性的发热带到这座城市，这种发热感染了所有阶层的白色人种，但庆幸的是它与你们这种肤色的种族擦肩而过。"于是，艾伦和他的同事阿布沙卢姆·琼斯牧师组织黑人社区的居民们护理病人并埋葬死者。艾伦和琼斯在之后的一份报告中称赞费城的黑人"拯救了数百名饱受苦难的同胞的生命"。

两位牧师带领他们的志愿者队伍冒着生命危险照顾患病者和濒死者。但殊不知危险实际上并不存在于人与人之间的传播，而存在于被曾吸食过病人血液的蚊子叮咬的过程中。最终志愿者们付出了惨痛的代价，艾伦自己也染上了黄热病，险些丧命。费城近三分之一的白人都逃离了这座城市，而艾伦和琼斯说服了大部分自由身的黑人留下来。最终，黑人的死亡率和总人口的死亡率一样高。雪上加霜的是，当疫情接近尾声的时候，黑人社区遍布一份到处流传的传单。这些传单控诉了黑人在照顾病人时对白人犯下的盗窃、勒索及其他犯罪行为。总而言之，"费城故事"是一个建立在对固有种族差异的错误认知之上的悲剧产物。

1878年孟菲斯的黄热病流行发生在费城疫情近一个世纪之后，却也引发了相似的灾难和恐慌。最终，它夺去了5000多名孟菲斯人的生命，约占该市人口的十分之一。可以说，这是北美最严重的黄热病流行之一，和费城之前的情形一样，医生们不堪重负，无力应对。一些民间疗法，例如摄入蓖麻油、奎宁或钾肥溶液，在脖子上佩戴据称具有保护作用的草药包，甚至开枪驱散恶臭的空气，都再次被证明没有效果。在疫情初期，教堂的钟声日夜敲响，代表着一场又一场葬礼的到来，后来考虑到患病者和濒死者的感受而终止了丧钟。对于那些已经死于黄热病的病人，殡仪馆和掘墓人夜以继日地为他们举行基督教葬礼。当时的一份报告显示，人们经常能看到手推车上堆满了尸体，当一个护士拦住车夫询问某个人在哪里时，车夫会指着身后说："我把他放在棺材里了。"和费城一样，逃离城市和留在城市的人的死亡率相差很大。在孟菲斯，这种差异却体现在种族人口分布上，在留下的2万名居民中，有1万4千名为黑人，而白人仅有6千名。在费城的黄热病流行已经过去了将近一个世纪之后，人们对于黄热病的科学研究仍然没有取得任何进展。

毫无头绪：对黄热病病因和传播的困惑

通过喝蓖麻油、脖子上系柏油绳子和用枪支开火来抵御黄热病毒都收效甚微，因为这是一种肉眼不可见的蚊虫传染病毒。18世纪和19世纪，黄热病肆虐在北美的许多城市和乡镇。黄热病的可怕很大程度上在于，人们几乎完全不了解它的病因、影响其传播的条件以及如何治疗这种灾难性的疾病。那个时代，在美国医学对病因的认知中，古老守旧的医学观念仍然占据主导地位。关于黄热病致病源的观点多是没有依据的猜测，而人体的四种体液（血、痰、黄胆汁和黑胆汁）失衡被认为是大多数疾病的病因。本杰明·拉什是四种体液假说的倡导者，他建议通过催吐剂、泻药、放血和发汗的方式来恢复病人身体的体液平衡，以治疗黄热病。放血是拉什最推荐的治疗方式，他在一篇关于治疗黄热病病人的报告中写道："在疫情的高峰期和末期，我发现病人一次失去500～600毫升的血液没有什么危害。"

医生们由于不了解致病源是微生物，也不了解其他物种在病毒传播中所起的作用，他们怀疑空气中的杂质或蒸汽（"瘴气"）是导致黄热病的罪魁祸首。拉什就是其中之一，他声称知道费城疫情的源头。他在治疗了一位住在鲍尔码头附近的妇女后，宣称黄热病的根源是来自西印度群岛的一船咖啡，这些咖啡在运输途中发生了变质，并在费城炎炎夏日的阳光下腐烂发臭，导致了黄热病。

另一个与之僵持不下的假说比拉什的假说稍稍复杂一些，这个假说指出了一种特定的传播方式，认为黄热病是由所谓的“污染物”引起的。如本章开头所说，“污染物”指的是感染者接触过的物品，例如床上用品、衣物或其他个人物品。无论是污染物假说还是瘴气假说，都没有任何系统性的证据支持，更没有试验性的证据支持。这使得公众一度被恐惧和困惑包围。一位经历了1878年疫情的孟菲斯居民如此评价当时的医学认知：“我们对黄热病真的一无所知；它本身就是一种法则，这体现在它顽固的特性及其起病、进展以及整个过程中。”

针对如何控制黄热病的传播出现了两种观点。“传染论者”通常支持污染物假说，他们相信黄热病会通过人与人进行传播，并极力主张对病人和疑似病人进行隔离。按照以往对天花和黑死病等疾病的防治经验来看，隔离患病者和来自疑似出现感染的城市的旅客有时可以阻止疾病的传播。于是，抵达美国的船只须按要求滞留在近海岛屿上，并悬挂黄旗（因此这种疾病也被称为“黄杰克”）。船上的乘客和陆路抵达的乘客在被放行前，须按照要求隔离40天或更长时间（“隔离检疫”一词来源于拉丁语“quadraginta”，意为“四十”）。和现在一样，当时的隔离措施带有种族偏见色彩。因此，这些限制性措施遭到了商业利益集团的反对，他们认为这是对经济复苏的阻碍。

“反传染主义者”或“环保主义者”更倾向于采取另外一种方式来抗击黄热病。环保主义者们拥护保持公共环境清洁的投资项目，因为他们相信这些项目能够帮助消除瘴气或恶臭空气。同时，清理垃圾、建设城市污水及水处理系统等卫生项目是应对流行病的常用措施。这些措施确实有助于遏制一些疾病的传播，但对控制黄热病基本是无效的，除非它们恰好排干了有蚊子滋生的水体。简而言之，在黄热病的病因和传播问题上，相互僵持不下的两派假说只能借助一些传闻来支持他们的观点（这种现象的一个典型例子，就是本杰明·拉什坚持认为费城码头上变质的咖啡导致了该市黄热病暴发）。在双方对于黄热病的争辩中，科学数据和证据几乎完全缺失，双方都在进行盲目的猜测。最终，在19世纪后期，各种迹象表明争辩的情形即将发生扭转。

早期的挫折

科学发展往往以一种前进两步、后退一步的姿态前行。在这个过程中，一些假说会陷入死胡同，而另一些则因为超越"传统经验"而被忽视。寻找黄热病病因，尤其是寻找它传播方式的历程，就是典型的例子。19世纪末，新兴的传染病研究为疾病防治提供了一个全新视角。当时，德国科学家罗伯特·科赫和法国科学家路易斯·巴斯德等人提出了细菌假说。这在科学界引发了一场不折不扣的"淘金热"——探究能导致特定疾病的特定微生物。黄热病也不例外，于是在19世纪90年代，两种新的关于黄热病的假说出现了。

1890年，约翰斯·霍普金斯大学培养的病理学家乔治·斯滕伯格发表了一份关于"黄热病的病因和预防"的报告。他将在我们的故事中扮演重要角色。斯滕伯格错误地断言，黄热病的起因是一种被称为芽孢杆菌X（*Bacillus X*）的微生物，他声称在黄热病病人的尸体中发现了这种微生物。1897年，另一位研究者，即在巴西和乌拉圭工作的意大利科学家朱塞佩·圣阿雷利，于《英国医学杂志》(*British medical Journal*)上发表了一篇文章，提出了他认为的病原体。他在黄热病病人和死于黄热病的病人尸体上都发现了黄样芽孢杆菌（*Bacillus icteroides*）。圣阿雷利还声称，他给5名不知情的病人接种了这种芽孢杆菌，很快就观察到这5名病人均出现了"典型的黄热病"症状。

由于圣阿雷利肆无忌惮地试验，5名病人中有3名死亡。当时医学伦理的捍卫者之一威廉·奥斯勒指出，圣阿雷利进行这些试验没有得到病人的同意。他写道，"除非你得到本人的同意，否则故意给一个人注射已知毒性的病菌，这不只是荒谬，更是犯罪"。后来，"知情同意"这一概念——参与医学试验的病人应该充分知晓其中的风险——在了解和控制黄热病的战役中得到极大重视。无论如何，圣阿雷利的人体试验不应该发生在科学研究中。

尽管他的方法完全缺乏道德规范，并且存在缺陷，但他的发现得到了著名的巴斯德研究所的认可，并在整个科学界引起了极大反响。斯滕伯格对圣阿雷利的发现提出了质疑，并要求自己的两位同事沃尔特·里德和詹姆斯·卡罗尔证明圣阿雷利的假说是错误的。后来，两人都加入了驻古巴的美国陆军黄热病委员会。1899年，沃尔特·里德和詹姆斯·卡罗尔在《医学新闻》（*Medical News*）上发表的一篇报告指出，黄样芽孢杆菌存在于一些黄热病病人体内是因为继发性感染，它并不是导致黄热病的病原体。最终，斯滕伯格提出的芽孢杆菌X假说也被推翻（直到1927年，黄热病病毒才被分离出来）。科学的进步总是断断续续的，将黄热病与某种特定的病原体联系起来，而不是某种概念模糊的“瘴气”或污染物，是科学向前迈进的重要一步。

卡洛斯·胡安·芬莱登场

当关于黄热病是不是由细菌引起的争论愈演愈烈时，一位锲而不舍的研究员正在煞费苦心地研究这种疾病的传播方式。卡洛斯·胡安·芬莱1833年出生于古巴，父亲是一位拥有一座咖啡种植园的苏格兰医生，母亲是法国人。芬莱在费城杰弗逊医学院获得医学学位后，回到故乡的海岛从事全科医学工作，并像他父亲一样专攻眼科。芬莱博览群书，对科学有着极强的好奇心，他兢兢业业地治疗病人，并利用空闲时间建立了个人实验室，甚至利用他在医学院学习时获得的显微镜观察了无数临床样本。芬莱的医学兴趣十分广泛，于是黄热病和几个世纪以来古巴流行的其他热带疾病无疑成了他感兴趣的研究目标。

芬莱研究了库蚊的解剖学、生理学和叮咬习性，并细致地记录了他的研究结果（这个物种后来被重新命名为埃及伊蚊，本文后面除了提到芬莱对这个物种的研究，我们都会使用埃及伊蚊这个命名）。芬莱将他的研究结果与他收集的相关滋生地、适宜气候条件、地理分布和繁殖周期的信息联系起来。他注意到库蚊的活动规律和栖息地与报道的黄热病发病规律之间有明显的重叠，他由此得出“库蚊传播黄热病”的结论。

在出色地完成了本次流行病学研究后，芬莱又深入进行了一步非常关键的研究。1881年6月，他通过让库蚊接种（叮咬）一小群志愿者来验证其关于库蚊传播黄热病的假说，而这些库蚊之前曾叮咬过被确诊黄热病的病人（第一组包含5名志愿者作为试验对象及15名志愿者作为对照者）。芬莱的第一个试验对象是一名22岁的西班牙驻古巴占领军士兵弗朗西斯科·贝洛纳特。9天内，贝洛纳特表现出典型的黄热病症状，包括高热、黄疸和尿白蛋白。对于这次试验，我们已知的是芬莱确有从西班牙军方获得“必要的授权”，但这些“志愿者”究竟对此了解多少就不清楚了。

1881年8月14日，芬莱在哈瓦那皇家医学、物理和自然科学学院报告了一篇题为《蚊子是黄热病传播媒介的假说》的论文。这篇论文总结了他的初步发现，其中包括他最初的5名试验对象中的1名被确诊为黄热病。芬莱驳斥了“任何将黄热病的起源和传播归因于……瘴气……环境或忽视日常卫生措施的假说”。他断言：“最有利于黄热病的气候条件是那些有助于蚊子繁殖的气候条件。”

芬莱继续为这个开创性的结论补充了更为严谨的实验室接种证据，他的试验直接导致了1例黄热病确诊病例。作为一个严谨的科学家，芬莱很快补充道：“虽然这些试验都支持了我的假说，但我不想夸大其作为最终结论的证据的价值……我非常清楚，只有一个绝对无可辩驳的证据才能让我的同事们普遍接受这个与目前盛行的关于黄热病的观点完全不同的理论。”而这个“无可辩驳的证据”仍然需要等待，也正是它最终让杰西·拉齐尔付出生命的代价。

芬莱在皇家学院的报告挑战了关于黄热病的传统认知，人们对此的反应是可以预见的。据芬莱儿子所说，这次演讲遭到了“众多嘲笑”。尽管人们对芬莱的学说敌意很大，但芬莱还是坚持了下来。他强烈主张消灭“沼泽、水池、厕所、水槽、街道下水道和其他死水里”的蚊子幼虫，并重申他的观点，即“最重要的是必须防止这些蚊虫接触到黄热病病人”。同时，他还在继续研究，并无偿地与那些愿意倾听的人分享他的发现。然而，在他随后的试验中，几乎没有再发现黄热病确诊病例（截至1894年，他只报告了100多个试验对象中的少数确诊病例）。遗憾的是，在根除黄热病的斗争中，芬莱的假说在近二十年的时间里都未受到关注。

芬莱的假说渐渐无人问津，但与此同时，新的科学证据逐渐出现并慢慢积累。这些证据最终都会成为支撑他的假说的证据。1897年，英国医生罗纳德·罗斯描述了疟原虫的潜伏期和生活史，并指出疟疾是由按蚊（*Anopheles*）传播的。此后不久，美国的一名医生兼研究员亨利·罗斯·卡特发现，当黄热病传播到人口密集地区时，从出现第一例病例到之后的社区传播，中间通常有两周的间隔（这两周的潜伏期很好地解释了为什么芬莱的试验中绝大多数接种病例没有被传染黄热病，因为其接种时间远远短于必要的潜伏期）。

关于为什么卡洛斯·芬莱的开创性研究——黄热病以蚊子为传播媒介——被忽视了这么长时间，是一个未解之谜。当然，他的假说与那个时代的关于“瘴气”或污染物是传播黄热病的罪魁祸首的传统医学认知相矛盾。此外，芬莱也没有有力的证据证明他的库蚊确实能将黄热病从病人传播给以前未感染过黄热病的志愿者。但他的假说被忽视也可能存在其他因素，这就解释了为什么芬莱的蚊子传播理论在得到证实以后，他也没有得到应有的认可。对古巴人及其民族的偏见可能是芬莱没有得到应有荣誉的主要原因。医生丹尼尔·利博维茨在一篇获奖文章中写道：“考虑到美西战争结束时，美国上下对古巴的反抗充满敌意的气氛，芬莱的贡献……很大程度被轻视或被完全否定不足为奇。”他引用了美国政府对芬莱迟来的表彰，即在1952年费城举行的仪式上纪念芬莱是根除黄热病斗争中的英雄，作为以上“政治”解释的证据——同年亲美的古巴政权刚刚成功掌权。芬莱的发现以及他的声誉被美国和古巴的关系挟持了半个多世纪。尽管今天我们的任务是探讨科学问题，而不是政治问题，但值得注意的是，政治拥护者很容易将自己的观念添加到有关医学的讨论中，并迫使科学走上一条充满荆棘的道路，正如我们在关于新冠病毒感染疫情的辩论中所看到的那样。

美西战争和黄热病委员会的成立

1898年6月22日，当“记住缅因州！”的口号仍在回响时，美国军队入侵了古巴。从战争开始起，自17世纪中期以来一直在古巴流行的黄热病就摧毁了冲突双方的军队。据估计，1895—1898年，占领该岛的西班牙士兵中约有16 000人死于黄热病。美国发动入侵的一个月内，这种疾病就开始在第五军团中蔓延。美国军队登陆的古巴西南部沿海城镇西伯尼，疑似为此次疫情的源头。由于不知道这种疾病是如何传播的，尼尔森·迈尔斯将军命令该镇居民全部撤离，并将小镇夷为平地。

战争很快接近尾声，美国在1898年12月吞并了古巴。死于黄热病的美国士兵大约是死于战场的5倍。很显然，与黄热病作斗争将不得不作为美国占领古巴战争的一部分。1893年，“美国细菌学之父”乔治·斯滕伯格被任命为美国陆军外科医生，其任务是组建团队以调查并控制古巴当地的黄热病。我们之前提到，斯滕伯格曾感染过这种疾病，他提出了细菌致病假说。1900年5月，斯滕伯格成立了一个委员会，责成他们“对古巴岛上流行的传染病进行科学调查”。黄热病无疑是斯滕伯格的首要目标，因为它是古巴最致命的热带病，而且缺乏有效的治疗方法。

斯滕伯格选择沃尔特·里德来领导黄热病委员会。沃尔特·里德是一名职业军医，曾两次被派往巴尔的摩，在约翰斯·霍普金斯大学接受威廉·韦尔奇的培训。里德于1851年9月13日出生在弗吉尼亚州的贝尔罗伊，其父亲是一位四处旅行的巡游牧师，负担不起三个儿子同时上大学的费用，所以里德的父亲让他参加了弗吉尼亚大学两年制的短期医学课程。里德成了这所医学院历史上最年轻的毕业生，随后，他在贝尔维尤医院附属医学院获得了第二个医学学位。之后，他在纽约市卫生委员会工作了几年，而这可能是他第一次接触新兴公共卫生领域。1875年，里德加入了美国陆军医疗队，在他27年的军事生涯中，他一共搬家15次以上。后来，里德还和他的妻子艾米莉在亚利桑那州的阿帕奇堡收养了一个年轻的印第安女孩。

在黄热病委员会负责向里德汇报工作的还有另外三位医生。杰西·拉齐尔于1866年5月2日出生在巴尔的摩。拉齐尔就读于华盛顿杰斐逊学院，并转至约翰斯·霍普金斯大学读本科。他在哥伦比亚大学继续攻读内科和外科医学院的医学学位。毕业后，拉齐尔前往欧洲柏林传染病研究所，师从科赫的继任者著名细菌学家奥古斯特·冯·瓦塞尔曼，并前往巴黎巴斯德研究所师从欧洲顶尖免疫学家之一伊力亚·梅契尼科夫。之后，拉齐尔回到美国，凭借细菌学方面的强大背景，在约翰斯·霍普金斯医院担任临床实验室主任（图6.2）。他在给妻子的一封信中解释说，他选择约翰斯·霍普金斯大学是因为“世界上没有任何一群人像他们这样，能与这样的人共事是我莫大的荣幸”。在约翰斯·霍普金斯大学，他所接受的教育和自身的兴趣促使他开始研究疟疾和黄热病。1900年2月，可能是参考了威廉·韦尔奇的建议，里德选择拉齐尔担任古巴哥伦比亚军营医院实验室的负责人，于是，拉齐尔应征入伍成为一名外科医生，并重新开始研究蚊子。

1900年6月，当里德组织的黄热病委员会首次在古巴召开会议时，另外两名医生也加入了该委员会（图6.3）。詹姆斯·卡罗尔是一个英国人，他年轻时移民到了加拿大，曾在那里做过伐木工人，之后卡罗尔移居美国并参军。后来他对医学产生了兴趣，并于1891年从马里兰大学获得了医学博士学位。当卡罗尔在约翰斯·霍普金斯大学的威廉·韦尔奇指导下开展研究生工作时，遇到了他未来在黄热病委员会的同事沃尔特·里德和杰西·拉齐尔。这

图6.2　年轻时的拉齐尔（约1895年）

图6.3 古巴，阿里斯提德·阿格拉蒙特、杰西·拉齐尔和詹姆斯·卡罗尔于哥伦比亚军营外照片（1900年）

注：卡罗尔和拉齐尔都自愿接受了蚊子的叮咬感染，但只有卡罗尔在感染中幸存下来。

三个年轻人被称为韦尔奇的门徒。黄热病委员会的最后一位成员是阿里斯提德·阿格拉蒙特·西莫尼，他出生在古巴，其父亲是一名革命者。在第一次古巴独立战争中后期，他的父亲丧生以后，他随母亲移民到纽约。阿格拉蒙特曾就读于哥伦比亚大学医学院，并以优异的成绩毕业，他的同学之一就是杰西·拉齐尔。里德和他的黄热病委员会同事们有着重叠的职业经历，四人中有三人曾在约翰斯·霍普金斯大学接受过培训。事实证明，这些共同的经历是很有帮助的，比如拉齐尔，对他在研究蚊子上的兴趣和经验最终被证实是非常关键的。

工作正式开始

1900年6月，黄热病委员会正式在古巴展开调查，他们采取了“双管齐下”的策略来查明黄热病的病因。如前所述，卫生局局长斯滕伯格急于反驳圣阿雷利提出的黄样芽孢杆菌是致病原因的假说。而且事实证明，证实这个假说的错误性是比较容易的。1900年7月，也就是黄热病委员会开始调查的一个月后，拉齐尔和卡罗尔在哥伦比亚军营细菌学实验室对29名黄热病病人的血液、内脏器官和体腔进行了组织培养，其中包括已经死亡的病例。所有培养样本都没有发现黄样芽孢杆菌。因此，结论是显而易见的：圣阿雷利假说中的细菌并不是引起黄热病的病原体。事实上，斯滕伯格提出的芽孢杆菌X也不是黄热病的病原体。

与此同时，1900年夏天，哥伦比亚军营暴发了严重的黄热病，这导致黄热病委员会的第二项工作（发现这种高死亡率疾病的传播方式）变得更加紧迫。他们提出了两种可能性很大的传播方式：一方面，里德的团队认为传播方式是通过人体分泌物在人与人之间传播的；另一方面，至少里德团队中的一些成员开始关注蚊子作为传播媒介的可能性。

几件事汇总在一起，最终引发了黄热病委员会对蚊子传播假说的兴趣。几十年前，卡洛斯·芬莱提出了相同的假说。这种假说虽然独树一帜，但缺少证据，所以最终被渐渐边缘化。7月17日，拉齐尔与亨利·罗斯·卡特——美国海军医院服务中心（今天美国公共卫生服务中心的前身）的一名医生——进行了讨论。由于古巴疑似为美国多次暴发黄热病的源头，因此，卡特被派往哈瓦那担任首席检疫官。1898年，也就是卡特被调往古巴前的一年，他非常仔细地观察到了首次出现的黄热病孤立病例和随后在密西西比州两个小镇出现的一系列病例之间存在间隔。卡特认为，黄热病的病原体“在能够感染另一个人之前，肯定在环境中经历了一些变化”。他把这段时间称为“外在潜伏期”，并认为潜伏期大约为两周的时间。在他们的讨论中，卡特向拉齐尔描述了他在密西西比州发现的关于病例传播时间间隔的规律。第二天，他给拉齐尔寄去了一份他所发表的关于这些调查的文章，并在封面上附着纸条。纸条上的部分内容是：“正如我所说，尽管我读到的F博士（芬莱）的研究结果说服力不强，也几乎没有证据证明，但对我来说，他的先验理论非常合理。”拉齐尔很快注意到，卡特发现的外在潜伏期很大程度上解释了为什么芬莱研究中的试验对象在被接种感染的蚊子后未能大量罹患黄热病。

大约在7月18日，来自著名的利物浦热带医学院的赫伯特·达勒姆和沃尔特·迈尔斯抵达哈瓦那，并前往巴西研究黄热病。他们与里德、卡罗尔、拉齐尔以及卡特和芬莱本人的谈话，加深了美国科学家对蚊子传播假说的认同，并为芬莱早期的研究工作增加了可信度。这两位英国科学家似乎非常关心卡特关于潜伏期的发现，他们认为卡特的两周潜伏期的发现很好地解释了黄热病的传播时间。值得注意的是，达勒姆和迈尔斯提到，随着最近关于疟疾传播方式的发现，卡特的潜伏期理论使芬莱20年前提出的黄热病是由蚊子传播的假说“不可思议到几乎不像是被初次提出的设想”。似乎无论是与英国科学家交流时，还是在黄热病初步调查的其他阶段，拉齐尔都比委员会的同事们对蚊子假说更感兴趣。

最终促使黄热病委员会对蚊子传播假说产生兴趣的契机是与该假说提出者的相遇。当时，卡洛斯·芬莱住在哈瓦那阿瓜盖特街110号，距离黄热病委员会在哥伦比亚军营的总部只有几英里（1英里约合1.609344千米）。早在几十年前，芬莱的想法曾被其他科学家嘲笑。尽管关于委员会中到底是谁在哪一天寻求了芬莱的建议并没有详细的相关记载，但很可能是拉齐尔听取了芬莱的建议。尤其是考虑到拉齐尔于1900年6月26日与卡特进行了会面，且会面中这位海军医院医生与拉齐尔分享了他对芬莱蚊子传播假说日益坚定的信心。拉齐尔在巴尔的摩时，就已经调查过蚊子在疟疾传播中的作用。当他抵达古巴但还没有加入委员会时，拉齐尔就曾在黄热病大暴发的奎马多斯捕捉过蚊子，并试图用显微镜观察解剖后的蚊子是否携带黄热病病原体，但都以失败告终（正如我们之前提到过的，导致黄热病的黄病毒十分微小，无法通过标准显微镜观察到）。拉齐尔和他的至少一位同事可能不止一次拜访过芬莱，我们难以想象芬莱在终于等到顶尖科学家来访和咨询时表现出的热情。今天我们可以确定的是，芬莱为他的美国访客们提供了一瓷盘的埃及伊蚊卵。

终章的开端

里德和他的团队明白，要研究黄热病不为人知的传播方式，没有动物模型能够用来模拟试验，以确定到底是通过身体分泌物还是蚊子叮咬实现的。为了一探究竟，他们决定采用人类受试者开展研究试验。在1900年7月委员会的一次会议记录中，卡罗尔写道：“这是一项确定的性质严肃的工作……其中的风险已被充分考虑过。我们一致同意，我们可能在他人身上进行接种试验的前提条件，是我们自己也将承担同样的风险。”投票通过后，委员会决定在自己身上开展试验。值得注意的是，按照今天的标准，自我试验虽然在道德上肯定比简单地使用招募的受试者设定了更高的标准，但与征求知情同意完全不同。

一切就绪后，黄热病委员会将研究黄热病传播方式的工作分两个阶段开展。作为委员会最富有经验的细菌学家和对蚊子与疟疾关系的研究具有丰富经验的人，拉齐尔率先开始研究芬莱的蚊子传播假说（图6.4）。他首先费力地孵化出了芬莱赠予他的埃及伊蚊卵——拉齐尔把这些成年雌蚊称为他的“鸟”，然后把它们分置于不同的试管中。在《黄杰克》中，皮尔斯和莱特尔以戏剧性的口吻描述了拉齐尔接下来的所作所为：

在拉斯阿尼马斯医院（大多数患有黄热病的美国士兵都在这家古巴医院接受治疗），他会允许（蚊子）随意叮咬处于黄热病活跃期的病人，这被称为“装载”。他会把每只蚊子都放入试管中，再把试管倒置，轻轻地拍打试管，迫使蚊子向上移动。当蚊子接近倒置试管的顶部时，他会取下棉花塞，并将试管开口处与病人皮肤相接触。随后拉齐尔等待“鸟”落在病人身上，并允许其吸饱血。一旦蚊子吸饱血，它们就会本能地起飞，此时拉齐尔会迅速更换棉花塞。每只“鸟”所叮咬病人的信息，以及病人当时的病情都会被记录下来。

图6.4　杰西·拉齐尔任职于古巴黄热病委员会照片

拉齐尔在8月11日至8月25日进行了9次"接种"，让他的"鸟"叮咬了包括自己在内的8名健康志愿者。但他与其他"接种"的7名志愿者都没有患病。尽管最初拉齐尔相信蚊子会传播黄热病，但他对卡特关于蚊子传播疾病前存在12天潜伏期的证据持怀疑态度。

在拉齐尔之后的下一个志愿者是他的朋友兼同事詹姆斯·卡罗尔，这次"接种"几乎是临时决定的。8月27日，拉齐尔由于完全不确定他的蚊子是否能传播黄热病，于是他一改常规做法，把这些蚊子从拉斯阿尼玛斯带回了哥伦比亚军营。那天下午他和卡罗尔正在实验室工作，他们的话题转向了蚊子假说，卡罗尔对该假说持强烈的保留意见。当拉齐尔提到这天早些时候有一只"鸟"没能吸到病人的血液可能会死掉时，卡罗尔多少带点玩笑的意思自告奋勇让那只"鸟"叮咬他。根据拉齐尔留下的大部头笔记所记载的，这只蚊子在12天前曾叮咬了一位名叫穆尔卡希的病人，叮咬的那天正是该病人患病第二天。拉齐尔拿起那只装有虚弱的蚊子的试管，把它翻转置于卡罗尔的胳膊上，并催促蚊子进食。当时，他根本没想到这只在之前试验中反复失败的蚊子会使卡罗尔生病。拉齐尔当天晚上在写给母亲的信中，甚至都没有提到这次最新的试验。

8月29日，卡罗尔在拉斯阿尼马斯医院治疗病人时感到不适。他为自己进行了疟疾血检，结果是阴性。一天后，卡罗尔的体温达到38.9℃。于是，拉齐尔又为他进行了一次疟疾血检，结果仍然显示阴性。9月1日，卡罗尔被转移至哥伦比亚军营的黄热病病房，随后他的病情持续恶化。到了第二天，他的尿液被检查出了白蛋白，体温高达39.8℃。9月3日，他出现了黄热病病人典型的黄疸肤色，至此，卡罗尔很有可能丧命于此次试验。

当时拉齐尔感到无比恐惧和内疚，因为他导致一位朋友，同时也是非常专业的同事，患上了危及生命的疾病，尤其是这位朋友还有一位妻子和五个孩子。阿格拉蒙特写道："拉齐尔和我感到无比恐慌，拉齐尔这个可怜的家伙，他非常想为自己开脱……他反复提到自己两周前也被叮咬过的事实。"与此同时，卡罗尔的发病毫无疑问证实了长期以来饱受争议的芬莱所提出的蚊子传播假说的正确性。这是芬莱对埃及伊蚊研究的第一个切实证据，他的研究终于取得了成果。

虽然卡罗尔的案例有力地证明了芬莱的假说是正确的，但这并非蚊子假说的科学确凿的证据，因为卡罗尔没有按照委员会要求的试验操作流程把自已隔离起来。事实上，卡罗尔在被试验蚊子叮咬前已经多次与黄热病病人有过直接接触。他患上黄热病的致病原因并不能确定是试验蚊子的叮咬，他也可能是因接触了某个病人而被感染。因此，拉齐尔招募了二等兵威廉·H. 迪恩，迪恩最近才抵达古巴，没有接触过任何黄热病病人，是一名没有黄热病接触史的志愿者。

8月31日，也是卡罗尔卧床不起的那天，阿格拉蒙特询问迪恩是否愿意参加他的蚊子试验，迪恩答应了他。当天下午，拉齐尔用一只咬过卡罗尔和另外3名志愿者的蚊子为迪恩进行了接种，5天后迪恩开始表现出生病的症状。迪恩最初只是感到疲倦和有点头晕，但他的病情发展迅猛，很快迪恩就出现了典型的黄热病症状，从高热、眼睛充血到尿液被检测出白蛋白，最终出现了黄疸。幸运的是，迪恩没有出现往往预示着死亡的黑色呕吐物。这位新兵比卡罗尔年轻得多，发展至最终，他的病情也不如卡罗尔那么严重。迪恩的病情在度过了最差的阶段后，渐渐开始好转。幸运的是，至9月8日，尽管卡罗尔之前的症状非常严重，但他也逐渐恢复健康。

在两名在试验中感染的病人都脱离了危险之后，拉齐尔松了一口气，他终于得以安静地庆祝这个来之不易的发现。9月8日，他在给妻子的信中写道："我想我已经找到了真正的致病原因，但现在我什么也不能说，连一点暗示都不能说，我没有对任何人提起过这件事。"拉齐尔的指挥官沃尔特·里德对其蚊子试验并不知情，当时沃尔特·里德在美国执行其他任务，这件事发生时他正在宾夕法尼亚的山区度假。拉齐尔没有能联系到里德告知他试验进展，于是事件朝着意料之外的方向发展。

拉齐尔自己已被蚊子叮咬过两次，而且这些叮咬他的蚊子都是近期叮咬过黄热病病人的，但他两次都没有患病。因此，拉齐尔产生了再次在自己身上试验以证实芬莱的蚊子传播假说的想法也不足为奇。特别在拉齐尔发现卡罗尔和迪恩被蚊子叮咬后都患上了典型的黄热病后，他对用自己作为小白鼠来验证蚊子假说更感兴趣了。同样值得注意的是，拉齐尔对自己进行危险试验的做法与黄热病委员会早些时候的观念是一致的——要求委员会成员与其他人承担同样的风险。

作为一名科学家，拉齐尔意识到只有迪恩的案例经得起严格推敲。事件转折发生于1900年9月13日，拉齐尔正在拉斯阿尼玛斯医院，继续用他饲养的蚊子吸食黄热病病人血液的试验，这时一只飞出来的蚊子落在他的手背上，他没有赶走蚊子，因为他认为这只蚊子不是一种能够传播黄热病的埃及伊蚊。至少这是拉齐尔在卡罗尔休养身体期间，告诉卡罗尔的故事，而且拉齐尔的大多数同事似乎表面上也都接受了这一说法。此外，黄热病委员会在1900年10月发布报告时，也重申了拉齐尔对这一事件的描述。

然而，事件真的是这样发生的吗？事实证明，真实情况并非如此，拉齐尔很有可能是故意感染了自己。这在拉齐尔的笔记中可见端倪，这本笔记记录了团队的临床试验和实验室观察结果。在第100页，拉齐尔亲笔写下了如下内容：

豚鼠1号——红色

9月13日，今天这只豚鼠被一只蚊子咬了。这只蚊子是从叮咬过坦纳的蚊子所产的卵孵化而来的。——8/6

这只蚊子叮咬了苏亚雷斯。——8/30

诸多证据都指向如此的结论：拉齐尔笔记本中的记录是对此次事件更准确的描述。而他本人就是所谓的"豚鼠1号"，他故意为自己"接种"了一只已知携带黄热病病原体的蚊子。拉齐尔对卡罗尔所说的被咬时间和笔记本上的9月13日是同一天，这太巧合了！更重要的是，拉齐尔在研究疟疾和黄热病的过程中已经对蚊子非常熟悉。他在实验室里亲手把蚊子从卵培育成成蚊，甚至还教会他的同事们如何区分携带病原体的雌蚊和不具有传染性的雄蚊。因此，如果真的是埃及伊蚊落在他的手背上，他肯定不会认不出其特征和体型。

个人的悲剧和最后的征服

9月18日，在被感染的蚊子叮咬的5天后，拉齐尔没有去工作而是卧床休息，随后营地一名医务人员确诊他患上了黄热病。后来，拉齐尔的病情迅速恶化，他被转移到哥伦比亚军营医院的黄热病病房，但当时的治疗方法都收效甚微。最终，杰西·拉齐尔的体温记录表上，那参差不齐的黑线于9月24日骤然出现下降，并在9月25日的晚间戛然而止，体温记录上清晰而准确地写着"晚上8点45分死亡"（图6.1）。随后，通知拉齐尔妻子的任务落到了隶属于第七军团的杰斐逊·伦道·基恩少校身上，他也是托马斯·杰斐逊的曾孙。很显然，基恩并不知晓梅布尔·拉齐尔对其丈夫的重病毫不知情。那时她刚刚生完孩子，当西联电报发送到她马萨诸塞州贝弗利的家中时，这对她的影响毫无疑问是毁灭性的。电报上只赫然写着："拉齐尔医生于今晚8点去世。基恩（图6.5）。"

图6.5　杰西·拉齐尔和他的幼子威廉·休斯敦·拉齐尔在古巴合影

注：拉齐尔在几个月后，对自己进行蚊子叮咬试验，随后染上黄热病而痛苦地死去。

当拉齐尔刚开始出现症状时，沃尔特·里德正准备结束其美国的旅程。9月24日他收到了一封信，信中卡罗尔讲述拉齐尔的病情发生了恶化。当里德得知拉齐尔开展的试验及其可怕的后果时，他立即回信给卡罗尔，在信中表达他对拉齐尔深切的担忧，并祈愿拉齐尔年轻和强壮的身体能帮助他渡过难关。然而，在某种程度上，里德作为朋友和同事的同情心与他作为科学家的理念相冲突。他认识到，无论是拉齐尔的案例还是卡罗尔的案例，都无助于证明蚊子传播假说。他斥责卡罗尔：

我亲爱的医生，如果你被叮咬之前在哥伦比亚军营待十天，那么我们就会拥有一个背景明确的病例，然而你没有！你去了另一个也可能让你感染黄热病的地方……遗憾的是，拉齐尔是在拉斯阿尼玛斯医院被咬的！仅凭这一点就足以使他的病例被从严谨的科学研究中剔除……置两个如此宝贵的生命于危险之中，换来的却是这样的结果，我感到非常惋惜……这样的结果是不会赢得称赞的。

里德最后在给卡罗尔的回信中提到了"他"对蚊子传播假说的信心（尽管有证据表明里德很晚才转为支持这一假说的），但很显然他对这一系列验证观点的危险试验感到不安。

1900年9月26日星期一下午，杰西·拉齐尔被授予最高军事荣誉并被安葬在一个距离哥伦比亚军营不远的临时军人墓地里。直到18个月后，拉齐尔的遗体才被送回他出生的城市，现在他与妻子合葬在巴尔的摩伦敦公园公墓的一块家庭墓地里（图6.6）。这种疾病挟持了古巴和美洲的人民近3个世纪，但他的英勇牺牲为最后消灭黄热病奠定了基础。

后来，沃尔特·里德于1900年10月返回古巴，他通知驻古巴的陆军指挥官莱昂纳多·伍德将军，黄热病委员会将开展一项新的重点任务：首先，彻底证实埃及伊蚊是黄热病病原体的宿主和传播媒介；其次，推翻黄热病通过病人污染物传播的假说，与黄热病病人的衣物和其他物品密切接触不会导致感染。里德返回后不久，就买下了距离哥伦比亚军营一英里的一小块地。这块地非常偏远，能够用来开展需要严格控制条件的试验，进而验证一些假设。后面这个因素非常关键，是证明里德和黄热病委员会是否采用科学的方法了解和根除黄热病的一个决定性特征。他们设计的试验与使得拉齐尔牺牲的英勇但不严谨的试验截然不同——委员会在确定病原体的试验中，将一些志愿

图6.6　作者拉尔夫·H. 鲁本在伦敦公园公墓瞻仰拉齐尔的墓地照片

者暴露于蚊子环境，而另一些志愿者则严格地与蚊子隔离开。

里德将试验区命名为拉齐尔营，以纪念他死去的同事。他们在拉齐尔营建造了小型木制房屋，并从哥伦比亚军营的士兵中以及最近从西班牙来的移民中招募志愿者（图6.7）。他们在试验中启用了完整的知情同意程序，里德制作了一份书面的知情同意书，并翻译成西班牙语。知情同意书上明确告知了志愿者该试验存在的风险，并写明了志愿者的权利，其中包括获得临床照护和医疗补偿的权利。在这项研究中，参加试验的志愿者都将获得100美元，如果被确认患病还会得到另外的100美元。当然，随着时代的变革，如今我们可能会质疑，付给一个穷人100美元使其冒生命危险，是否真的是给予他们所谓的知情同意。

根据试验设计方案，1号房被设定为“污染衣物房”，房里面堆满了黄热病病人使用过的床单、毯子、枕套和其他用品，还“故意用大量黑色呕吐物、尿液和粪便弄脏”它们。被分配到1号房的志愿者们甚至被要求穿着死于黄热病的病人的脏衣服。黄热病委员会对这栋建筑进行相当严密的防护，杜绝志愿者有任何与蚊子接触的机会，这些志愿者们在这栋房住了20天。近期一

图6.7 拉齐尔营地的污染物建筑照片

注：志愿者们会在小房间里待上几天，房间里堆满了被黄热病病人的排泄物污染过的床上用品。

篇发表在某医学期刊上的文章表示非常认可此次测试污染物假说的试验，且高度认可在此次试验中所观察到的结果。作者写道："狭小的建筑物里……已经塞满了黄热病病人的床上用品，甚至这些物件被尿液、粪便和典型的黑色呕吐物严重污染过……这栋房里住着两三个没有得过黄热病的志愿者。晚上，他们睡在被污染的床上，还有一个志愿者穿着病人的睡衣睡觉。"这绝不会是一次愉快的经历。与此同时，另一种传言是，1号房的气味太难闻了，试验对象甚至都逃离出来，他们到了晚上再回去睡在脏兮兮的床上，接触被黄热病病人排泄物浸湿的被褥和衣物。但最终这些志愿者都没有感染黄热病。

往南约75码（约69米）的2号房，是一座"被感染的蚊子房"。2号房被金属板分隔成两半，其中一侧放置一张床，置于有蚊子叮咬的环境中；另外一侧作为对照组侧，放置两张床，置于没有蚊子的环境中。作为约翰斯·霍普金斯大学医学院四位创始医生之一，霍华德·凯利在他为同事沃尔特·里德撰写的传记中，详细描述了2号房的志愿者们在接受蚊子暴露试验的过程。凯利写道，1900年12月5日，试验小组选择了5只"疑似具有传染性"的蚊子，并将它们引入“蚊子房”的暴露侧。关于这5只蚊子，他还写道：

这些蚊子在15天前都被黄热病感染过：其中有1只是19天前感染的，2只是22天前感染的。在征得志愿者同意后，这些蚊子叮咬了病人约翰·R.基辛格，叮咬试验的结果非常成功。12月8日午夜，也就是被蚊子叮咬的三天九个半小时后，这名被严格隔离了15天的志愿者突然开始寒战，这正是黄热病发作的标志。

其他被感染的蚊子叮咬的志愿者也出现了症状，但在蚊子对照组一侧的志愿者仍然健康。截至1901年2月，包括拉齐尔和卡罗尔在内，共有18名曾暴露于蚊子环境的志愿者发生了试验性感染，其中包括拉齐尔在内有4人死于黄热病。

里德和黄热病委员会通过这些精心设计且严格设置了对照的试验，有力地证实了这种疾病的致病原因和传播方式。在此之前的两个半世纪，人们一直对此知之甚少。从另一方面来说，黄热病委员会的对照试验十分具有开创性，知情同意原则自此被他们彻底植入美国医学。从圣阿雷利的细菌致病假说试验到拉齐尔营地的研究，我们可以发现科学医学概念不断在稳步发展。圣阿雷利的病人并非自愿参加试验，他们显然是在不知情同意的情况下被圣阿雷利注射了危险的细菌。拉齐尔和他的同事们一致认为上述行为违反了道德准则，而唯一允许他们在其他人身上做试验的前提，是他们自己也愿意接受同样的试验，然而这种想法使拉齐尔付出了生命的代价。最后，里德和黄热病委员会在试图证明蚊子传播假说的努力中，采用了书面同意、合理补偿和医疗保障的方式，这些都是当今人体医学试验的标准举措。

一旦蚊子在传播黄热病中的作用被证实，那么一场全面消灭蚊子的运动将即刻展开。1900年10月，杰斐逊·伦道夫·基命令古巴西部的军事人员清除死水域——这些死水域都是蚊子的滋生地。尽管哈瓦那首席卫生官威廉·戈尔加斯最初对蚊子传播假说持怀疑态度，但在指挥下，一场灭蚊运动正式展开，他们在死水的表面铺一层薄薄的石油或煤油使正在发育的蚊子幼虫窒息。至12月，该命令已扩大到清除古巴所有军事基地的死水域。1901年2月，戈尔加斯的灭蚊小队在哈瓦那发起了全面灭蚊运动。几十年前卡洛斯·芬莱也曾在哈瓦那提出过类似的灭蚊运动，但却没有成功。结局自然富有戏剧性，戈尔加斯的蚊子根除计划实施了5个月后，哈瓦那再也没有发现黄热病病例。

1901年2月6日，沃尔特·里德在泛美医学协会会议上汇报了他发表的论文《黄热病的病因——补充说明》，里德及其黄热病委员会的同事詹姆斯·卡罗尔与阿里斯提德·阿格拉蒙特同为论文作者。他们在文章中致敬了杰西·拉齐尔，总结了拉齐尔营的试验结果，并提出了11项结论。这些结论包括埃及伊蚊作为黄热病中间宿主的作用，蚊子叮咬传播疾病之前的必要潜伏期，以及黄热病无法通过接触病人的分泌物或其衣物和个人用品而传播。这些结论在人们深入研究黄热病一个多世纪后都没有被推翻。

士兵的勇气和奉献精神

1900年10月6日，里德在给妻子艾米莉的信中写道："拉齐尔是一个了不起的、勇敢的同伴，我为他的离世感到难以言表的悲痛，他的死不会是徒劳的——他的名字将被载入史册。"1900年12月9日，抗击黄热病的第一阶段已经接近尾声，里德在给妻子的信中既高兴又宽慰地写道：

亲爱的，快和我一起分享这份喜悦吧。我们发现的蚊子在传播黄热病中的作用，将被视为19世纪科学史上仅次于白喉抗毒素的发现和科赫对结核分枝杆菌的发现的最重要的工作。我没有夸张，我可以非常兴奋地大喊，上天允许我发现这种研究黄热病传播方式的奇妙方法。

对导致黄热病的未知病毒的探索及其治疗方法（疫苗）将一直持续数十年。但芬莱、拉齐尔、里德及其同事们为抗击黄热病作出的巨大贡献是毋庸置疑的。

里德后来成了卫生局局长和图书馆的负责人，而这座图书馆也是约翰·肖·比林斯帮助发展起来的机构。但遗憾的是，在里德向泛美医学大会发表了那份颇具历史意义的报告后不到两年，即1902年11月23日，他死于急性阑尾炎。为了纪念他一生对国家的杰出贡献和医疗成就，华盛顿特区的沃尔特·里德医疗中心便是以他的名字命名的。

毫无疑问，杰西·拉齐尔也值得被世人所铭记。当游客们走进华盛顿特区的国家大教堂，抬头凝视教堂的彩色玻璃时，他们可以看到美丽的、题为

“牺牲”的10号玻璃花窗。很多人并不知晓眼前这幅作品所蕴含的意义，但也许本章的读者将会读懂它。在纪念拉齐尔的展板中，我们可以看到他的实验室工作台堆满了烧杯和烧瓶，也可以看到这位年轻勇敢的科学家自愿接受携带致命病毒的蚊子叮咬的场景。此外，约翰斯·霍普金斯医院（本书作者之一拉尔夫·H. 鲁本的任职机构）的一条主走廊上悬挂着一块纪念拉齐尔的牌匾，牌匾上详细讲述了拉齐尔的教育和培训经历，讲述了他于1900年在古巴成为黄热病委员会成员，并于当年9月在与该疾病的斗争中去世。牌匾上最后写道：“他以超越士兵的勇气和奉献精神，冒着生命危险，向世人展示了一种可怕的瘟疫如何传播而又该如何防疫”（图6.8）。拉齐尔以科学的名义献出生命是一种伟大的牺牲。

当提到拉齐尔时，我们不禁会像提到霍尔斯特德一样，想起他非凡的勇气和对科学医学进步作出的巨大贡献。尽管两人所面临的处境不同，但他们都不约而同地选择在自己身上开展试验，并坚定地将拯救人类生命的使命置于个人生命安全之上。在我们这个时代，也同样出现了一场相似的灾难性疫情，人们不得不承受着极度的痛苦，面对生命的陨落，我们一定会联想到那

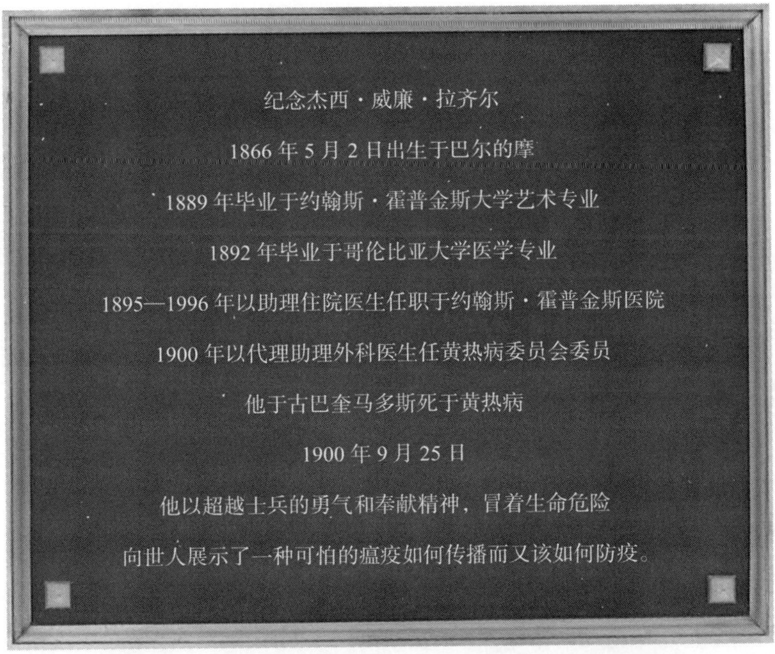

图6.8　纪念杰西·拉齐尔的英文牌匾——诺曼巴克

注：这块牌匾悬挂于约翰斯·霍普金斯医院的主通道走廊上。

些奋战在抗击新冠病毒感染疫情一线的医护人员。也许与文中的时代相比，这些医护人员所对抗的疾病有所不同，社会环境和医疗技术也与当时截然不同，但他们在与瘟疫抗争中所表现出的奉献和自我牺牲精神，使我们情不自禁联想到杰西·拉齐尔和威廉·斯图尔特·霍尔斯特德曾作出的贡献。

（曹　俊　译）

七、马克斯·布雷德尔

医学应用美术

马克斯·布雷德尔被同行视为自列奥纳多·达·芬奇以来最杰出的解剖学艺术家，并被公认为是令医学插画发展为一门专业学科的先驱者。他的成就体现了一名非专业医生在推动科学医学发展中所发挥的关键作用。布雷德尔的艺术作品凭借其优美的画风和其背后精妙的解剖洞察力而引人瞩目，它们带来“图形化的视觉冲击力”，常常令人震惊和眼花缭乱。他的作品总是能唤起观者“惊叹不已的观感——一种对任何非凡的、有天赋的人的自然而然的反应”。然而，要充分理解布雷德尔对医学的关键贡献，我们需要回到那个时代。

艺术与科学：一对早于文字记载的“伙伴”

纵观人类历史，艺术与科学在整个知识探索的进程中一直是伙伴、盟友的关系。艺术家需要通过了解解剖来准确描绘人体形态，而科学家则依赖艺术家来传达他们对人体结构和功能的发现。这种合作关系可以追溯到数千年前。早在三万多年前，法国比利牛斯地区的洞穴壁画描绘了史前野牛被箭射伤的情形，尽管这些旧石器时代的艺术不属于科学的范畴，但它反映了人类对心脏在维持生命中起到核心作用的最初理解。

在公元二世纪，医生兼哲学家克劳迪亚斯·盖伦（又被称为“帕加玛的盖伦”）奠定了解剖学和生理学的基础，而这主要是通过解剖猴子来获得的，因为当时解剖人类尸体是被严格禁止的。盖伦留下的绘画常常存有谬误或凭空臆造，因为他错误地假设猴子和人类的解剖结构是相同的。随后几个世纪一直到中世纪，盖伦的权威性和影响力都非常深远，几乎没有学者会质疑他。在文艺复兴时期，对探索自然充满求知欲的列奥纳多·达·芬奇，运用其非凡的素描技巧绘制了极其精确和细节丰满的人体解剖图。他通过解剖30多具尸体，对人体解剖学进行深入的了解，并熟练掌握描绘人体形态的技巧。然而，他的绘图在之后的几个世纪里一直秘而不宣，并未被公开发表。

直到1543年，出生于布鲁塞尔的帕多瓦大学外科教授安德烈亚斯·维萨里医生出版了《人体的构造》（*De humani corporis fabrica libri septem*）。此后，盖伦所勾画的解剖图中的谬误才开始受到公众的关注和审视。同达·芬奇一样，维萨里也发现了盖伦的错误，但不同的是，维萨里公开对此提出了质疑。他在这本有史以来的第一部解剖学著作中写道：“这位罗马医生被他的猴子愚弄了。”他以人的尸体解剖为依据，聘请了当时知名的文艺复兴画家提香的门徒扬·斯蒂芬·范·卡尔卡和其他技术纯熟的艺术家们精心创作了这部著作中的插图部分。这本书是解剖学的里程碑，彰显出科学和艺术之间富有成效的“伙伴”关系。自从维萨里质疑了教条主义以及证明了在医学著作中精准绘图的重要性，医学美术的发展呈现出一往无前的趋势。

尽管如此，在马克斯·布雷德尔正式确立医学美术学科坚实和可持续性的发展方向之前，历史仍延续了350年。正如一位医学插画历史学家指出的，艺术家和医生在各自领域中都面临着困难。医生们很难找到技艺高超的艺术家来用插画呈现他们的新发现。由于缺乏心仪的合作伙伴，医生们不得不经常靠自己来完成粗糙简单的绘图。同样地，很少有艺术家愿意进行长期且伴随着恶臭的解剖过程（尤其是在冷藏和防腐剂出现前的时代），来创作还原人体的画作。

布雷德尔不仅改变了历史，也革新了医学插画的概念。他有着将卓越的艺术技巧根植于科学的方法，以及作为合作者和教师罕有的天赋，并将之完美结合。这些素质使他能够极大地扩展和提升解剖插画的边界和水平，并提高其在医学研究和实践中的实用性。所有这些成就都发生在有一双梦幻般的蓝眼睛、一头卷发的这位年轻德国移民身上。当他在巴尔的摩的港口登陆时，戴着漂亮的德比帽，几乎不会说英语。在本章中，我们将从公众和个人的视角讲述布雷德尔的生平，同时也探讨他作为医学艺术家的天赋。他对约翰斯·霍普金斯大学医学院在医学领域日益增长的声誉的影响和贡献，以及他的医学插画艺术遗产。

早早展露的天赋

保罗·海因里希·马克斯·布雷德尔于1870年6月8日出生于德国莱比锡。他的父亲保罗·海因里希·路易斯·布雷德尔会制作乐器，并在施坦威钢琴公司工作，布雷德后来也继承了这方面的艺术兴趣。年幼的布雷德尔有着音乐天赋，尽管他的父亲会强迫他无休止地练琴，但是布雷德尔内心仍对这个乐器有着终身的热情。在布雷德尔8岁时，钢琴老师让他开始弹奏贝多芬的《激情奏鸣曲》（*Sonata Appassionata*），这是一首超大难度的曲子。多年以后，布雷德尔告诉一个朋友，他被“它美丽和激动人心的特质”深深打动。布雷德尔的艺术天赋不仅限于音乐方面，他很快对绘画产生兴趣，并表现出天赋。但就在这个时候，他感染上了天花，但布雷德尔似乎有“九条命”，因为这只是他幸存下来的一生中罹患的诸多危及性命疾病中的第一关。

在布雷德尔十几岁的时候，尽管他的父亲坚持让他做自己音乐会的首演并选择以音乐作为事业，但布雷德尔最终被允许追求他自己的艺术兴趣。1885—1890年，他就读于莱比锡艺术学校。在那里，布雷德尔创作出了拉尼斯·克罗斯比所描述的"那种精致、自由的风格，贯穿他一生的作品"。

1888年夏，布雷德尔已经成年，需要新的经济来源以继续学业，他的艺术生涯也迈入了关键的转折点。尽管没有经过科学和医学上的训练，但他趁着艺术学校的假期在莱比锡大学著名的生理学研究所，开始为卡尔·路德维希医生工作。当时，路德维希是世界上最杰出的科学家之一，布雷德尔也称他的实验室是"医学界的麦加之地"。当路德维希让布雷德尔绘制一个放大版的脑皮层断面时，布雷德尔回忆起这段经历："我花了几个星期的时间来完成那张图，这是我第一次绘制医学插画，相信这也是我尝试过最难的一幅画。"

布雷德尔在路德维希的实验室的经历对他的职业生涯产生了重要影响，正因此他有了对医学插画的独到见解：一幅高质量绘画的诞生不仅仅依赖于忠实复制。"当我只依赖于完全复制时，就犯了错误。复制医学本体并不等于进行医学插画创作，因为相机的复刻效果常常比眼睛和手更好……但在医学绘画中，必须先理解再创造实践。"也是在路德维希的实验室，布雷德尔遇到了威廉·韦尔奇，他是一名病理学教授，也是约翰斯·霍普金斯大学医学院的创始成员。在实验室，他还结识了著名解剖学家富兰克林·玛尔（图7.1），韦尔奇和玛尔都来自美国。六年后，玛尔将布雷德尔引荐到巴尔的摩。正如布雷德尔所写："对我来说，清贫也是幸运的，因为在那年暑期和其他空闲时间里，我不得不寻找工作。从而引起了伟大生理学家卡尔·路德维希的注意，并为他绘制插画，参与他的研究过程。在这项工作中，我又遇到了玛尔博士和韦尔奇博士。"

与大多数生活在刚刚统一的德国青壮年一样，布雷德尔被征召入伍，并服役了两年。布雷德尔的艺术天赋使他免于一些苛刻的服役。布雷德尔为军官及其家属绘制肖像，由于这些绘图是为他的上级服务的，他不收费，但无疑他比其他入伍的士兵得到了更好的待遇。

服役结束后，布雷德尔回到了路德维希的实验室。之前他与在实验室结识的美国著名医学家和科学家们的交往开始结出果实。富兰克林·玛尔，新近被任命为约翰斯·霍普金斯大学医学院解剖学系第一任教授，于1893年9月8日写信给布雷德尔："亲爱的布雷德尔先生……希望您能够来到巴尔的摩。"接受了马尔的邀请后，布雷德尔乘坐轮船德雷斯顿号前往他的新大陆，并于1894年1月18日抵达巴尔的摩（图7.2）。

图7.1 钢笔绘画奥地利生理学家卡尔·路德维希——马克斯·布雷德尔

注：路德维希是他那个时代最伟大的科学家之一。布雷德尔在路德维希的实验室工作期间，遇到了威廉·韦尔奇和富兰克林·玛尔。

就像所有新移民经常遭遇到的情况一样，布雷德尔在到达他的第二故乡的第一时间并不很顺利。当他抵达巴尔的摩时，几乎错过了玛尔，因为在巴尔的摩滨水区的会面地点有些混乱。两人都登上了渡轮，在港口差点擦肩而过。拉尼斯·克罗斯比在传记中写道："马克斯注意到，一名男子（在一艘经过的渡轮上）比其他人更疯狂地做着手势，先是疯狂地指着蝗虫点（Locust Point）[注2]，然后又指向他刚刚离开的码头……马克斯眯起眼睛……然后意识到那个人就是玛尔医生。"

注2：指美国的某个地点：马里兰州巴尔的摩的蝗虫点，一个社区，最初被称为Locust Point。

图7.2　布雷德尔抵达巴尔的摩照片（1894年）

注：这位年轻的德国人移民至此。

在对的时间出现在对的地点

当布雷德尔已经适应他在约翰斯·霍普金斯大学医学院的新角色时，有一个意料之外的变化。当他抵达巴尔的摩时，玛尔的研究已经发生转变，他不再需要插画师了。于是布雷德尔又开始了新的职业生涯，为霍华德·凯利创作插画。凯利是妇产科学系的首任主任，当布雷德尔到巴尔的摩时，他正致力于撰写一部大作《妇科手术学》(*Operative Gynecology*)。

作为医学院的创始人之一，凯利是一位才华横溢的外科医生，被公认为现代妇科手术的先驱之一。布雷德尔雄心勃勃，努力工作。他说道："我会试着抓住幸运的尾巴，然后开始追赶，风雨兼程。"他也是在对的时间出现在对的地点。他的朋友兼同事——妇科医生托马斯·卡伦后来写道："对于马克斯来说，恰逢其时。医学和外科学正在取得几个世纪以来最大的跃进，需要更多新的插画来例证。"

为了掌握解剖学和病理学，布雷德尔不知疲倦地观察手术并在解剖室解剖尸体（图7.3）。约翰斯·霍普金斯大学医学院新任病理学首席威廉·韦尔奇允许布雷德尔自由进入医院的尸检室。正如布雷德尔写道："艺术家必须从各种角度充分理解主题，包括解剖学、形态结构学、组织学、病理学和外科学。"

布雷德尔的妻子露丝·哈林顿·布雷德尔后来这样描述他创作医学插画的方法："长时间的刻苦学习和研究奠定了他对解剖学知识的基础，他对每个细节都有敏锐的洞察力。"对于一个没有接受过大学系统培训的人来说，布雷德尔使用的科学方法是特别了不起的。

在布雷德尔的手中，解剖是发掘新知识的工具，而不仅仅是传达现成信息。正如维萨里在16世纪解剖尸体时发现盖伦解剖的错误一样，布雷德尔坚持认为："在绘画时，认真负责的艺术家有办法发现现有知识的盲点。"布雷德尔又宣称："素描或模型的创作催生了有益于研究的新理念……有助于发现错误的想法，并且指出了克服困难的最佳方法。"

在布雷德尔看来，医学艺术家的工作不仅可以揭示缺失的解剖和病理信息，还可以创造出攻克外科困境的新方法。一个例子就是所谓的"布雷德尔线"。在进行详尽的解剖探查后，布雷德尔揭示出通过沿着肾脏特定边缘切割，外科医生可以避开重要的血管。他的发现至今仍应用于肾脏手术中。

布雷德尔在约翰斯·霍普金斯大学医学院的早年工作重点是为霍华德·凯利百科全书式的妇科著作绘制插画。作为凯利的总住院医师和布雷德尔终身朋友的托马斯·卡伦指出："当凯利在1898年出版了《妇科手术学》两卷本后，他很快被公认为美国妇产科学的领袖，而布雷德尔在这两卷本的插画则迅速革新了医学插画领域的范式。"

图7.3　布雷德尔在实验室照片

注：布雷德尔通过解剖尸体和使用显微镜仔细研究来准备插画绘制。

看见不可见之处：布雷德尔天才的标志

让我们来看看布雷德尔的插画，一幅分娩剖面图（图7.4）和一幅垂体的手术图（图7.5）。即使是没有经过训练的观察者也会对这组杰作感到惊讶。插画中人体组织逼真，栩栩如生，器官看起来似乎湿润可触；光和影以恰到

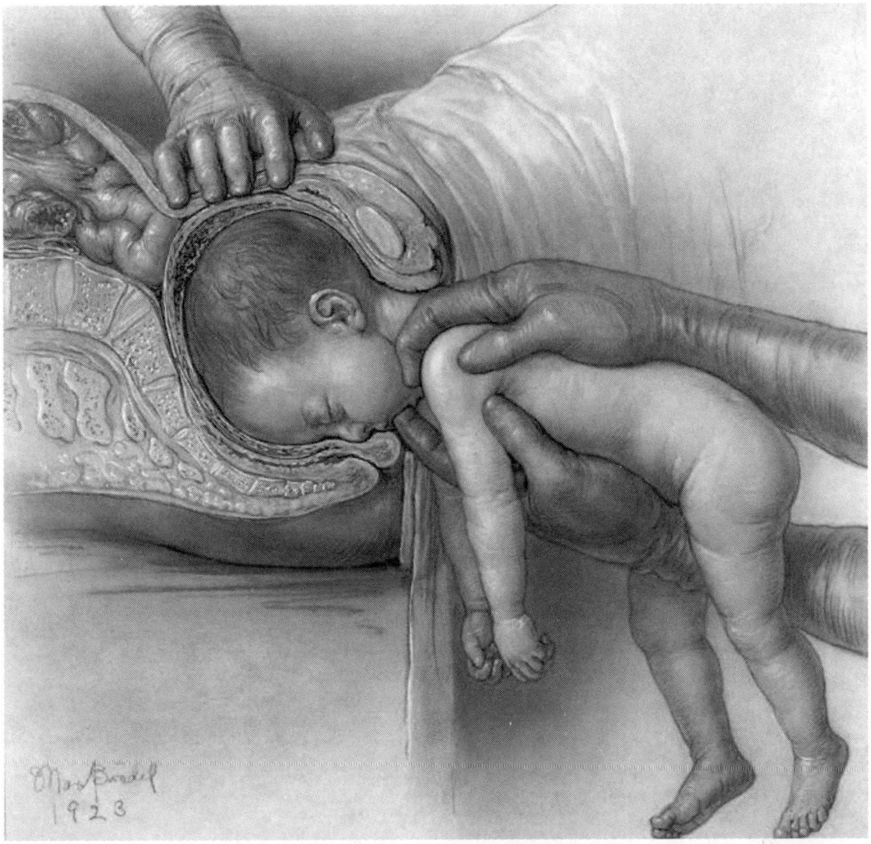

图7.4　分娩碳粉画——布雷德尔（1923年）

注：该插画是布雷德尔的杰作，展示了一例臀位分娩。生物学家及医学插画师约翰·利迪描述它具有“惊人的亮点”。观看者立刻被婴儿嘴部和对产科医生手的详细描绘所吸引（与右上方松散描绘的母亲的腿对比）。图中展示了母体解剖的剖面，展示了婴儿头部如何适应骨盆。我们可以感受到产科医生助手从上方对母体腹部进行加压。

好处的比例落在正确的位置上。细节的渲染程度——有些达到惊人的准确，有些只是稍作暗示——引导观者的目光聚焦于最重要的解剖结构，以这种方式引导观者的注意力。布雷德尔不只是描绘一个定格的瞬间，而是讲述一个故事。他的插画具有电影般的特质，能引起观者的关注，同时展示故事是如何展开的。

和大多数有技巧的叙事者一样，布雷德尔关注的不仅是所见之物，还有未见之事。他掌握的重要一环是描绘外科医生无法凭眼睛看到但需要能够定位的解剖结构（或在某些情况下，需要在手术中加以规避）。他的臀位分娩插

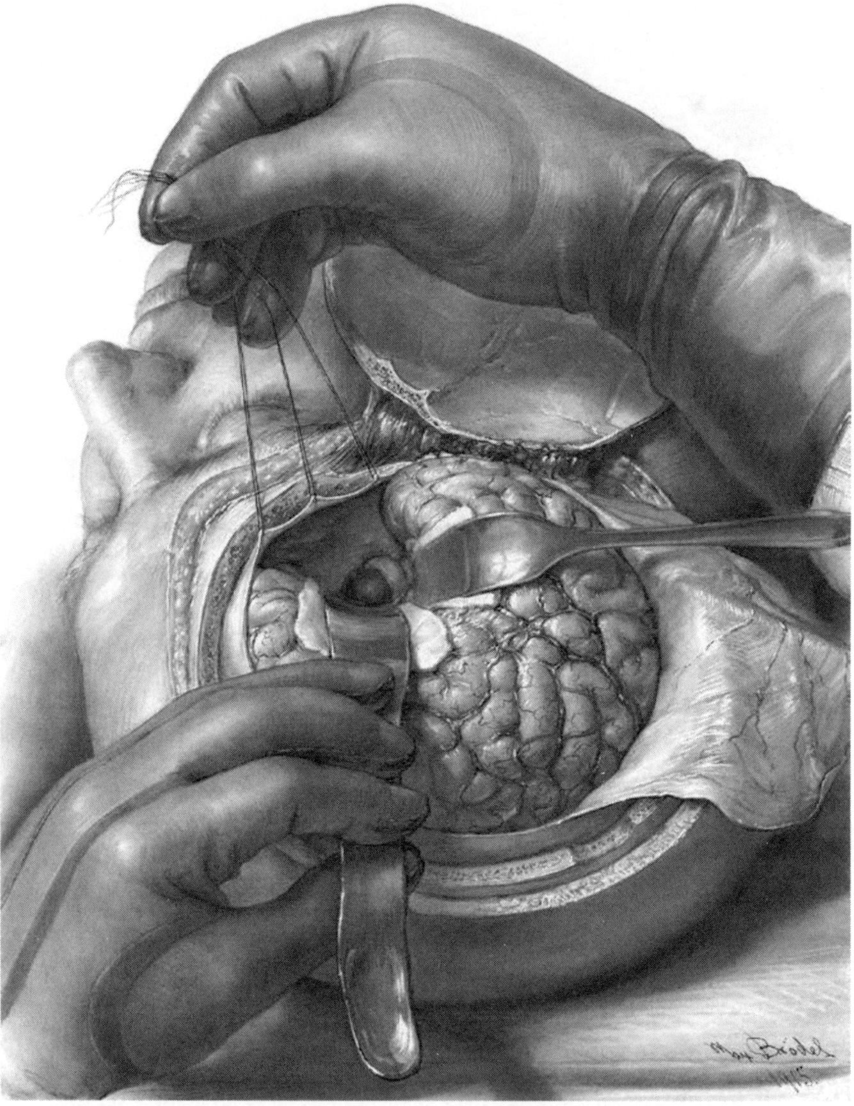

图7.5　垂体手术碳粉画——布雷德尔（1915年）

注：布雷德尔利用碳粉画展示了1例垂体手术，组织逼真，栩栩如生。

画（图7.4）就是一个典型例子，布雷德尔绘制了产科医生的精确动作步骤。他甚至展示了产科医生的手指插入婴儿口中，这是控制分娩婴儿头部的技巧。布雷德尔所描绘的技术和概念通常不在临床中传授，但通过将不可见之物转为可见，插画能够传达出宝贵的信息。

另一方面，为了将观众的注意力放在更重要的元素上，布雷德尔有时会"隐匿"掉可见的解剖结构。这样做，他的插画比翔实的照片更能讲述一个更富有信息量和吸引力的故事。布雷德尔的狂热追随者，包括教授医学插画的同行，称赞其为"无形的强大力量"。在教学中，他们有时鼓励学生"留白思考"。约翰斯·霍普金斯大学医学院医学应用美术系的教授戴维·里尼指出，"通过在某些区域留出空白或减少细节，观看者的注意力会集中于手术的关键点。"图7.6展示了布雷德尔强大的留白运用——他有选择地突出和省略某些内容，做到清晰地叙事。插画中展示耳朵和下巴为了让观看者确定方位，而其他外部解剖结构则大部分被省略。

由此可见，布雷德尔是一位大师，他擅长纳入或排除、强调或淡化解剖的细节。他经常使用艺术家称为"大气透视"的策略来实现他的教学目标。正如北方文艺复兴时期伟大的荷兰和佛兰德斯的风景画家在描绘远山或其他地理特征时制造雾气或潮湿的错觉一样，布雷德尔经常模糊背景中的事物，以淡化与教学目的无关的身体结构。

我们可以在图7.4中看到大气透视的运用，那是布雷德尔引人入胜的臀位分娩插画。请注意，右上象限描绘的母亲的腿很快消失了——几乎像肢体被湿润的手术室雾气包裹着。这样的效果模糊了局部的解剖结构。与此相反，却使得婴儿的头部、产道，甚至外科医生的手更加生动。正如约翰斯·霍普金斯大学医学院医学应用美术系的现任主任科里·桑多内所言："通过有意识的设计策略，如描绘不可见的解剖结构，利用留白和大气透视，布雷德尔成为通过创造插画中有意义的视觉层次来指引注意力的大师。"

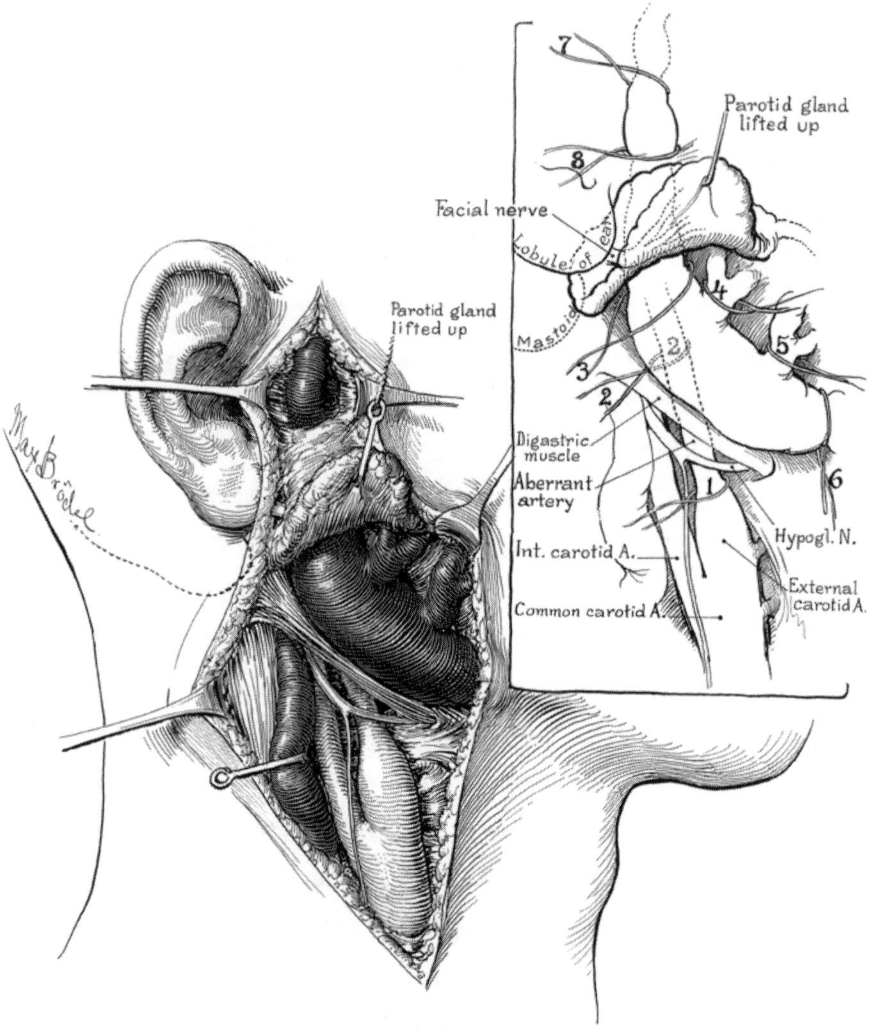

图 7.6　用钢笔墨水绘制的颈部静脉扩张手术图——布雷德尔

注：布雷德尔只渲染了关键的细节，他充分利用了留白技法。

从钢笔画到开创性的新技术

布雷德尔对钢笔画的运用非常熟练（图7.6和图7.7）。他精确又松弛的线条完美展现了解剖结构。正如约翰斯·霍普金斯学院医学应用美术系的教授蒂莫西·菲尔普斯所描述的，布雷德尔的作品所展示的钢笔画线条用“有

图7.7　用钢笔墨水绘制的脑垂体手术插画——布雷德尔（1912年）

注：布雷德尔为哈维·库欣创作了这幅脑垂体手术的笔墨插画。观看者的目光被外科医生头灯发出的醒目光源所吸引。在演示手术的同时，这张插画也是布雷德尔向他的挚友库欣致敬。

限的笔触”就能传达出“艺术家的手及艺术个性——活力、生命力和自信的感觉”。在他的钢笔画作品中，布雷德尔运用黑白关系巧妙地引导观看者的目光，如图7.6。尽管插画的大部分是通过用一支细笔将精致的墨水线条涂抹到画板上创建的，但中心的暗色静脉首先被涂成纯黑色，然后优雅地刮去颜料以突显白线。这种手法使得静脉具有完整的信息价值，被强调并吸引观看者。黑白对比的使用同样吸引观看者去关注构图中央处外科医生的头灯，如图7.7。

布雷德尔还开创了新的媒介和技术，至少比其他人更全面掌握了这一技术。他最大的挑战是找到一种能够创造出表现人体组织反光特征的高光介质。经过多次实验，他发现了罗斯8号手绘纸。这种纸上有一层明亮的白色黏土涂层，使画者能够在纸面上营造出器官反光的错觉（图7.4和图7.5）。科普作家娜塔莉·米德尔顿描述了布雷德尔的“碳粉画”步骤：

首先，布雷德尔会拿一张厚厚的纸，上面覆盖有粉笔末或瓷粉。他会在硫酸纸上勾勒出一幅图像，然后将硫酸纸与成稿纸贴合，留下图像形状的印痕。接下来，他用干笔刷将碳粉精细地涂在轮廓上，就像绘画一样。这样就产生了丰富的层次感。他一边工作，一边用橡皮擦出高光部分，用刀片刮出精确的细节，并用黑色墨水笔或碳条加深线条。

布雷德尔的三维魔法就这样起效了，据说约翰斯·霍普金斯医院的一名护士曾试图捡起画中的胆结石，她以为布雷德尔把它放在了画纸上。

不过如果给人留下这样一个印象，即布雷德尔创作的每幅插画都非常完美，也是一种误导。像许多大师一样，布雷德尔有时也会过分追求细节。图7.7是他创作的脑垂体手术插画之一，他也许不必要把外科医生哈维·库欣和手术区域都包括在内。在有些情况下，他偶尔会添加“画家式”的细节，这些细节过多从而削弱了插画的真正目的。约翰·科迪在他那篇犀利而有趣的《叹为观止》一文中提出了这一观点。尽管我们承认布雷德尔的艺术作品在内心唤起了一种“钦佩和无法抗拒的美感”，但实际上对于医学插画来说这些并非优点，甚至在某个层面上是一种缺陷。布雷德尔确有这个问题。

我们可以推测为什么布雷德尔有时会在插画中加入基本要素之外的修饰。在某些情况下，就像纳入库欣本人肖像的插画，很可能他希望反映与同事的密切关系；在其他情况下，这可能纯粹是他对形状、形式和艺术本身的热爱。

就整体而言，布雷德尔的修饰性艺术与他捕捉“手术瞬间”的能力相比之下不值一提，并不会削减他在工作中对解剖学知识的深层认识、技术掌握和创新方法的把握能力。

科学上的合作伙伴

除了在凯利《妇科手术学》的杰出工作，正如之前提到的，布雷德尔还与著名的神经外科医生哈维·库欣合作并建立了亲密的友谊。这种合作是一个很好的例证，证明布雷德尔的艺术作品能够创造出新颖的解剖视角，甚至连外科医生都无法想象其涉及的视野。在神经外科手术中，颅骨的坚硬外壳为深入大脑带来可能致命的后果，常常阻碍外科医生大面积去除颅骨以更好地暴露手术视野。尽管如此，正如图7.7所示，布雷德尔通过巧妙地使用剖面图重建，成功地描绘了即使外科医生使用头灯也无法看到的内容。这幅图是布雷德尔为库欣创作的系列插画中记录了库欣如何操作器械通过鼻咽腔进入垂体进行精细手术。布雷德尔的插画讲述了一个简单、清晰且实用的手术路径。

尽管布雷德尔缺乏正规的高等教育，但库欣却视他为科学家同行，他在评论其神经外科插画时写道：“几乎不需要其他文字来补充布雷德尔先生的手术插画……正如他所有创作的精美医学插画一样，它们使上下文显得多余。”库欣对布雷德尔的看法得到他同事的广泛认同。威廉·霍尔斯特德是20世纪初约翰斯·霍普金斯最著名的外科医生之一，他在1918年给布雷德尔的信中写道：“正如我一再说的，你的画作使得那些幸运者的成就流传千古。”布雷德尔在职业生涯的早期还与托马斯·卡伦一起工作，并建立终身友谊，后者作为凯利手术团队的实习生来到约翰斯·霍普金斯大学医学院。布雷德尔最终为卡伦的几本外科、妇科教科书绘制了多幅插画，卡伦又在约翰斯·霍普金斯大学医学院建立医学插画部门的过程中发挥了重要作用，这也是基于他与这位拥有非凡绘图技能的移民朋友之间的友谊。

作为一名医学插画师，布雷德尔为这项声誉和认可也付出了巨大代价。他将自己逼到极限，不懈努力，以实现他的技术和艺术的日益精湛。例如，1899年3月，为了准备一幅插画，布雷德尔在解剖室里未佩戴手套，解剖了一具尸体。之后，他的左手开始肿胀发红。他被死者带有的链球菌感染。感染扩散到他的手臂，布雷德尔被多次送到手术室排脓和消肿。那时还是一个没有什么抗生素的时代。按照布雷德尔自己的说法：“我的生命岌岌可危。”然而，在面临如此严重的身体创伤的情况下，他还创作了一系列描绘他上臂疼痛和感觉逐渐丧失的二十幅素描图（图7.8）。最终，他从感染中恢复了，但手臂仍然部分瘫痪。尽管感染发生在布雷德尔的非优势左臂上，但是他用

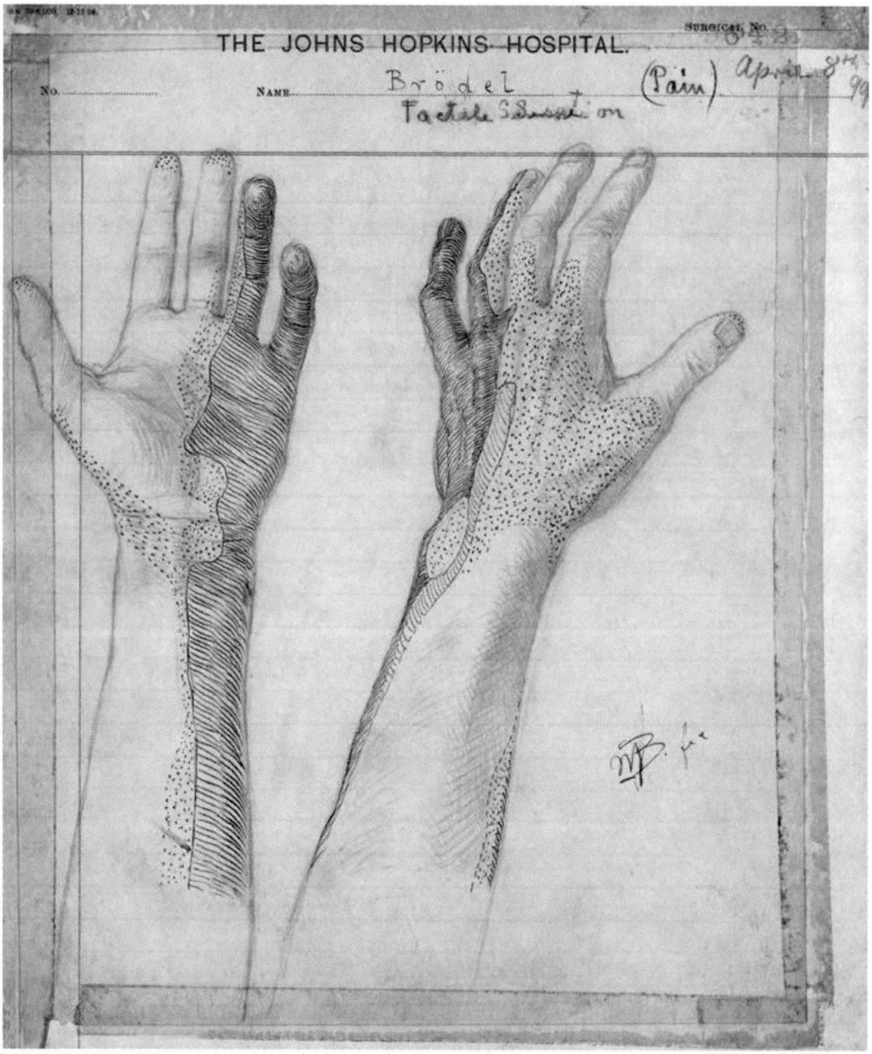

图7.8　描绘上臂疼痛和逐渐丧失感觉的素描图——布雷德尔

注：布雷德尔记录了危及生命的链球菌感染扩散到他的手臂而导致感觉逐渐丧失的过程。

右臂所完成的几乎所有任务，都离不开起到支撑作用的左臂。

为了恢复手臂的功能，布雷德尔对尸体进行了一系列详细的解剖研究，并确定了他的尺神经被瘢痕组织嵌顿的确切位置。霍尔斯特德手术解除了他嵌顿的神经，依据的就是布雷德尔的研究和绘画展示的内容。布雷德尔恢复了手臂的活动能力，他中断了六个月的事业又得以继续。

专业医学插画系的建立

尽管布雷德尔的声誉和影响力不断增长，但在约翰斯·霍普金斯大学医学院的头十年里，布雷德尔并不是大学的雇员。相反，他的工资是由著名妇产科医生霍华德·凯利支付的，他一直为其创作医学插画。1911年，布雷德尔的同事兼密友托马斯·卡伦去找了巴尔的摩商人兼慈善家亨利·沃尔特斯（他捐赠建立了该市沃尔特斯艺术博物馆），请求他支持布雷德尔的工作。沃尔特斯开始回绝了卡伦的请求："我对医学插画不感兴趣……我在哈佛上了20节医学课，已经对此厌倦得很。"尽管如此，他最终还是同意资助布雷德尔，并在给卡伦的信中写道："然而，我很欣赏医学插画的价值，并会在3年内每年为医学应用美术系提供5000美元。"

于是，在1911年，世界上第一个正式的医学插画师培训项目成立了。布雷德尔成为首任主任，并最终晋升为医学院副教授。1921年，沃尔特斯又向该系资助了11万美元。尽管布雷德尔只有相当于高中的学历背景，但他在约翰斯·霍普金斯大学医学院为艺术和科学的发展做出了深远贡献。

这些实情后面还隐藏着一个有趣的故事，突显了布雷德尔作为他这一代人甚至同行中最优秀的医学艺术家的声誉。20世纪初，作为竞争对手的其他医学机构多次试图从约翰斯·霍普金斯大学医学院挖走布雷德尔这位顶尖人才。1904年，布雷德尔受邀前往梅奥诊所，但约翰斯·霍普金斯首席医疗官威廉·奥斯勒显然说服他打消了离开的念头。次年，学院董事会投票任命布雷德尔为无薪讲师。1906年查尔斯·梅奥访问巴尔的摩，并再次试图招募布雷德尔。他的兄弟威廉·梅奥写信给布雷德尔："没有布雷德尔先生，我们永远不会开心。"凯利立即将布雷德尔的薪水提高到5000美元，布雷德尔也同意留下。1910年，梅奥兄弟再次尝试发出邀请为其建立一个医学应用美术系，但显然被沃尔特斯在次年提供的“大礼”彻底挫败了。

从1911年直到1940年布雷德尔退休，他将200多名艺术家培训成医学插画师（图7.9）。他是唯一的教员，教授解剖学、生理学、病理学及各种插画技术，包括钢笔和水彩，以及他标志性的碳粉技巧。同时，布雷德尔还继续为他的医学同事们创作绘图。他最喜欢的教学方法是亲身实践，主要依靠个别辅导和小组示范的方式。布雷德尔没有使用书本，也没有正式的教学大纲。一位前学生通过查找当年学生的教学作业发现，他教学中所涵盖的主题逻辑是显而易见的。通常，学生在该系学习两年，但没有固定的课程时长或在毕业上作出要求。布雷德尔会在他觉得学生准备好就业时给予指导和建议，并经常为他们提供推荐信。当时并没有授予文凭一说，所有的毕业基本上都是基于“双方同意”。

布雷德尔自己描述过，该课程的目的是“培养新一代艺术家，为未来的医学期刊和专著绘制医学插画，并使他们免于重蹈自学成才的前辈们经年的摸索和失败经验”。基于他在可视化方面的天赋和非凡的艺术技巧，布雷德尔教导学生“以图片的形式来研究主题，而不是文字”。布雷德尔作为教师的风

图7.9　布雷德尔在教室里教学（左侧站立者）照片（约1917年）

格是不拘一格但极具吸引力的，一个极好的例子是他在解剖学课程中使用的一种非凡技巧。他拿来两具骨架，将每具骨架放在一块大型磨砂玻璃板后面。在每个玻璃板的旁边，他请来一位裸体男模特，一位较胖，另一位较瘦。然后，他会在玻璃板上作画，首先为骨架添加肌肉，然后逐步添加每一层组织，直到在玻璃上呈现出与一旁模特一样的精美图画。布雷德尔的传记作者、他的学生暨约翰斯·霍普金斯大学医学院医学应用美术系的继任者拉尼斯·克罗斯比写道，布雷德尔的学员都被他“快乐、率性而为，不傲慢、不浮夸，充满着创造力的个性”所吸引。

布雷德尔培养的学生们逐步将医学插画发展成一门学科，这也成为科学医学不可或缺的组成部分。在20世纪40年代和50年代，根据克罗斯比和科迪介绍，他的7名学生在其他医学机构建立了医学插画项目，包括马省总医院、罗切斯特大学、加州大学旧金山分校和多伦多大学（有趣的是，也许是布雷德尔的地位和影响力一直存在，这些项目直到他去世后才建立）。布雷德尔的另外4名学生继续领导着已建立的医学应用美术系，包括他以前的2名学生，他们成为约翰斯·霍普金斯大学医学院医学应用美术系的继任主任。

布雷德尔的另一面：亲密的朋友但永远是局外人

正如布雷德尔的教学风格所体现的，他的个性中有着一种迷人的魅力。尽管布雷德尔没有按照父亲的愿望成为一名钢琴家，但他从未失去对音乐和演奏的热爱。也许正是他对音乐这种无声语言的亲和力使他成为一个如此迷人和善解人意的伙伴。在他一生最亲密的关系中，有许多是与音乐相关。

音乐甚至在他选择终身伴侣上起到了作用。1902年，布雷德尔与露丝·哈林顿结婚，后者在史密斯学院完成解剖学研究后，作为一名医学插画师来到约翰斯·霍普金斯大学医学院。后来成为夫妇的这对伉俪是由布雷德尔的雇主及导师霍华德·凯利介绍的，他可能意识到这两个年轻人在艺术上和音乐上有着共同的兴趣。凯利成了他们的媒人，他邀请布雷德尔和哈林顿在安大略省的阿米克湖度过了夏日时光。凯利安排一架钢琴送到了这个乡村营地。布雷德尔和哈林顿在这里度过了浪漫时刻，一起演奏四手联奏。在她的回忆录中，露丝写道：“一首舒曼作品后来一直留在我们的记忆中，在那片宁静的森林中，蜜蜂的嗡嗡声和温暖阳光夹杂着芬芳的空气在回忆里不可磨灭。"

凯利的安排奏效了。几天后，露丝和马克斯向款待他们的主人和客人们宣布了订婚的消息，并在次年12月结婚。布雷德尔夫妇有四个孩子，其中一个孩子在幼年因猩红热而不幸去世。他们的大女儿伊丽莎白成了一名医学插画师，这对于有着如此名望的父亲来说是一个勇敢的选择。布雷德尔夫妇的儿子卡尔在约翰斯·霍普金斯大学获得了博士学位，从事地质学。他们的第4个孩子艾尔莎成了一名美术教师。

就我们所知，妇科专家、约翰斯·霍普金斯学院妇科病理学主任托马斯·卡伦在获得资金建立医学应用美术学系方面起到了重要作用。卡伦和布雷德尔在个人关系和专业上已经非常亲密，事实上，他们保持着终身友谊。在这段关系中不可或缺的部分是语言交流，早些时候，是为了能够流利地使用对方的母语，布雷德尔只用英语与卡伦交流，卡伦只用德语与布雷德尔交流。他们保持这样的约定长达47年之久，直到布雷德尔去世。卡伦写道："由于他说英语，我说德语，尽管我们经常会有短暂的误解，但随着我们对这两种语言的理解越来越深，我们俩相处得越来越好。"

除了音乐，布雷德尔还热爱大自然，并且在描绘大自然方面有着特殊的天赋。布雷德尔最终在加拿大的阿米克湖边购买了一间小木屋。对于布雷德尔来说，医学插画师和大自然观察者的工作有异曲同工之处，尽管后者的工作要轻松得多，更多的是思考。在他的部门年度报告中，他甚至写道，对爬行和飞行的微小生物的兴趣是预判学生是否适合从事医学插画工作的好指标。可以预见的是，布雷德尔在对大自然的视觉化方面有着非凡的能力。他的朋友、记者及文化评论家门肯这样形容他："他不仅看到了树林，而且还穿过树林，透见了神秘而无限的深处。"

布雷德尔的特殊才能之一是收集生长在阿米克湖周围树干上的伞菌（大型蘑菇），并使用细针在上面刻画出他小屋及周围美丽的森林景色。

他的朋友卡伦这样描述这个过程："当我们穿过森林长途旅行时，马克斯会留意寻找伞菌。这些伞菌通常有一英尺（1英尺约合30.48厘米）或一英尺半长，附着在树的侧面。通常他们顶部是棕色的，下面是纯白色的。布雷德尔会把这些伞菌带回家，小心保护伞菌的白色底部。到家后，他会用钢笔、大头针或其他锋利的工具在每个伞菌上刻画出一个迷人的风景图像……"

露丝注意到，马克斯会巧妙地利用伞菌的特殊轮廓来雕刻场景，利用表面的凸起真实地描绘树木、巨石或其他森林的特征。直到今天，在约翰斯·霍普金斯医学应用美术系里，马克斯·布雷德尔档案室中仍保存着这令人惊叹的艺术品（彩图11）。

更热闹的是，他的记者朋友门肯邀请布雷德尔加入了“周六之夜俱乐部”。在这里一群形形色色的艺术家、音乐家、知识分子和思想家，每周在巴尔的摩聚会两小时，演奏音乐，然后再啜饮两小时的酒及抽雪茄（图7.10）。以讽刺机智而闻名的门肯则是其中一员。门肯和布雷德尔在每周聚会上一起弹钢琴，布雷德尔弹奏得非常开心，带着一如既往的微笑和迷人的表情。门肯补充说：“布雷德尔是一个‘钢琴巨人’，他在过去的50年里演奏了超过9000亿个音符，没有两个是完全一样的。”

禁酒令于1920年1月17日生效。门肯一边在自己的报纸专栏抨击禁酒令，一边在行动上自酿啤酒。他拉着布雷德尔，又从德国的卢温堡（Löwenbräu）啤酒厂获得了酵母。他很快发现布雷德尔在医学院认识许多了

图7.10 “周六之夜俱乐部”照片

注：布雷德尔（右二穿白衬衫者）会和门肯（右一）一起弹钢琴。接下来是啤酒、美食和热烈的讨论。

解微生物学的熟人，布雷德尔很快成为自酿啤酒圈中最好的酿酒师。门肯称赞布雷德尔的啤酒具有"真正专业的味道"，他赞许地写道："在这项人道主义工作中，他得到了约翰斯·霍普金斯学院多位同事的帮助。"布雷德尔详细记录了他的啤酒制作配方和技术，其中一些已经保留下来。根据所列配料的数量（例如"3磅玉米糖"），布雷德尔完全可以酿造大批量啤酒。

布雷德尔非常谦逊。他最亲密的朋友卡伦将他描述为"一个和蔼可亲、头发卷曲、举止温和的人"。在一篇纪念成立医学应用美术学系一百周年的文章中，约翰·科迪写道："公开场合下，马克斯·布雷德尔会淡化他的艺术造诣，甚至对此毫不在意。"布雷德尔对自我的认知同样谦逊。在1938年为他准备的庆祝晚宴中，布雷德尔说："你们把庆祝活动变成一个以我为焦点的场合，令我惶恐。"在同一场晚宴上，布雷德尔称医学插画是"最有趣、最令人激动和最令自己满意的工作"。

尽管他有着很多亲密的好友和同事，并对他赞誉有加，但在许多方面，布雷德尔仍然是一个没有归属感的人。1898年，布雷德尔抵达巴尔的摩4年后，他返回德国，却发现自己已成一个陌生人。从身体上说，他年轻时曾患过的慢性支气管炎再次复发，回到家乡莱比锡后病情更加严重。他意识到病情的恶化可能意味着与家人永久分离。面对病情发展的焦虑，他写信表达了自己想回巴尔的摩的愿望。布雷德尔在1911年再次回到莱比锡，仍然经历了同样的低落情绪。那时，他已经成为美国公民5年多了。他在给妻子露丝的信中谈到他的故国德国："这片土地和它的人民发生了变化，或者说是我变了，彼此不尽一致。"

尽管他是美国公民，并且在巴尔的摩有许多亲密的私人和职业关系，布雷德尔却从未感到自己被他的第二祖国接纳。按照他自己的说法，以及在包括门肯在内的其他人看来，布雷德尔在第一次世界大战中"度过了非常不愉快的时光，如果他还活着，他在第二次世界大战中也会遭受几乎同样的苦难"。甚至他与哈维·库欣轻松、密切的关系也因布雷德尔对德国的恻隐而一度变坏。布雷德尔在1914年写信给库欣："亲爱的哈维，不要相信那些协约国的报道，记住你最忠诚的朋友属于另一边。给德国人点机会。"库欣的回信让布雷德尔称之为"可恶"。布雷德尔显然感到很神伤，他匆忙写信告诉库欣："我不应该被我所爱的人抛弃。"

布雷德尔也表达过反黑人和反犹太人情绪。布雷德尔在给他的妹夫赫尔曼·谢弗的信中提过“黑人元素”“该死的黑鬼”和“无良、罪犯般的黑人”。他描述了黑人在巴尔的摩选举日常发生的腐败和恐吓中扮演的角色，这些黑人显然是被不道德的政客招募和收买的。不管背景如何，布雷德尔的种族主义言论是令人震惊的。他对犹太人也抱有稍许敌意。布雷德尔另外一次写信给妹夫，是为了给他的亲戚贷款，他报道了犹太人的商业行为并对其进行了批判和嘲讽：“我们的犹太同胞在为生存而争时所表现的胆量和狡诈令人望尘莫及。”

尽管传记作家克罗斯比和科迪没有回避描述布雷德尔在种族、宗教和民族上的偏见，但建议要回到他的成长背景中看。指出布雷德尔在他的故乡莱比锡长大的文化背景。俾斯麦对德国的大统一，使犹太人和其他讲不同语言、保留自己传统的群体成为被怀疑的对象，并使这些群体被视为对国家命运的直接威胁。传记作家们还将布雷德尔对少数族裔的偏见放置于20世纪初巴尔的摩特殊的情绪氛围中。巴尔的摩位于梅森－迪克森线下方，在种族和宗教的态度上具有明显的南方特点。但这并不应为他开脱。布雷德尔自己作为局外人和对外国人持偏见等经历，似乎很少影响他对面临类似情况的同胞产生同情，这也是一个悖论。

种种迹象表明，布雷德尔对妻子露丝和孩子们而言是一个充满爱心和事事亲为的丈夫和父亲。然而，布雷德尔对女性及其在重大社会角色的看法明显是维多利亚式的。布雷德尔提到医学插画专业女学生时发表过这样的观点：“女人结婚后就会放弃工作，而男人走入婚姻会增强他成功的决心。”他补充说：“医学界一直更偏向男性插画师。”毫不奇怪，布雷德尔反对妇女拥有选举权。正如我们在引言中所讨论的，本书中描绘的十位先驱为我们所有人提供了一个反思自己有根深蒂固偏见的机会——无论是有意识的，还是无意识的。

布雷德尔在年轻时受到慢性支气管炎的影响，似乎每次在他访问莱比锡的家人时都会复发。我们提到过，布雷德尔童年患过严重的天花，他在约翰斯·霍普金斯大学医学院工作5年后险些丧命于一次严重的手臂感染。1904年，布雷德尔患上了急性伤寒，他住院8周，医生使用酒精为他擦洗以降低体温，这次他又一次差点丧命。大约14年后的1918年，布雷德尔脸颊周围发现一个肿块，霍尔斯特德将其诊断为癌症。幸运的是肿块是良性的，在肿块被切除的几天后，布雷德尔收到肿块不是恶性的消息。他的朋友门肯和一些

“周六之夜”俱乐部的成员来医院看望布雷德尔，他们开玩笑告诉医护人员是来进行“验尸调查”。

尽管在艺术上非常精益求精，但布雷德尔在工作习惯上显然有些粗心大意。1921年，他正使用氰化钾溶液漂白一张素描。布雷德尔没有注意到，一阵风从窗户吹进来。如果不是一个学生碰巧走进房间，发现他几乎失去意识倒在画板上，结果可能会以悲剧收场。

现代版达·芬奇

马克斯·布雷德尔于1941年10月25日死于胰腺癌，享年71岁。他的葬礼有56名护柩人，大多数是医生，这也是对他创作插画帮助和传播了他们的医学成就的一种证明。这也反映了他们对这位才华横溢又谦逊的艺术家的感激之情。门肯在《巴尔的摩太阳报》上撰写了一篇关于布雷德尔职业生涯的评论，这对于一个知名记者来说，也是不常见的。他写道：“当然，在他之前也有过很多解剖学艺术家，其中不乏一流水准的插画师。但正是他使得医学插画成为现代医学真正而不可缺少的分支。在他面前的每一幅作品，都不被他看作是单纯的绘画问题，而是研究和阐明问题……在他那一系列精湛的绘画中，即使是最小的一幅，也能看到既精确又庞杂的解剖学知识；在他上乘的作品中，有一种充满科学想象力的品质，它们为人体健康和疾病研究做出了重要贡献。”拉尼斯·克罗斯比与约翰·科迪合著的精彩传记《马克斯·布雷德尔》（*Max Brödel*）帮助我们成就了这一章的内容。克罗斯比称他为“自列奥纳多·达·芬奇以来最伟大的解剖学艺术家”和“一个创造性的天才，再也不会有人能够与他相媲美”。克罗斯比之所以有资格这么说，是因为她曾在布雷德尔教授指导下学习过。

与布雷德尔长期共事的同事和密友托马斯·卡伦谈到他时说：“他天生就是一个艺术家，在巴尔的摩的48年里，他彻底改变了美国和加拿大的医学插画；他的作品甚至传播到了地球最遥远的地方。其他没有人能够像他一样，为医学插画的美学和准确性做出如此多的推动……布雷德尔被认为是有史以来最伟大的医学插画家。”

当我们从更高远的角度看待布雷德尔的一生和成就时，值得一并考虑一下其他对科学做出过杰出贡献的人。在2000—2019年，美国公民在医学、生理学、物理学和化学领域获得的59项诺贝尔奖中，40%由移民获得。马克斯·布雷德尔对科学医学的贡献体现了移民群体对约翰斯·霍普金斯和美国医学的巨大影响。布雷德尔的生活和职业生涯也表明，那些没有接受过医生培训的人们对美国医学的重塑产生了巨大的影响，正如我们已经在玛丽·伊丽莎白·加勒特的故事中读到的，并将在本书最终一章维维安·托马斯的故事中了解到的那样。

（戴申倩　译）

八、多萝西·里德·门登霍尔

困境与歧视

美国国家癌症研究所对霍奇金淋巴瘤的描述彰显了28岁多萝西·里德的卓越成就。美国国家癌症研究所网站指出，该疾病以“里德-斯滕伯格细胞”的存在为特征。

里德是1896年约翰斯·霍普金斯大学医学院第四届录取的43名学生中的14名女性之一。她的出现是玛丽·伊丽莎白·加勒特对慈善事业不屈不挠态度的直接结果，加勒特的坚定态度迫使学校秉持着与男性平等的原则开始招收女性（甚至哈佛医学院在1945年之前都从未招收过女性）。1901年，里德刚刚在威廉·奥斯勒手下出色地完成了医学实习，就接受了威廉·韦尔奇病理实验室的研究员职位，开始了霍奇金淋巴瘤也称霍奇金病的研究。霍奇金淋巴瘤是淋巴细胞的恶性肿瘤，典型临床表现包括淋巴结（腺体）肿大、发热、盗汗。尽管现在来看淋巴瘤的治愈率很高，但在里德的时代，霍奇金淋巴瘤几乎是致命的。

在里德开始研究前数年，奥地利病理学家卡尔·斯滕伯格将霍奇金淋巴瘤患者的淋巴结碎片接种到豚鼠身上，并在报告中称这些动物患上了肺结核。因此，当时的许多病理学家认为肺结核“伪装成霍奇金淋巴瘤”。但里德以一种严谨、热情、创新的态度对其进行研究，即使面对权威，也从未回避质疑。显微镜在当时是一种相对新式的研究设备，她在显微镜下研究霍奇金淋巴瘤患者的组织形态，仔细记录结核菌素皮肤试验的结果，甚至重复卡尔·斯滕伯格将霍奇金病患者淋巴结组织碎片接种到动物身上的实验，并观察它们是否会患肺结核。

在里德的实验中，注射了含有霍奇金病患者淋巴组织碎片溶液的豚鼠并没有患肺结核。她的显微镜研究突出了这两种疾病之间的显著差异。在谈到斯滕伯格的观点时，她写道，她不能“理解他的想法——他认为结核分枝杆菌是造成这种增殖的原因，这两个过程很容易区分”。她明确得出结论，结核分枝杆菌在霍奇金淋巴瘤中没有直接作用。另外，她还观察到霍奇金淋巴瘤患者的免疫力较弱。

里德在霍奇金淋巴瘤方面的贡献不仅仅在于驳斥了斯滕伯格关于结核分枝杆菌引起霍奇金淋巴瘤的假设。通过细致的显微镜研究，里德在霍奇金淋巴瘤患者的淋巴结中观察到一种特征性的巨细胞，通常含有多个细胞核，尽管包括斯滕伯格在内的其他人已经观察到，但他们并没有对此加以强调。她在报告中指出，“含有1个或多个细胞核的巨细胞很多”。报告长达60多页（其中包含一个详细的目录，里面包括临床数据、患者照片、病理结果和实验室方法的讨论），该书的撰写颇具权威性，并且由里德亲手巧妙配图。这一开创性研究，使她最终赢得了国际认可。

里德突破性的科学成就获得了什么奖励？如果是男性，里德的重大临床发现理应使她得到升职，但那是在1902年，而里德是一名女性。在她为期一年的研究员工作即将结束时，她向韦尔奇询问自己是否可以获得教职。她写道：“我要说在我之前作为研究员的男性没有做过任何研究，但第二年就被任命为病理学助理教授，为什么我不行？”

韦尔奇虽然是男女同校的支持者，并且招收很多女性进入他的实验室，但他告诉里德，“医学院没有任命女教员的先例，而且认为这样的任命会遭到强烈反对”。他的话对里德是一个沉重的打击。她在回忆录中写道：“突然，我看到了在不公和蔑视下我要面对什么——我知道我承受不了。我告诉韦尔奇，如果我在做了几年学徒之后仍然不能得到一个确切的教学职位，我将会离开。”里德并不是唯一一位在医学院晋升时遭受众所周知的迂腐规则阻碍的女性——尽管这个规则更像是暗无天日的混凝土屋顶一样顽固。在同一时代，她的医学院同学兼同事佛罗伦萨·萨宾，这位后来在洛克菲勒研究所取得了杰出的成就，并成为第一位入选美国国家科学院的女性，在约翰斯·霍普金斯大学的事业也遭遇了挫折。虽然萨宾在1902年成为医学院第一位女性教员，但在她的导师去世后，系主任的位置却被授予她以前的一位男学生。萨宾等了15年才有机会被提升为正职教授。

转型时代的先锋

性别歧视时时刻刻困扰着里德的生活。里德的家人希望她凭借美丽的容貌、优雅的举止和良好的教育找到一个合适的丈夫。社会环境也倾向于迫使她放弃接受高等教育和职业发展的机会，转而结婚生子。最终，医学界针对女性医生形成了前后矛盾和令人失望的态度——一种掺杂了贬低、蔑视以及各种异样眼光的偏见。

尽管存在这些客观的阻碍，里德还是在她的成年期迎来了机遇。在19世纪的最后几年，工业经济迅速扩张并日益自动化，公共教育和女子学院开始兴起。更重要的是，妇女参政得到了允许和鼓励，这一转变向既定的传统观念发起了挑战，为女性创造了许多新的机会。里德充分利用她的天赋和坚韧，并抓住这些机会——但往往也需要为此付出巨大的情感代价。

在她的回忆录中，里德称，“回首往事，早年的家庭负担和经济压力把我的性格锻炼成钢铁一般，任何生活中曾经的甜蜜都化为一股力量”。尽管里德的性格自述听起来可能有些夸张，但她对孩子的温柔是出了名的。里德职业生涯的大部分时间都在照顾那些穷困潦倒的人，与此同时，她也几乎在她生命中的每个阶段，都在拼命克服外界的阻碍。在这一章，我们将探索里德早年的生活，她在约翰斯·霍普金斯大学经历的挑战和获得的成就——她面临着平衡家庭和事业双重挑战的婚姻以及她作为科学医学家和母婴权利倡导者的成就。

里德的故事值得讲述还有其他原因，像我们在最后两章记录的海伦·陶西格和维维安·托马斯的生活一样，里德在约翰斯·霍普金斯的经历反映了性别歧视和种族主义，这在当时是该机构和几乎所有医学院的通病。现在，当（社会）结构性歧视在很大程度上成为我们民族意识的一部分时，我们可以从他们的个人和职业牺牲的故事中获得深刻的教训。

早期的独立

多萝西·里德于1874年9月22日出生在俄亥俄州哥伦布市，她早年生活在当地一个富裕显赫的家庭中。里德的父亲威廉·里德工作勤奋、雄心勃勃。他年轻时，从马萨诸塞州的家中出发前往中西部，最终在哥伦布市一家由汉尼巴尔·金博尔经营的鞋店中找到一份工作。威廉·里德积极进取的性格打动了他的雇主，很快他就成为这家公司的合伙人。几年后，也就是1865年，威廉·里德娶了汉尼巴尔的女儿阿达琳·格蕾丝（通常被称为格蕾丝）。但威廉·里德并不满足于当时所累积的财富，于是他组建了一个新的合伙企业，开始经营鞋靴制造相关的业务。这家合资企业最终发展得很好，总共在哥伦布的总部雇用了120名员工，拥有价值60万美元（相当于现在的1384.2万美元）的资产。多萝西出生的时候，这对夫妇住在哥伦布市镇大街一所漂亮的房子里。多萝西是里德三个孩子中年龄最小的，比她的哥哥威廉小五岁，比姐姐伊丽莎白小三岁，她很爱她的父亲。在父亲去世的多年以后，她称父亲为“我理想的如影随形的伙伴，我的行为和重要决定的标杆”。

然而，多萝西的世界在她6岁的时候发生了天翻地覆的变化。某天晚上醒来，她发现自己患有糖尿病和肺结核的父亲在睡梦中去世了。格蕾丝·里德突然间被迫成了一家之主，她曾是一位贤淑的妻子和时髦的女主人，她为丈夫蓬勃发展的事业注入了时尚元素并帮助他经营社交关系。然而，她完全没有准备好管理她新获得的个人财富，尽管她很享受这笔财富给她带来的财务自由。据里德的传记作者彼得·道森说，她成年后，多萝西形容她的母亲是“一个优雅但没有文化的女人，慷慨大方但价值观肤浅，是我所认识的最善良的女人，但判断力却最差”。多萝西还是个小孩子，但正如道森指出的那样，格蕾丝·里德和她最小女儿之间一生的斗争，以及最终的角色互换，正在缓缓拉开序幕。

像大多数维多利亚时代的母亲一样，格蕾丝·里德对女儿们最美好的愿望是她们长大后能拥有魅力和优雅，嫁给一个富有的丈夫。多萝西的姐姐伊丽莎白有着惊人的美貌、优雅的举止和极强的音乐天赋，她按照母亲预想的轨道顺从前行。多萝西则是另一回事。从很小的时候起，尤其是在她父亲英年早逝之后，她抵制格蕾丝把她塑造成一个拘谨的青年女性的尝试。用她自己的话说，她更喜欢“像一匹没受过伤的小马”在户外漫游，即使被家庭和家人限制或禁止，多萝西也喜欢和符合她想象的朋友做伴。

格蕾丝两个女儿都患有严重的肺结核，很可能是多年前从她们的父亲那里感染的。后来，在她们康复后，格蕾丝带着多萝西去欧洲度假（伊丽莎白回到了寄宿学校）。由于没有什么日常活动，而且几乎所有的时间都在她那些年轻的堂兄弟们的陪伴中度过，多萝西变得非常任性和好争论。由于多萝西行为无常，因此，在法国的里维埃拉生活的那段时间，当别人休息时，格蕾丝便雇佣一名兼职宪兵来负责照顾她，但她却费尽心思避开那个宪兵。无计可施之下，格蕾丝·里德发誓回到哥伦布后要为多萝西请一名家庭教师。

安娜·C. 冈宁小姐是多萝西的救星。冈宁，“一位富有文化和教育能力的爱尔兰女性”，是一名相貌平平的退休的女高中教师，却拥有着敏锐的智慧和教书育人的强大信念。起初，多萝西极力拒绝冈宁向她讲授语法和数学相关的课程，她反问：“我为什么必须学习这些东西——这和生活有什么关系？”然而，随着时间的推移，多萝西与生俱来的智慧和面对挑战时的求胜欲占据上风，她从几何到法语等学科的知识稳步增加。冈宁小姐明智地让多萝西自己选择想读的文学作品，并成功地把她培养成了一个如饥似渴的读者。

安娜·冈宁教授了里德3年，但两人在很多年里一直保持着联系。很久以后，里德写到，“回想起这段时间，我无比感激这位安静、严肃、不起眼的女人，她在关键时刻进入了我的生活……她确实引导我踏上了通往高等教育的道路，并以她对知识的真实热爱和对知识的尊重激励着我。”

冈宁任期即将结束时，多萝西和她一起去了柏林，多萝西的母亲带着姐姐正在那里旅行，旨在提高伊丽莎白的钢琴技艺。在那里，多萝西和冈宁遇到了《辛辛那提问询报》（*Cincinnati Enquirer*）的编辑，并通过他结识了史密斯学院校长的女儿们。格蕾丝·里德为多萝西提供高等教育社会的设想始于巴黎也终结于巴黎，她希望自己的小女儿在这里的刺绣学校学习和提高法语水平。多萝西憎恨这个主意。相反，通过新结识的朋友，冈宁安排多萝西参加了史密斯学院的入学考试。令多萝西惊讶的是，生平第一次参加考试，她就通过了除地理以外的所有科目。最终，地理被免试，多萝西在1891年秋天被史密斯学院录取。

史密斯学院成立于1875年，由同名慈善家索菲娅·史密斯创立，旨在为女性提供“与大学里的年轻男性平等的”受教育机会。10年后，布林莫尔女子学校成立，并最终由伊丽莎白·加勒特的密友M. 凯里·托马斯领导，与史密斯学院一起成为女性教育运动的先锋。在这个男性主导的社会中，为女性创建大学是颇具争议的，因为人们担心高等教育会剥夺女性的特质和传统的生儿育女的社会角色。史密斯学院开设了极其广泛的课程，包括物理、化学、生物和天文学。这所学院还为女性提供了空前的自由。维多利亚时代的女性勇敢地渴望接受大学教育，她们并没有退缩，里德和她在史密斯学院的同学们充分利用了这个机会。

里德最初参加了史密斯学院的文学研究项目，包括拉丁语、英语、法语、德语、数学和历史，以及史密斯学院校长（也是牧师）所教授的必修圣经课程。在大二的时候，里德不再着迷于英语和法语，决定选修一门普通生物学课程。这门课程和年轻的哈里斯·怀尔德教授，让里德为之倾倒。她在回忆录中记录道：“真的，这是极具意义的，是我这么多年一直在等待的。”她把怀尔德列入了她生命中最重要三个人之一，其中还包括她的父亲和冈宁小姐。

里德在史密斯学院的最后几年在学术和课外活动上取得了优异成绩，但也承受着家庭和经济上的压力。里德被选为班上最有魅力的两位女性之一，还被选为毕业典礼的引座员。这是长久以来被姐姐的光芒所掩盖的里德第一次意识到自己很漂亮，当然也伴随着美貌所带来的烦恼。里德写道：“我永远不明白你为什么要因为拥有它们（漂亮的外表）而沾沾自喜。”临近大学毕业时，里德面临的一个更严峻的问题是她母亲的挥霍无度。大三结束时，里德回到纽约北部的避暑别墅，发现她父亲的遗产执行人待在那里。格蕾丝·里德的奢靡，以及她未能被约束的儿子威尔更加恣意挥霍的行为，使这个家庭濒临破产。这时需要一个务实而精明的人来负责，那个人显然是多萝西。随后发生了一番痛苦而激烈的争论，最终格蕾丝和伊丽莎白把家庭财产中的份额交给了多萝西。19岁的她对管理遗产几乎一无所知，但在遗嘱执行人的指导下，她很快就学会了。在她的余生中，多萝西精明地管理着家族财富。通过上大学，里德暂时摆脱了她母亲让她成为一个合格而富有的单身汉理想中"猎物"的夙愿。里德很早就承担了整个家庭的经济责任，这让她更清楚了一件事：她需要谋生，而且要过得好。因为生物学是史密斯学院最启发她的学科，所以当史密斯学院的一位熟人把里德介绍给她的弟弟时，里德非常感兴趣，他是一位正在北安普顿参观的哈佛大学学生。里德写道：

> 巴尔的摩建立了一所卓越的医学院，每个被录取的学生都是经过认证的大学毕业生，他们在科学方面有特殊的准备，并能阅读法语和德语。我朋友的弟弟已经被录取了，将在秋天入学。我的兴趣被激发，正在询问是否录取女性，以及如何获得有关约翰斯·霍普金斯大学医学院的信息。

当天晚上，里德给医学院院长威廉·韦尔奇写信询问录取事宜，这充分体现了她的果断和对机遇的判断力。

韦尔奇回复里德，她需要修完额外的物理和化学课程才能被约翰斯·霍普金斯大学录取。里德选择麻省理工学院补修课程，该校早在20年前就开始招收女性。这所传统的男校的学术水平无可非议，但氛围却让人大开眼界。里德学会了早点去上课，否则，她一到，所有的男士都站起来，以示对弱势的她的尊重。然而，同样也是这些男同学，毫不犹豫地偷走了她的实验设备，破坏她的实验。尽管受到了几乎是不加掩饰的骚扰，里德仍然以最高分通过了所有课程，并立即写信给韦尔奇。韦尔奇回复，她可以在次年10月"无条件免试"进入约翰斯·霍普金斯大学医学院。里德的母亲和其他亲戚对她的职业选择感到震惊。大概是因为医学那时仍是一种低贱的职业，经常需要与社会上最贫穷的人打交道。她的老阿姨们拒绝承认里德上了医学院，当熟人问起她时，她们坚持说她"去南方过冬了"。

约翰斯·霍普金斯大学医学院：直面性别歧视和偏见

里德以1900届学生的身份进入约翰斯·霍普金斯大学（图8.1）。她永远记得在巴尔的摩的第一天。正如里德后来在她的回忆录中讲述的那样，她刚

图8.1　进入约翰斯·霍普金斯大学医学院前一年的里德照片（1895年左右）

下了开往约翰斯·霍普金斯医院的马车，就注意到一个穿着晨礼服、头戴丝绸大礼帽的陌生人似乎在跟着她快步走向医院。陌生人突然问道：

“你要就读这所医学院吗？”

里德受到了惊吓，但仍极力保持镇定。后来她回忆当时自己“勉强喘了口气”，说上医学院确实是她的打算。

神秘人大步走过她身边时，说出了这句直率而不受欢迎的建议：“不要，回家去吧。”

里德没有被吓倒，这是我们和医学界的幸运。第二天，她向一组高级教员出示了自己的证书。院长韦尔奇主持面试，令她惊讶的是，她认出了其中一名小组成员，就是前一天让她回家的人。离开面试房间后，她问一个在外面等着的人："坐在韦尔奇博士左边的那位先生是谁？"他回答说："噢，那是伟大的奥斯勒医生。"即使是在约翰斯·霍普金斯这样一个进步的机构，维多利亚时代的女性在选择从事医学事业时所面临的阻碍仍然令人生畏，里德在街上与奥斯勒不寻常的邂逅，是这些阻碍的一个缩影（里德后来与奥斯勒建立了良好的关系，奥斯勒后来成为她在约翰斯·霍普金斯大学的导师和最坚定的支持者之一。尽管如此，这段插曲也揭示了即使是像奥斯勒这样有远见的医生，对19世纪晚期医学界中女性的前景也持保留态度）。这也充分说明了里德的勇气、镇定和决心。在长达50年的医学生涯中，她常常需要以此去对抗这个充斥着对女性的歧视的时代。

里德接受了挑战，她和我们前面提到的佛罗伦萨·萨宾，均以优异的成绩毕业。一路走来，她们和其他的女同学一起，遭遇了许多学术和社会上的阻碍，以及公然的性别歧视。在约翰斯·霍普金斯大学的新课程模式下，医学院学生最初两年都埋头于基础科学中：第一年是解剖学和生理学，第二年是病理学、细菌学和药理学。第三年开始临床工作。里德抱怨说，解剖学是"最无聊的"，每个学生都分到"一盒骨头"。直到第二年，里德才对医学产生了浓厚的兴趣。除了病理组织学课程中使用显微镜来了解疾病背后的细胞水平变化，里德还参加了韦尔奇每周的讲座。里德对他赞不绝口，写道："他对资料的清晰、简明和卓越的综合分析，使最复杂、最困难的问题变得简单起来。然而，他总是指出，还有多少东西需要厘清，我们对看似简单的现象的认知是多么不完整。"里德在约翰斯·霍普金斯大学的前两年学业虽然充满挑战和压力，但成绩优异。

里德独自住在康威小姐公寓的单间里，她性格外向，在学校广受欢迎，却感到很孤单。第二年，这个问题得到了缓解，她和另外三位女士搬进了一套租来的公寓，其中一位是史密斯学院的闺蜜。至于男性朋友，里德到巴尔的摩后不久就发现，她在哥伦布市儿时的朋友查尔斯·门登霍尔正在约翰斯·霍普金斯大学学习物理学。在和闺蜜搬进新家后，里德开始陪他在周日下午散步。虽然查尔斯后来声称他很快就被她迷住了，但里德显然认为他们的关系只是愉快的友谊。

作为约翰斯·霍普金斯大学为数不多的女性之一，比起被孤立，里德更难以忍受来自她的男同学以及一些资深医生的性别歧视。有一个臭名昭著的事件，里德不能原谅也无法忘记。她和她的室友决定参加一个医院组织的医学会议，她们是在场仅有的几位女性。演讲者是一名耳鼻喉科教授，他正准备发表一篇名为《鼻与男性性器官的生理病理关系》的文章。里德描述说："从一开始，他就把我所听过、读过或想象过的最肮脏的故事扯进来，不能用英语表达时，他就从通常不对公众开放的资料中引用拉丁语。"不幸的是，里德的拉丁文水平使她完全能理解拉丁文中那些粗陋的短语。里德和她的室友坐在前排，她知道她不能也不会逃跑。数十年后，她回忆道："我们就坐在演讲者和主席的对面，麦肯齐博士（讲者）那涨红的、兽性的脸，发表下流观点时的狡黠乐趣以及我足以想象的他在两位年轻女性面前发表肮脏言论时的额外快感都是显而易见的。"会议结束后，里德回想着那一张淫笑着的通红的大脸，同她的室友离开了。里德考虑过放弃约翰斯·霍普金斯大学和医学院，但她很快就意识到，这个决定不会改变她所经历的男性丑陋、侮辱性的态度。她决心要"强大到足以超越这些污秽不堪的人"（图8.2）。

粗俗和不尊重女性是一回事，但剥夺她们通过优异表现赢得的职业机会是另一回事。当约翰斯·霍普金斯医院院长亨利·赫德试图剥夺她和佛罗伦萨·萨宾梦寐以求的在医学院跟随奥斯勒实习的机会时，里德与之激烈抗争，最终她们在毕业时以优异的成绩赢得了实习机会。里德在回忆录中写道："获得医院（实习）机会的过程显然给我带来很多糟糕的体验。"但她知道自己得到了奥斯勒医生和韦尔奇医生的支持，于是她"满怀希望"地离开巴尔的摩与家人共度夏天。里德在8月回来时，发现佛罗伦萨·萨宾很苦恼。当时萨宾被叫到院长办公室，院长赫德告诉她，由于两名女性被任命为实习生，因此其中一名必须在黑人病区（当时被称为"黑人病房"或"有色人种病房"）治疗男性病人。赫德毫不犹豫地告诉萨宾："但由一位女性来管理黑人病房是闻所未闻的，这将以灾难告终，这不可以，他也无法容忍。"显然，他进一步提出建议并说服了沉默寡言的萨宾，使她答应学习一年解剖学，而放弃临床实习。里德不愿意牺牲她们不辞劳苦地工作才争取来的机会，于是去找校长谈判。在那个到处充斥着性别歧视和种族主义的时代，赫德指责里德有"不正常的性兴趣"，并暗示"如果任何女人想去管理男性病房，那都是为了满足自己的性好奇"。至于"黑人"，赫德继续说："只有男实习生才能防止他们和有色人种护工侮辱护士和女医学生——甚至阻止更糟糕的情况的发生。"他直

图8.2　里德在约翰斯·霍普金斯照片

注：她的力量从她的姿势和表情中可见一斑。

截了当地试探她可能不得不做的"关于直肠和生殖器检查、导尿术和其他不愉快的"工作。最后，里德的愤怒因赫德明目张胆的性别歧视而爆发。里德无视他的含沙射影，她回答说："奥斯勒教授给了我这个职务，说我和萨宾医生会分管白人和有色人种的病区，他显然认为我们俩都有能力管理这些病房，使他满意。在他回来之前，先生，我将是有色人种病区的实习医生，我将尽我最大的努力。如果到10月我发现我不能胜任，我将向奥斯勒教授提交辞呈。"她起身离开了院长办公室，离开之前，里德将自己的气愤毫不掩饰地告诉赫德，她（萨宾）决定从医是一个艰难的决定，她也的确曾遇到一些预先被警告过的"不愉快"，但她"等了4年才受到不公平的对待，而我（自己）受到的第一次侮辱竟然是来自约翰斯·霍普金斯医院的院长"。

作为一名黑人男性病房的实习生，里德的直言不讳回击了院长对她胜任能力的质疑。她知道她最好能言出必行。里德每周工作7天，从早上6点第一批护士来之前开始，直到午夜之后住院医生们巡诊为止。“赫德医生曾说过，女人是不负责任的，不要相信她们能善始善终，正是这句话让我坚守在岗位上。”作为主管医生，她要担心的不仅仅是医疗。有一次，她用一副拐杖加入战斗，驱散了病人之间爆发的血腥混战，她大喊“回到你们自己的病房去”(图8.3)。那时的病人有一种习惯，他们喜欢把自己中意的武器，通常是剃刀，偷偷带进医院，当时至少有6把血淋淋的剃刀躺在地上。里德手握拐杖，走到电话旁呼救。当秩序最终恢复后，那天剩下的时间她都在缝合伤口。因为骚乱，大多数受伤者病情严重且不能出院。

里德有时候需要表现得强硬且冷酷，但她仍然赢得了黑人病人的信任和喜爱。有一次，里德被叫到手术室，她以前的一位病人躺在那里流着血。他迫切需要手术，但除非他最信任的那个“小白人女医生”赞成手术，否则他

图8.3　里德和护士们合影

注：他们在医院的八角形建筑里，里德在后排最左侧。

不会同意。手术快结束的时候，里德来看他，他把装满钞票的钱包塞给了她，说“他想把钱给她”。当然，里德拒绝了。里德在黑人男性病房工作了6个月后，起初被赫德威吓无法胜任此项工作的佛罗伦萨·萨宾要求交换岗位。于是，里德去照看白人女性病房，她又一次为其他女性树立了榜样。

另一个关于黑人病房的故事揭示了里德严苛的标准以及她与奥斯勒的关系。尽管内科主任威廉·奥斯勒最初警告里德“回家去”，但他对里德的能力印象深刻，并成为她的坚定支持者。里德与赫德愤怒争吵时，他不在约翰斯·霍普金斯医院，但当他回来时，里德已经把黑人男性病房管理得很好了。奥斯勒称赞她的工作，她为奥斯勒的认可感到自豪。作为他的实习生，里德会陪他查房，甚至会提前更新奥斯勒在床边查阅的病情记录。在一个值得纪念的星期六，奥斯勒请里德汇报她在“黑人病房”的工作。里德回答说，有6人死于肺炎，这引起了聚集在奥斯勒周围的学员们的嘲笑。对自己和其他人都要求很高的里德为此感到羞愧，但奥斯勒很快就帮她解了围，他提出里德的许多病人都有其他严重的基础疾病，在这种情况下，她仍然出色地完成着工作（图8.4）。

图8.4　约翰斯·霍普金斯医院的实习医生和住院医生合影（1901年）

注：里德坐在第二排靠近中间的位置，她是唯一的女性。

永生难忘的爱情

1901年元旦那天，里德在医院圆形大厅举行的员工欢迎会上遇到了一位年轻英俊的医生，他刚结束按照惯例一两年的外派进修从德国回来。他们谈到了德国，由于里德在那儿和冈宁小姐一起度过了一段时间，所以对德国很熟悉。聚会结束后，他们继续在阅览室里交谈。里德从未透露这位约翰斯·霍普金斯医院医生的身份，她称他为“A. J.”，这显然不是他真名的首字母。我们从她的信中得知，A. J.虽然年轻，但他的研究成果却令人钦佩。然而，里德对他们关系早期阶段的描述显示了她对A. J.有严重的疑虑。她觉得他任性、傲慢，而且经常以自我为中心。这些疑虑最终不仅影响了里德对婚姻的决定，也影响了她在约翰斯·霍普金斯大学的未来。

病理学的开创性工作

在本章的前面，我们描述了威廉·韦尔奇如何在里德完成了她对霍奇金淋巴瘤的开创性研究后，粉碎了她获得教职的希望。我们之所以从这一情节开始，是因为它使里德和其他女性在医疗行业面临的障碍具象化。但是，里德所面临的偏见和歧视反而为她的成就增添了意义。在当时的科学医学背景下，更详细地重新审视她的工作，有助于我们以更全面的视角审视其独创性。

1901年春天，里德即将结束实习，韦尔奇似乎对她的表现印象深刻，也认识到她非凡的智慧和职业素养，于是向她提供了一份大学病理学研究员的职位。韦尔奇的实验室是当时全国最先进的。他和他的同事采用了在德国广泛使用的技术，包括在显微镜下观察尸体解剖中收集的组织以及进行动物实验。此外，正如关于韦尔奇的那一章所指出的，在他的实验室里，男性和女性都“受到欢迎”“分享最令人兴奋的医学友谊”。她一丝不苟的研究方案将巩固她在医学史上的地位。

霍奇金淋巴瘤以淋巴结和脾大为特征，于1832年由伦敦盖伊医院病理解剖学讲师托马斯·霍奇金首次描述。在当时，尸检是研究疾病的主要工具，霍奇金病的发现完全基于他对“大体”的肉眼观察。直到在本章开头提到的奥地利病理学家卡尔·斯滕伯格，在1898年发表了一篇关于该病病因学的论文，人们对这种疾病及其病因的了解才有所进展。基于对霍奇金淋巴瘤患者组织的显微镜观察，以及他们中许多人表现出活动性肺结核的症状，斯滕伯格作出了霍奇金淋巴瘤是肺结核的特殊变种的这一错误推断。

28岁的里德接受了多年的医学训练，她很高兴终于有自己的科学问题可以研究了。里德对斯滕伯格的假说持怀疑态度。她从多个角度研究了这种疾病。首先，她去检验了斯滕伯格关于结核病导致霍奇金淋巴瘤的假设。如我们所指出的，被里德注射了霍奇金淋巴瘤患者的淋巴结碎片的动物，没有一只患上肺结核。相反，里德观察到，当将灭活结核（“结核菌素”）注射到霍奇金淋巴瘤患者的皮肤时，他们往往根本没有反应。由于结核病在当时很常见，一些病人应该会有强烈的反应。里德的发现首次证明霍奇金病患者存在“免疫功能不全”。

当时，显微镜在研究中的应用还处于起步阶段，但韦尔奇给了里德一台“装有可校正新型复合透镜的”显微镜，它纠正了早期透镜的缺陷。里德欣然接受并迅速成为这项新技术的专家。她用她的新显微镜仔细而系统地研究了霍奇金淋巴瘤患者的组织。她在显微镜下的发现成为她后来得出的关于这种疾病基本性质结论的核心。

里德的论文总结了她的研究结果，《关于霍奇金病的病理变化，特别是与结核病的关系》，发表在1902年版的《约翰斯·霍普金斯医院报告》上。她明确地得出结论，结核病在霍奇金淋巴瘤中没有直接作用，相反，霍奇金淋巴瘤患者的免疫系统较弱。

接着，里德介绍了她的显微镜检查结果，并得出结论，这种增殖在细胞水平上具有一个诊断性的表现。她的论文指出:“这些标本中最显著的特征是巨大的细胞……大小是红细胞的两三倍到二十倍不等……细胞核总是很大……它可以是一个，也可以是多个。这些巨大的细胞……是这种增殖所特有的，对诊断有很大帮助。”（彩图12和图8.5）一个多世纪以来，这种在霍奇金淋巴瘤患者身上的标志物被命名为里德-斯滕伯格细胞。在一年的研究中，里德利用一项新技术驳斥了关于霍奇金淋巴瘤病因学的错误假设，并成功地描述了其特征。尽管如此，因为她是一名女性，她认为自己理应得到的教员职位却与她无缘。

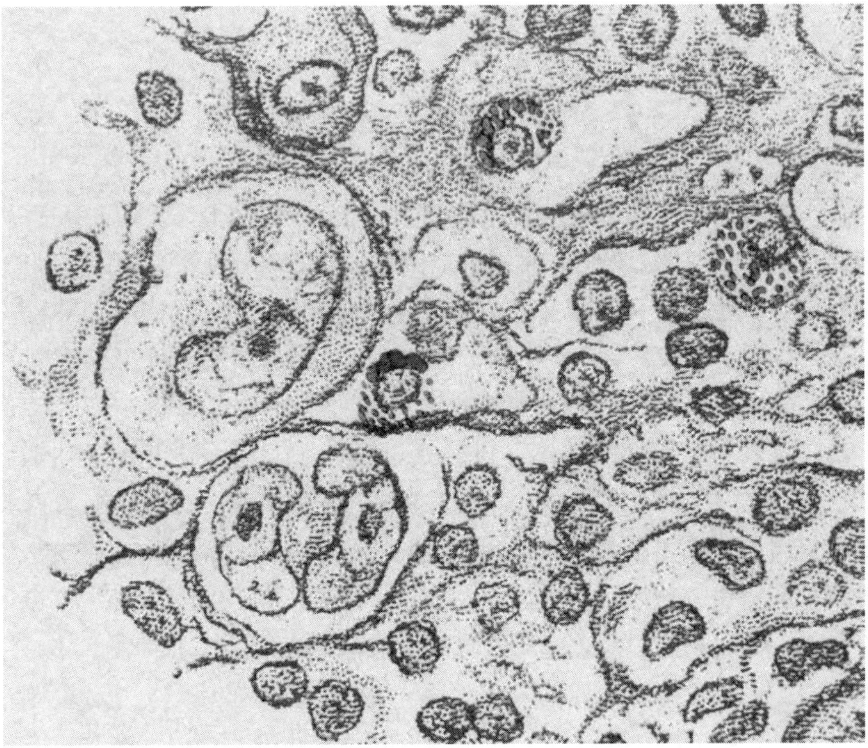

图8.5　霍奇金病插图之一的特写绘图——里德

注：图中位于左下角的大个细胞，现在被称为里德-斯滕伯格细胞，是这种疾病的特征。注意细胞里的两个巨大的豆状细胞核，彼此相对——摘自D. 里德《关于霍奇金病的病理变化，特别是与结核病的关系》，来自《约翰斯·霍普金斯医院报告》。

韦尔奇拒绝让里德担任教职，很可能还有另外一个原因。这时，韦尔奇已经知道里德和A. J.有了暧昧关系，而A. J.很可能是威廉·G. 麦卡勒姆。他是病理科的后起之秀，韦尔奇可能不想处理因为这样一段“办公室恋情”会给他的部门带来的复杂问题。

讽刺的是，有人认为里德与A. J.的恋情最终促成了她的开创性研究被认可。1916年，麦卡勒姆撰写了权威的《病理学教科书》。在霍奇金淋巴瘤的部分，麦卡勒姆用诸如“里德医生指出”和“里德医生描述”等短语反复赞扬里德的发现。里德的主要传记作者写道：“她把自己的心给了他，作为回报，他给了她国际声誉。”这样的诠释应当谨慎，因为有人可能会争辩说，它符合普遍的情节，即女人的成功只是因为她们与男人的关系。当然，里德关于霍奇金淋巴瘤的64页单一作者的论文也配得上这样的赞扬。

一个新的开始：婚姻和儿科

在韦尔奇的帮助下，里德在纽约市新成立的儿童医院获得了一份医生的工作。她从事病理学工作的梦想永远地破灭了。但带着她特有的务实和勇气，里德写道：“5月30日，我离开巴尔的摩的那一天，是我人生的最低点……在那一天，我放弃了我最想要的一切，开始为自己创造新的生活。”在某种程度上，这种务实是因为她需要继续赡养经济状况仍然不稳定的母亲。

由于她在儿童医院的工作直到1903年1月1日才开始，里德在纽约妇女儿童医院找到了一个临时职位。里德富有同情心和爱心，但也对自己和他人要求很高。就像在巴尔的摩遇到的情况，她治疗过这个城市里最贫穷、病情最严重的居民，这段经历让她在“同情（病人）可怜的处境——不论他们值得与否——和对他们意志薄弱或思想贫瘠的愤怒之间左右为难，正是这种意志薄弱或思想贫瘠让他们陷入了这种境地，而且似乎注定会把他们困在那里”。这所医院由美国第一位获得医学学位的女性伊丽莎白·布莱克威尔创建，员工全部是女性。在纽约妇女儿童医院工作了6个月后，里德到儿童医院入职。

1903年元旦，里德来到儿童医院，她忽然得知，这里的主治医生L. 艾美特·霍尔特医生，当时被认为是美国最优秀的儿科医生，正在佛罗里达度假。他留下她独自一人负责医院里所有的患儿，没有任何指示。里德很快发现，霍尔特没有为病人做医疗记录，最多只是在患儿的体温表背面随手记些笔记。里德通过仔细检查和关注患儿的病房分组，有条不紊地推断出他们的诊断。

当霍尔特回到医院时，里德遇到的是一个身材矮小、衣冠楚楚、眼神锐利、举止粗鲁的人。描述他时，她说：“他一点也不和蔼可亲。”还有一次，里德形容霍尔特“唯利是图，是个剽窃者（他显然把他的一个护士的课堂笔记当作自己的作品出版了），性格不讨人喜欢”。里德和霍尔特都是意志坚定的人，他们最终建立了一种相互尊重、卓有成效的关系，但却没有她在奥斯勒身边时那种温暖、学院式的感受。然而，里德确实从霍尔特那里学到了很多东西，这对她的儿科事业大有帮助。他主要对传染病学和营养学问题感兴趣，这些问题是20世纪早期儿科学的支柱。1894年，霍尔特撰写了《儿童照护与喂养：母亲和儿科护士使用的教义问答》（*The Care and Feeding of Children: A Catechism for the Use of Mothers and Children's Nurses*），这本书成了畅销书。这部书先后出版了7个版本，并于1946年被评为美国最具影响力的一百部书籍之一。这部书的内容涵盖了婴儿的前两年，关于营养的一节以歌谣的形式给出了如下建议：

什么是最好的婴儿食品？
母乳。
婴儿食品必须含有什么？
和母乳一样的东西。
哪些症状表明正在被哺乳的孩子营养不足？
他不长胖，经常哭闹，睡眠不规律……

里德后来在她关于儿童健康的著作中回应了其中的一些观点。里德在儿童医院度过了将近4年的时间，这是一家繁忙的机构，每年有近一千名患儿入院。霍尔特有赖她提供包含临床、外科和病理的全面服务。

在纽约的那几年里，里德正处于一个人生十字路口——或者更准确地说，是一系列的十字路口。她选择儿科，更多是出于需要。尽管她的爱好是研究，尤其是病理学研究，她也一直在这个领域工作，但作为一名女性，她担任学术任职的道路屡屡受阻。此外，她还面临着家庭和经济带来的压力。里德和姐姐伊丽莎白再次见面是1903年，之后姐姐死于两人小时候感染的慢性肺结核。直到现在，里德才知道，她姐姐的丈夫——里德一向不喜欢的那个男人，挥霍了他们的钱，并毁了他所继承的生意。他们有3个年幼的孩子，里德那挥霍无度、轻浮的母亲格蕾丝也没有能力抚养他们，于是，尽管里德未婚，职业生涯也刚刚起步，但里德觉得有必要承担起照顾这些孩子们的责任。正如道森在里德的传记中记载的那样，她后来甚至为她的外甥女，也叫多萝西，支付了史密斯学院的学费。

1906年的情人节，多萝西·里德在祖先世代居住的纽约塔尔科特维尔的家中嫁给了长期追求她的查尔斯·埃尔伍德·门登霍尔。她选择这个日子是因为2月14日是她父亲的生日。门登霍尔当时是威斯康星大学的物理学教授，有充分的证据表明，尽管门登霍尔有“克制、压抑的性格”，他的家庭经历过逆境和挑战，与里德的家庭有着截然不同的处事方式，但他们仍保持着爱人关系和稳定的家庭生活。一直以来，双方家庭都不赞成这门婚事，尽管母亲格蕾丝曾极力反对里德接受医学教育，但现在又为女儿决定为了查尔斯这样没有财富、没有地位、没有长相的男人而放弃前途无量的事业而感到遗憾。门登霍尔的父母也对里德的成就视而不见，正如里德所描述的那样："他们（门登霍尔父母）从来没有提及我是一名医生，甚至没有与我或向其他人介绍或谈论我的职业。"

早年在麦迪逊：心痛和来之不易的教训

在儿童医院工作了将近4年之后，里德辞职了，准备和查尔斯结婚，开始新的生活。她在意大利度蜜月时怀孕了。接下来的几个月里，他们忙着在麦迪逊建立新家庭，准备迎接第一个孩子的到来。习惯了职业女性生活的里德发现，向家庭主妇的转变充满挑战。但考虑到她很快即将面临的悲剧，她能否在婚后最初几年继续工作令人怀疑。

1907年，里德第一次分娩时，她被那位据说麦迪逊最好的产科医生的操作吓坏了，那位医生没有认真洗手，就试图在她的子宫里翻转婴儿（一种被称为"内翻转"的手法）。最后在用产钳使婴儿以臀位娩出的过程中，导致里德的会阴被严重撕裂。而且生后不久，女婴便死于脑出血。里德只把美丽的、头发乌黑的小玛格丽特抱在膝上片刻，却为她的逝去哀悼了许多年。

孩子死后，里德变得抑郁，用她自己的话说，变得"难以忍受"，责怪自己选择了一个不称职的产科医生。查尔斯·门登霍尔虽然在和里德恋爱时给她写过热情洋溢的情书，但却是一个沉默寡言、专注内敛的人，他发现自己很难向里德提供她所需要的情感支持。尽管如此，1909年，经过一段时间的婚姻修复，里德生下了理查德，一个漂亮、温柔的男孩。但悲剧再次降临，在男孩两岁的时候，活泼好动的孩子从窗户上掉了下来，死于颅骨骨折。由于多萝西和查尔斯不希望理查德作为独生子长大，于是，在生下理查德后不久，她再次怀孕了。托马斯·门登霍尔出生于1910年。他后来成为史密斯学院的校长，今天这所学院的萨宾－里德大楼，就是以多萝西·里德与她在史密斯学院和约翰斯·霍普金斯大学医学院的同学兼同事佛罗伦萨·萨宾的名字命名的科学大楼。

带着使命重返医学事业

门登霍尔家的第4个孩子约翰出生于1913年（图8.6）。里德目睹了她的两个孩子死去。她还经历了其他痛苦和挫折，包括失去母亲、承担照顾已故姐姐孩子的额外责任，以及在做一个面部祛痣的小手术时，因为被粗心的护士意外注射了石炭酸而住进了医院。手术失败后的几个星期里，她“面部麻痹，皮肤脱落，口水从脸颊上滴下来”。尽管看似有无尽的艰辛，但里德逐渐重拾了精神平衡和继续事业的愿望。在逆境中艰苦奋斗是里德性格中根深蒂固的一部分，即使困境暂时压倒了她。

她的第一个机会来了，威斯康星大学家庭经济系主任艾比·马拉特邀请里德在麦迪逊周边偏远的县做一系列关于儿童健康的讲座。她首场关于营养的讲座对于她的农妇听众来说过于学术化了。这些农村妇女通常要面对贫困，并进行繁重的体力劳动，有时还要面对有虐待倾向和酗酒的丈夫，考虑到传授对这些农村妇女最有用的信息和建议，她很快调整了自己的风格。这些妇女通常给婴儿哺乳，而除了缺乏培训的助产士，没有其他人能够帮助她们接生。里德对她们感同身受，但她重返医学界的真正动机是个人原因。“1907年，我的第一个孩子玛格丽特因产科学问题不幸去世，这是我对女性的主要功能——生育和抚养孩子，产生兴趣的主要因素。我的大部分作品都来自我的痛苦和悲伤。”1915年，里德成为威斯康星州第一家婴儿福利诊所的医疗主任。一年后，她被任命为家庭经济学系儿童发展课程讲师，尽管她从未被邀请加入医学院成为教职员工，但她为学生开设的性卫生课程成了此类课程的先驱之一。

第一次世界大战期间，查尔斯·门登霍尔被召到华盛顿特区为军队工作。里德跟随他，并在美国儿童局找到一份工作。即使后来战争结束后，回到麦迪逊，她作为儿童局医务官员的工作仍在继续。里德撰写或与他人合作撰写了几本重要的小册子，包括《牛奶：儿童不可或缺的食物》和《如何喂养儿童》。几乎可以肯定的是，这两部作品都受到了十多年前她在儿童医院跟随霍尔特所接受的培训的影响。

里德为儿童局撰写的最著名的作品是1929年首次出版的《丹麦的助产

图8.6　查尔斯和多萝西·里德·门登霍尔夫妇与他们的孩子约翰（左）和托马斯（右）合影（约1918年）

士》。在这里，她再次受到生产第一个孩子的悲惨经历的激励。她将丹麦的婴儿和产妇的死亡率与美国的进行比较，得出的结论是：由于不必要的医疗程序，美国的死亡率更高。里德建议："在美国农村地区，医生不能及时赶到产妇身边的情况很常见，因此训练有素的助产士可以发挥重要作用。"里德应邀在美国国会委员会就她的研究作出说明，并成为自然分娩和丹麦模式的强烈倡导者。

里德在威斯康星州及全国范围内为母亲和她们的婴儿传播安全可靠的医疗保健福音。到1934年，麦迪逊成为美国同等规模城市中婴儿死亡率最低的城市，这很大程度上反映了里德带来的影响。同年，查尔斯·门登霍尔罹患胰腺癌，于是里德在60岁时放弃了自己的医疗事业来照顾丈夫，一直到1935年丈夫去世。

生命的目标和意义

在第一章中，我们看到，为了确保女性能够与男性一样平等地进入医学院，玛丽·伊丽莎白·加勒特与吉尔曼校长和约翰斯·霍普金斯大学的董事们进行了长期而艰苦的斗争。较少被广泛讨论的是她遗嘱中的第11条指出：如果约翰斯·霍普金斯大学为女性教师提供平等的机会，她的大部分财产将捐给医学院。多萝西·里德·门登霍尔是加勒特所倡导的女性科学医学家的典型代表，但后者遗嘱中的条款却从未被执行过。加勒特先于她的密友、唯一继承人凯里·托马斯去世，而加勒特的遗产按照托马斯的意愿处置。托马斯生活奢靡，加勒特的钱在被用作确保约翰斯·霍普金斯大学女教师平等权利的战略工具之前就被挥霍一空。

当我们回顾多萝西·里德·门登霍尔的一生时，很容易把注意力集中在"本来可能"和"本来可以"上，因为她遭遇了太多的歧视和逆境。虽然我们需要承认她所面临的障碍是无可争辩的现实，但更重要的是要强调她非凡的内在品质，正是这种品质使她比大多数享有更有利条件的男性取得了更大的成就（图8.7）。

里德非常聪明，她在约翰斯·霍普金斯大学的学习成绩和她对霍奇金淋巴瘤的开创性研究充分证明了这一点。她很勇敢，只有那种罕见的、能超越

图8.7 多萝西・里德半身像——乔伊・布巴（1966—1967）
注：半身像陈列于史密斯学院的萨宾-里德大楼。

重重障碍看到未来的能力，才能称得上勇敢。在经历了失去一个刚出生的女儿和一个两岁大的儿子的痛苦之后，里德克服了严重的抑郁症，重新开始了自己的事业，把科学融入母亲和儿童的医疗保健的工作中。当然，里德拥有而且必须拥有非凡的意志力，否则她怎么能顶住家人让她放弃高等教育和事业的无情压力呢？她怎么能在作为年轻医生的繁重工作之余承担起照顾姐姐孩子的责任呢？正如我们所看到的，她的一生充满了值得我们学习的目标和意义。

（庞璐璐　齐建光　译）

九、海伦·陶西格

儿科心脏病学创始人

在多萝西·里德·门登霍尔入学28年后，海伦·陶西格于1924年进入约翰斯·霍普金斯大学医学院。然而，陶西格面临着与里德在25年前所遇到的相同的障碍。陶西格毕业于加州大学伯克利分校，获得美国大学优等毕业生荣誉，也是哈佛大学著名经济学家的女儿。当她到达约翰斯·霍普金斯大学时，她已经完成了关于心肌细胞收缩的生理学的原创性研究。尽管有这些教育和成就上的优势，陶西格仍面临着健康方面的障碍（她小时候患有阅读障碍，后来又患上老年性耳聋），以及同事们的性别歧视。作为一个高标准的问题解决者，她克服这些障碍的方法是紧盯自己的目标，并认识到实现这些目标就意味着她需要做得比她的男同事更好。她在面对挑战时有坚定的决心，这种决心可能是在她艰难的童年时期培养出来的，也可以说是钢铁般的意志。

公众对这位被公认为儿科心脏病学创始人的女性的看法存在分歧，这不足为奇。事实上，所有认识陶西格的人都同意她对年幼病人，主要是婴儿和幼儿，具有特殊的奉献精神，仅仅凭借指尖，她就能感受到他们异常的心跳。许多与陶西格共事的人都称赞她的热情和慷慨，尤其是对她的学生，而其他同事则觉得她冷漠且过分理智。在序言中，我们注意到威廉·奥斯勒关于传记风险的警告，我们可能永远无法完全理解陶西格，尽管如此，她的自我反思也发人深省。在她职业生涯的最后时刻，陶西格被选入美国国家科学院。当回忆站在手术台旁观看外科医生阿尔弗雷德·布莱洛克第一次完成具有开创性的“蓝婴手术”的感受时，陶西格简单地写道：“这个想法是我的。它是在我仔细观察发绀婴儿的过程中产生的。”

她对先天性心脏病婴儿治疗的转折点所作的清晰、实事求是的陈述无可争议，这也代表了她的坦率。在这一章中，我们的目的是展现陶西格在卓越的职业生涯中所获得的关键成就，并阐明其人生故事。这个故事体现这位具有远见的医生的内涵，使她在一个由男人主宰的世界中取得如此多的成就。

儿科心脏病学之路

截至1951年，数百名患有先天性心脏病的儿童在约翰斯·霍普金斯大学接受了布莱洛克·陶西格手术。尽管为病情危重且年幼的病人实施精细和风险极高的手术是一项艰巨的挑战，但死亡率只有10%。这些患儿的典型表现是皮肤青紫（称为发绀），手指和脚趾呈杵状，甚至轻微活动后也会出现呼吸困难或昏厥——这些都是血液缺氧的结果，称为低氧血症。1944年底，阿尔弗雷德·布莱洛克在才华横溢的外科技师维维安·托马斯的指导下，成功实施了首例布莱洛克·陶西格手术。随后不久，年幼的病人被源源不断地送到约翰斯·霍普金斯医院接受这一救命手术。手术通过建立一条新的从心脏到肺部的血液通道，为绝大多数低氧血症儿童（所谓“蓝婴”）提供了新生。陶西格为年幼病人大胆研究的这一手术方法，其道路是漫长且艰辛的。

1927年，海伦·陶西格从约翰斯·霍普金斯大学医学院毕业时，遇到了导致多萝西·里德离开约翰斯·霍普金斯大学医学院的同样的障碍。陶西格试图申请梦寐以求的临床实习机会——里德向医院院长亨利·赫德曾激烈争取过的位置，然而，陶西格也同样被拒绝了。另一位女毕业生凭借成绩上的微弱优势已经被此岗位录取，而医院仍然只允许一名女性实习生从事医疗服务。后来，陶西格接受了一项研究资助，并在接下来的一年时间里在E. P. 卡特医生成人心脏诊所开展心脏生理学的研究。在这短暂的时期内，她发表了2篇原创论文。

在完成进阶培训后，陶西格受到约翰斯·霍普金斯大学新任儿科主任爱德华·帕克的邀请，并成为哈里特·莱恩之家的儿科实习医生，这是美国第一家隶属于医学院的儿科诊所。当时刚刚从耶鲁大学来到约翰斯·霍普金斯大学的帕克是一位思想进步的临床领导者，他坚持在哈里特·莱恩使用X线和心电图技术，还购买了荧光镜，这是可以在荧光屏上投影病人心脏跳动的基本影像的一项新技术。对于女性在医学上的作为，帕克的看法也比其他许多资深同事更为开明。他更愿意任命女性去领导哈里特·莱恩之家的临床工作，并指出男性容易对儿童缺乏耐心，并且会因为另谋高就而放弃他们。1930年，帕克任命这位能力非凡、颇具研究头脑的陶西格领导哈里特·莱恩之家的心脏病科。当时她年仅32岁，她在这个职位上任职了30多年，直到1963年退休。

读嘴唇，用指尖“倾听”

陶西格很快发现自己是在负责一个十分忙碌的心脏病医疗服务机构，里面大部分都是患有风湿热的孩子。在抗生素广泛使用之前，喉部链球菌感染可能会迅速导致心脏损伤，在许多情况下会为病人带来永久性心肌和心脏瓣膜瘢痕。陶西格对她的年轻病人仔细地进行临床检查，包括测量双臂血压（因为心脏病例可能会有所不同），以及使用X线检查、心电图和荧光透视检查（这一诊断技术依赖于患者吞吞服一种混入钡剂的浓稠且味道难闻的布丁）。正如奥斯勒几十年前所做的那样，陶西格将她的临床观察结果与尸检解剖学和病理学联系起来。

帕克坚持让陶西格也了解先天性心脏病。尽管她一开始很抗拒，担心自己会被困在一个狭隘的、没有出路的专业里，但随着时间的推移，她对此专业的兴趣与日俱增。正如她后来所写的：“对我来说，世界上最幸运的事情是青霉素的出现。”青霉素可用来治疗风湿性心脏病，在此之前，这个疾病耗费了她太多的时间。尽管他们的情况看起来毫无希望，但陶西格还是会经常给她那些患有先天性心脏病的小病人吃苦味钡剂布丁，并自己操作荧光镜进行检查。这些荧光镜的检查使她能够“通过心脏大小的变化来诊断常见的青紫型先天性心脏病”，她诊断的能力不断增强，这逐渐引起了她对先天性心脏病领域的兴趣（图9.1）。陶西格对自己的病人倾注了极大的心血，她把这些患有复杂心脏病的孩子称为“哈里特·莱恩的填字游戏”。可悲的是，许多令她和同事们费解的心脏畸形只有在尸检时才能被彻底识别。陶西格在此领域的工作伊始，心脏病学尚未形成一种专业，成年人的心脏手术都被认为存在极

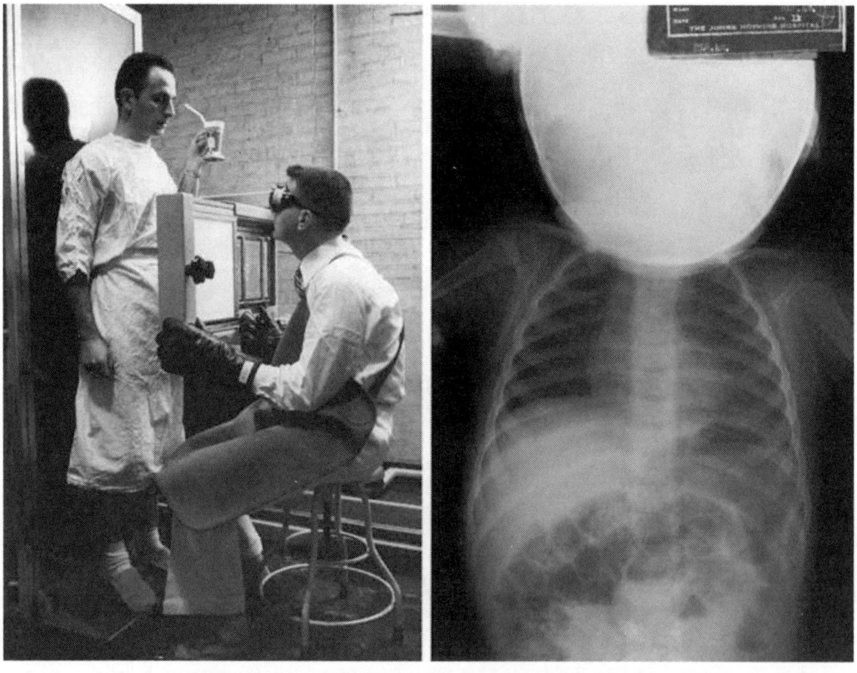

图9.1　一名男子和一个婴儿接受检查的照片

注：一名男子（左）站立接受荧光透视检查（1956年）。一例法洛四联症婴儿胸部X线片（右），这一疾病导致了“蓝婴症”。陶西格使用这两种技术诊断儿童先天性心脏病。

大风险，更别说儿童的了。她所能做的就是作出诊断，却只能经常眼睁睁地看着一个个孩子死去。

陶西格在哈里特·莱恩之家从事繁忙的心脏病诊疗工作，并学习诊断复杂的心脏异常情况，她面临的挑战因其每况愈下的健康状况而变得更加复杂。她自幼听力受损，是因为她在婴儿时期患了百日咳，当陶西格即将从医学院毕业时，她的听力损害已经非常严重。她周围的声音，以及那些对心脏专家来说最重要的、病人心脏经常出现的细微杂音都变得微弱起来。她开始坐在会议前排，并学习读唇语和使用助听器（在那个时候，她必须将笨重的真空管设备挂在脖子上）。有一段时间，她使用了电子放大器听诊器，但由于音质差，她放弃了这个小玩意，而主要是用于借助它与学生分享病人的心音。值得注意的是，陶西格自学了把手放在病人的胸前，用指尖“听”心音。后来她声称，她的触摸成了一种比任何听诊器都更加灵敏的诊断工具（图9.2）。

毫无疑问，陶西格的耳聋影响了她与其他医生的交流，也可能促成了她冷漠的名声。和她一起工作的同事回忆说，她在谈话中有大喊大叫或低语的倾向；耳聋使她很难听懂会议中的谈话；数字和符号对她尤其具有挑战性，

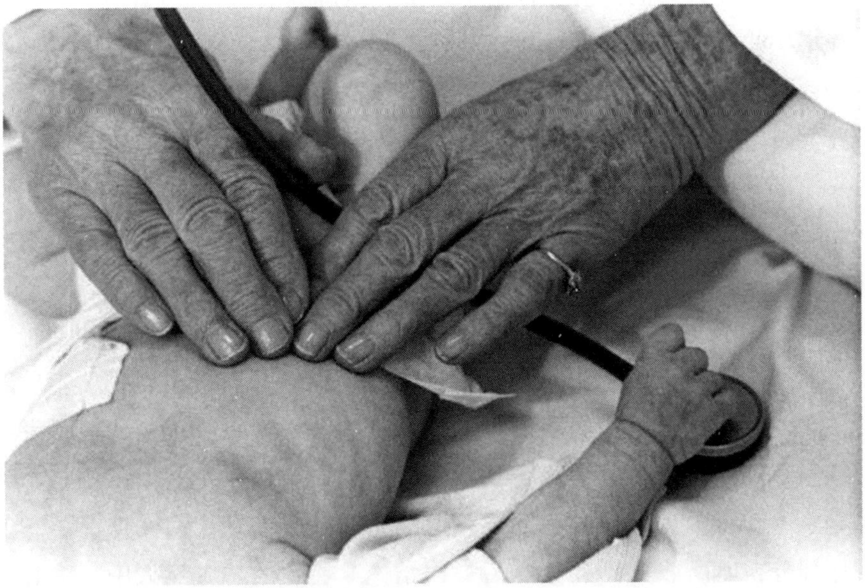

图9.2 陶西格用指尖“听”心音照片——莫顿·托德

注：陶西格几乎聋了，她会用手指而不是听诊器来“倾听”婴儿的心跳。

她有时会请同事们帮她把它们写下来。无论在沟通中遇到什么挑战，陶西格都泰然自若，她相信自己有工作要完成。她能用指尖准确地感知病人的心跳，但却难以让同事理解自己心思，这一直是她要面对的问题。直到她60多岁的时候，陶西格才接受了其他人一直催促她的进行选择性手术的建议来提高听力。

从蓝色到粉红色：想象力的大胆飞跃

尽管陶西格最初反对研究先天性心脏病，但她逐渐对它所带来的复杂问题产生了兴趣，并开始在畸形中寻找规律。特别是，她开始认识到心脏的形状和大小的差异，例如，大动脉转位与室间隔存在异常的病人的心脏形状和大小都存在差异。还有一些儿童患有法洛四联症，这是一种以四种缺陷为特征的先天性心脏异常。众所周知，法洛四联症包括肺动脉（从心脏通往肺的动脉）狭窄、室间隔缺损、主动脉骑跨（从心脏通向全身的主要动脉）以及右心室肥厚。这种缺陷的组合导致流入肺部的血液不足，使婴儿出现低氧血症（换句话说，病人的血液氧含量不足），并且他们的皮肤呈蓝色。这些患者通常在很小的时候就去世了。

陶西格逐渐认识到，发绀的婴儿死于肺部供血不足而非心力衰竭。她后来说：“当我意识到死亡的原因时，我就梦想着能够帮助这些孩子。”随后，她对发绀的婴儿做了敏锐而又非常令人惊讶的观察，这项观察对她的职业生涯和小儿心脏病学课程产生了深远的影响。人类生来就有一条连接主动脉和肺动脉这两条连通心脏并输送血流的主要血管的小血管，即动脉导管。动脉导管在子宫中的功能是改变血液从心脏流出的路线，使血液绕过肺部，因为胎儿是通过胎盘从母体获得氧的。正常情况下，动脉导管在婴儿出生后不久就会关闭，由肺部接管为血液供氧的任务。陶西格注意到，她的一些发绀病人，特别是那些法洛四联症病人，在导管闭合时就会死亡。矛盾的是，那些动脉导管不闭合的人，被称为“导管通畅（或开放）”，他们的寿命更长。陶西格仔细分析她所收集到的数据后得出结论，在她的一些病人中，动脉导管未闭（PDA）允许血液从主动脉流入肺动脉，从而增加了流向肺部的血液。在大多数情况下，致命的心脏缺陷导致法洛四联症婴儿无法获得维持生命的氧气，但PDA以某种方式弥补了这一缺陷。

陶西格的逻辑推理完全是史无前例的。如果可以通过外科手术形成从主动脉到肺动脉的血流通路，以某种方式人工复制PDA的有益氧合作用，那么患有法洛四联症的发绀婴儿就有可能得到救治。尽管还没有外科医生尝试过如此激进的手术，但“蓝婴手术”的概念已经诞生。当时，陶西格所能做的就是继续记录她对发绀儿童的观察，并目睹很多儿童死于PDA的无情关闭。

1939年，情况发生了变化。陶西格读了一篇关于波士顿儿童医院的外科医生罗伯特·格罗斯的文章，他为一名儿童进行了PDA闭合手术，该儿童唯一的心脏异常是动脉导管未闭。她心想：“如果把这个想法颠倒过来——保持血管通畅以增加血流量，帮助发绀病人呢？”陶西格前往波士顿会见了格罗斯，在火车上，她讲述了为什么打开导管能使法洛四联症病人受益的所有原因。但格罗斯拒绝了她，正如她描述的那样：“他（格罗斯）觉得，我让他再次建立通路的建议似乎非常愚蠢。我想他认为这是他很长一段时间以来听到的最疯狂的事情之一。”

拒绝接受“不行”作为回答

由于一位杰出的外科医生断然拒绝考虑为血液进入肺部开辟新途径的手术，许多医生也就此罢手（图9.3）。当然，确有令人信服的理由使大家不将其向前推进。针对儿童的心脏实施手术，甚至对靠近心脏的血管进行手术，都是极其危险的。一些患有先天性心脏病的儿童，尽管他们的精力和生活质量受损，但仍能顺利地存活到成年。为什么要在一个实验中“掷骰子”呢？尽管如此，发绀婴儿因缺氧导致昏迷半小时甚至更长时间的可怕现象，促使陶西格继续寻找手术方法来解决这种心脏异常问题。

1941年，阿尔弗雷德·布莱洛克从范德比尔特来到约翰斯·霍普金斯大学，担任约翰斯·霍普金斯大学的外科主任。他是个热情的人，个子小，戴着眼镜，头发乌黑，是南方贵族的后裔，他母亲的血统可以追溯到南方联盟总统杰斐逊·戴维斯。他看起来不太像外科手术先驱者，更不像会和保守的新英格兰人陶西格合作。但令人难以置信的是，布莱洛克曾在约翰斯·霍普

图9.3 陶西格正面照（1940年）

注：她的决心和勇气是显而易见的。

金斯大学接受过培训，在范德比尔特大学时就治疗休克方面出色地开展了研究工作。这项研究最终拯救了数千名在第二次世界大战期间受伤的士兵。布莱洛克的很多研究都是用狗作为实验对象进行的，在很多情况下，他通过结扎从心脏发出的动脉以诱发临床休克的症状。

布莱洛克从范德比尔特带来了维维安·托马斯，与他长期合作的一位才华横溢的外科技术员。托马斯身材高大、额头高、面容英俊，有抽烟斗的习惯。托马斯和布莱洛克在形象和习惯上形成了鲜明对比。说话慢吞吞的南方白人和出生在路易斯安那州河岸小镇的黑人在约翰斯·霍普金斯大学的社会和学术阶层中占据着各自不同的地位。他们的共同点是致力于消除困难的手术挑战。

早在1942年，布莱洛克就在约翰斯·霍普金斯大学进行了首例动脉导管闭合手术，约翰斯·霍普金斯的医生见证了这台前沿的手术。手术成功后，陶西格利用这个机会拜访了布莱洛克。她告诉他：

> 我对你的手术技术非常敬畏和钦佩，但是当你为一个因肺部血液循环不足而濒临死亡的发绀的孩子建立动脉导管，而不是为一个进入肺部血液过多的孩子结扎动脉导管时，真正伟大的一天将会到来。

布莱洛克对此回应道：

> 当那一天到来时，这看起来就像是小孩子的游戏。

也许从几年前与格罗斯的会面无果中吸取了教训，陶西格小心翼翼地没有再次提出具体的手术解决方案。当布莱洛克邀请她在托马斯实验室见面时，陶西格只是简单提到为法洛四联症孩子做一些事情，就像“水管工更换管路”时发生的那样。

尽管他们的性格非常不同，但陶西格觉得和布莱洛克一起工作很舒服。她准备把她病重的孩子的命运交到他手中。然而，在此之前，必须在以狗为实验对象的实验室里进行无数个小时的研究，所有这些研究都是由托马斯完成的。1942—1944年，托马斯为数百只狗进行了手术。他的任务是首先在动物身上人为制造一种类似“蓝婴”的状况，然后试着通过将锁骨下动脉（或是手臂的动脉）与肺动脉吻合（或端侧连接）来纠正这种情况。用托马斯的话来说，即使最初的任务仅仅是模拟先天缺陷心脏的状况，但这“也肯定不是一件容易的事情”。然而为了验证任何治疗手术的可行性，我们必须首先在实验动物身上复制这种状况。

布莱洛克主任的日程非常繁忙，这使他只有一次机会直接参加通过手术连接锁骨下动脉和肺动脉的实验室实验，而且只是作为一个旁观者。尽管如此，到1944年秋天，陶西格带着紧急情况找到了布莱洛克。15个月大的艾琳·撒克逊没有其他的生存机会，她在11个月大的时候，只有4千克重。

1944年夏天的大部分时间里，她都在哈里特·莱恩之家的一个氧气舱里度过，一旦离开氧气舱，艾琳几乎连喝水都会导致意识丧失。陶西格早些时候诊断出艾琳患有法洛四联症，她脆弱的身体极度缺氧；7月，进一步的治疗似乎是徒劳无功时，艾琳被从哈里特·莱恩之家送回家里；10月，她再次入院。那个时候，她的生命只剩下很短的时间了。

多年后，艾琳的母亲讲述了她当时和丈夫面临的痛苦选择。11月的一天，当她到达约翰斯·霍普金斯大学，她回忆道：

陶西格医生说她想把我们介绍给布莱洛克医生，如果我们同意，他将为艾琳实施手术。布莱洛克医生有着柔软但宽大的手掌，所以我问自己他如何用这么大的手给艾琳这样的小婴儿做手术？但是他非常耐心，他说这个手术的确面临很大的风险，他并不想说服我们进行这个手术。与此同时，他也表示这是艾琳唯一的机会。我们思考了很久，但是我们别无选择，所以最后我们还是答应了。他们决定在11月29日进行手术……布莱洛克医生是……进行新的尝试，艾琳是他第一个病人。

和艾琳的父母一样，陶西格和布莱洛克同样面临着严峻的选择。陶西格问她的手术伙伴，为一个存活机会如此渺茫的婴儿实施手术是不是过于危险？他回答道：“你不必冒很大的风险去尝试一个新的手术，但是你可以为一个不做手术就失去生存希望的孩子去尝试一个新的手术。”

1944年12月29日，当艾琳被推进手术室时，手术盖单下几乎看不到她娇小的身体。这预示着布莱洛克将面临在如此幼小的心脏中重新搭建脆弱血管的挑战。在手术室中，布莱洛克坚持让托马斯站在他身边，手术过程中，布莱洛克经常要求托马斯帮助确认他的技术是否正确。经过一个半小时的切割和缝合，布莱洛克终于取出了最后一个手术钳。就在他刚刚完成手术的时候，麻醉师梅尔·哈默尔就喊道：“颜色正在改善，快看看吧。”然后整个团队“俯下身来……看着她的脸”“看她樱桃红色的嘴唇。这真令人震惊……真的很戏剧化”。

一周后，艾琳从婴儿床上站起来了。至少在那一刻，她的生命被挽救了，这为成千上万的先天性心脏病患儿的救命手术开辟了道路。陶西格构思了手术，托马斯试验并完善了手术，布莱洛克为艾琳实施了手术。我们将在下一章节中继续讲述他们在“蓝婴手术”中紧密相连并交织在一起的角色的故事。

1945年5月，在约翰斯·霍普金斯大学又成功地完成两次“蓝婴手术”之后，陶西格和布莱洛克在《美国医学会杂志》(*Journal of the American Medical Association*) 上发表了《心脏畸形的外科治疗》。这里有一个惊人的疏漏，就是维维安·托马斯没有被列为该文章的合著者，也没有被认为是该手术的主要开发者之一，我们认为该手术应该被称为布莱洛克－托马斯－陶西格手术。陶西格在开创“蓝婴手术”中的作用赢得了广泛的认可，她于1947年出版的两卷教科书《先天性心脏畸形》(*Congenital Malformations of the Heart*) 立即成为儿科心脏病学的“圣经”。1946年，她被任命为约翰斯·霍普金斯大学医学院的副教授，并于1959年被任命为正职教授，这是该医学院历史上第二位获得学术地位的女性（第一位是多萝西·里德的同学佛罗伦萨·萨宾，正如我们所注意到的，她也经历了漫长的奋斗才获此职位）。尤其在陶西格职业生涯的后期，她获得了更多荣誉和赞誉。她最自豪的成就之一，是她教授和指导了整整一代儿科心脏病专家，他们被称为“陶西格骑士”。她帮助将儿科心脏病学创建立为一门独特的分支学科，到20世纪60年代中期，哥伦比亚大学、康奈尔大学、纽约大学和耶鲁大学的儿科心脏病学负责人都在她的指导下接受了培训，而且她们都是女性。

陶西格和布莱洛克的合作卓有成效，挽救了数百名甚至数千名患有先天性心脏病儿童的生命，但他们有时也会发生争吵，这是两个各自拥有坚定意志的人之间的冲突。就陶西格而言，她不畏惧与这位著名的外科医生对抗。当然，在一个男人占据绝对权威职位的体系里，他是男人，她是女人；他是一名教授和系主任，而她的地位较低；他是一名外科医生，而她则是一名儿科医生。尽管当时外科医生在学术医学上拥有较高地位和权力，但当涉及谁的名字将被列在合著论文首位以及临床项目的问题时，陶西格和布莱洛克平起平坐。我们在她1951年10月12日写给布莱洛克的一封信中见证了这点。当时布莱洛克的一名住院医生接管了陶西格的一个病人，并把他转移到另一个病房，陶西格对此非常不满，她批评了这位外科医生，写道：“转诊给我的病人就是我的病人，我的要求非常合理，我没必要书面告知你。”

特权与痛苦：陶西格的早年生活

海伦·布鲁克·陶西格于1898年5月24日出生在马萨诸塞州的剑桥，是家里四个孩子中最小的一个。陶西格的父亲弗兰克·威廉·陶西格是哈佛大学一位杰出的经济学家，曾经就结束第一次世界大战的《凡尔赛条约》的经济条款向伍德罗·威尔逊总统提供建议。陶西格的母亲伊迪斯·托马斯·吉尔是哈佛新成立的女子学院拉德克利夫学院的第一批毕业生之一。她拥有两项植物学相关学位，并将她对自然的热爱传递给了她最小的孩子——陶西格。陶西格的父亲最终担任了哈佛大学经济系的主任，并获得了非常丰厚的薪水。他们一家除了在离哈佛校园几个街区的地方有一幢大房子，在科德角还有一处避暑别墅。弗兰克上午在那里从事学术写作，下午与家人和客人一起在海边度过。陶西格在哈里特·莱恩之家承担繁忙的临床、研究和教学工作，她有着与父亲相似的自律的工作风格。在科德角的避暑别墅，她会邀请客人们一起做早餐，然后下午和他们一起去海滩。

尽管陶西格父母为她提供了一流的教育和舒适的成长环境，但她的早年生活并非没有逆境。还是一个蹒跚学步的孩子时，百日咳导致了她永久性的听力缺陷；她的母亲在她11岁时死于肺结核；陶西格整个童年时期都在与严重的阅读障碍作斗争。她能清晰地回忆起阅读困难给她带来的耻辱和孤立，这似乎让陶西格对那些饱受残疾之苦的孩子们产生了同情。作为一种不易被人理解的“病症”，阅读障碍容易被误认为是智力低下或单纯的任性，阅读障碍常使儿童面临痛苦的治疗。陶西格在课堂上多次被迫大声朗读，她同时被胃痉挛和焦虑所困扰，有时甚至抽泣着跑回家。在母亲卧床不起的情况下，弗兰克·陶西格不得不耐心且费力地帮助女儿克服阅读困难，在这个过程中，她与父亲建立了终身联系。多年后，她在一封私人信件中这样描述她的父亲：“他对于道德层面的是非曲直有着很强的判断力，他确实深深地影响了我，在很多方面我都非常感激他，在我的工作和写作中，他会常常帮助我。”

陶西格于1917年秋天进入拉德克里夫学院，这也是她已故母亲的母校。显然她对这所全部是女子的学院感到失望，于是在与家人在加利福尼亚度过一个夏天后，她转学到伯克利，并于1921年在那里获得文学士学位。在高中和大学时期，成为一名医生对她来说“略有吸引力”，之后陶西格将她的目标设定为医学事业。就像多萝西·里德的情况一样，如果不是玛丽·伊丽莎白·加勒特坚持要求约翰斯·霍普金斯大学医学院平等地接纳女性学生，陶西格可能永远不会成为一名医生。毫无疑问，在她的每一个机会中，男性主导的医学界都为她的发展道路设立了障碍。

哈佛医学院是不可能的选择，因为它在接下来的四分之一个世纪都不会接纳女性学生。陶西格的父亲建议她选择公共卫生这个女性可能会有更多机会的领域。当她与哈佛公共卫生学院的院长米尔顿·J. 罗森瑙博士见面时，他告诉她，作为女性，她可以参加课程，但不能获得学位。海伦直言不讳地回应：“谁会愚蠢到花费两年时间学医，再多花两年，却不能得到一个学位呢？”罗森瑙的回答是：“我希望没有人。”她结束了这次会面，并告诉院长：“我不会是第一个让您失望的人。”

尽管哈佛医学院拒绝了她的入学申请，但陶西格仍被允许在医学院学习组织学。即使如此，她在听课时不得不坐在讲堂的最后，她的显微镜和玻片被放在另一个房间，以免分散男性学生的注意力。更加讽刺的是，一位教授建议她放弃在哈佛医学院学习的计划，转到波士顿大学的医学院，至少在那里她可以完成一年的解剖学、生理学和药理学课程。尽管她仍然无法作为全日制学生入学（图9.4），但正是在那里，陶西格完成了她关于心肌收缩的原创研究。她的解剖学教授，亚历山大·贝格博士，是医学院的院长，他注意到了陶西格的才华和决心，鼓励她申请约翰斯·霍普金斯大学，那是唯一一个在入学条件上平等对待女性的知名医学院。1924年，陶西格转到约翰斯·霍普金斯大学医学院，她是70名学生中的10名女性之一。她终于走上了医学职业的道路，尽管她与歧视和偏见的斗争远未结束。

图9.4 陶西格在显微镜前照片（1960年前后）

注：虽然这张照片是在她生命后期拍摄的，但她在波士顿的医学生时期和在约翰斯·霍普金斯大学的专科培训期间都通过使用显微镜取得了重大的研究进展。

职业生涯后期：敲响沙利度胺的警钟

到了20世纪40年代末，布莱洛克－陶西格手术，或在大众媒体中被称为"蓝婴手术"，确立了手术可以帮助患有先天性心脏病的儿童的原则。在20世纪40年代末和50年代初，在约翰斯·霍普金斯完成了超过一千例这样的手术，来自全国乃至世界各地的家长带着满怀希望但经常绝望的心情，把他们的孩子送到了巴尔的摩（图9.5）。这一手术巩固了陶西格在新兴的儿科心脏病领域的先驱地位。

然而，治疗患有心脏异常的年轻患者的突破是苦乐参半的。艾琳·撒克逊是第一个接受手术的婴儿，在手术后的短时间内显现出戏剧性的改善，但未满两岁就因心脏病去世。在她后期的职业生涯中，回想起艾琳的死以及她经历的其他痛苦的损失时，陶西格写道："是临床失误让你保持谦卑……你既有悲伤，也有成功。人们只是熟知成功的手术，但对于失败的手术及努力背后的辛酸则知之甚少。"如果说有什么不同，挫折只是增强了陶西格继续推进医学进步和帮助她的病人的决心。虽然她被称为儿科心脏病医生，但在约翰斯·霍普金斯的后期，陶西格对儿童和母亲的关心又有了一个出乎意料的转折。1961年，当陶西格63岁时，她的一位前同事，阿洛伊斯·伯伦医生，在回到他的家乡德国之前来访。他带来了一个令人震惊的消息：最近在那个国家出生的大量儿童患有一种罕见且毁灭性的出生缺陷，称为"海豹肢畸形"（phocomelia）。这个词由希腊词phoke（意为"海豹"），和melos（意为"肢体"）派生而来。患有这个疾病的婴儿，手臂或腿的长骨缺失或短缩，有时两者同时出现。受影响最严重的婴儿有原始形态的鳍状手指或手，直接从他们的肩膀生长出来。正如陶西格后来所描述的："婴儿的手臂几乎完全没有生长，他们的手臂如此短，以至于他们的手几乎直接从他们的肩膀延伸出来。"陶西格对伯伦医生的报告深感警觉，并意识到德国西部"海豹肢畸形"病例的急剧增加尚未在美国公开披露，于是她于1962年2月前往德国西部展开调查。

从一开始，陶西格就展现出了一种独特的能力。作为一名儿科医生，她对母亲及其孩子深感关切，并能够在当前政府通过的药物审批标准这一更大

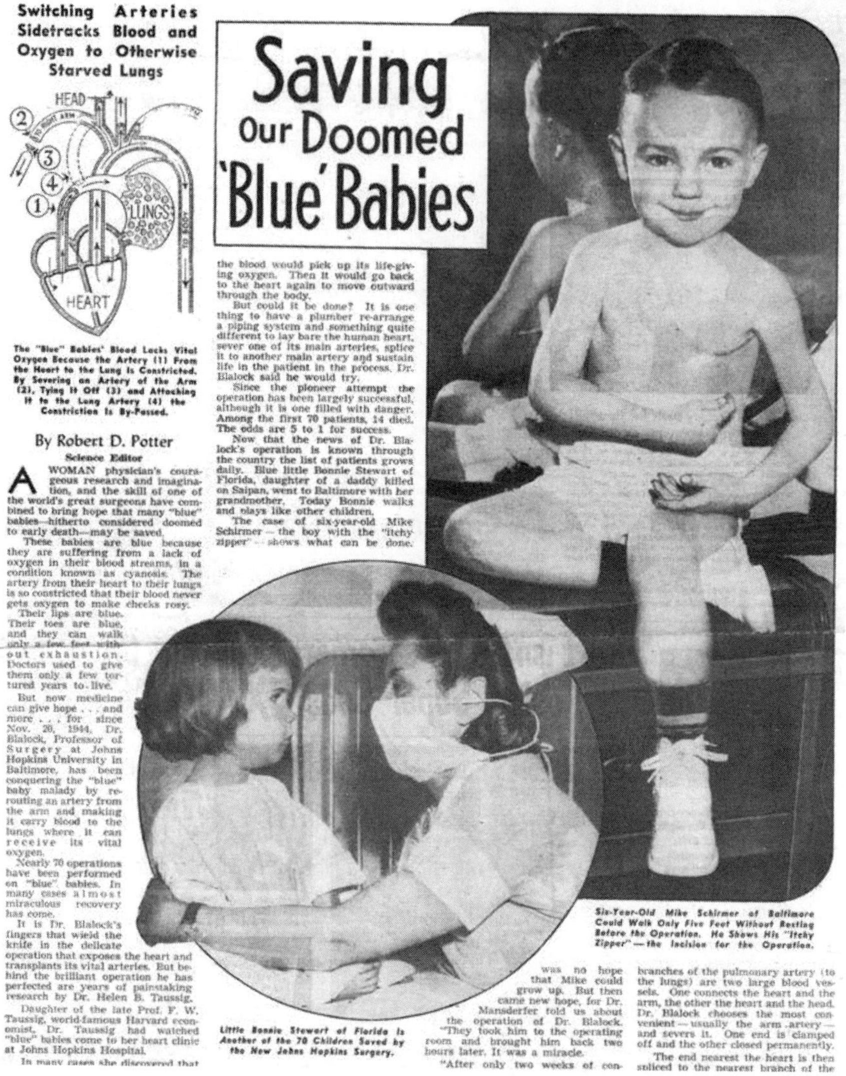

Saving Our Doomed 'Blue' Babies

Switching Arteries Sidetracks Blood and Oxygen to Otherwise Starved Lungs

The "Blue" Babies' Blood Lacks Vital Oxygen Because the Artery (1) From the Heart to the Lung Is Constricted. By Severing an Artery of the Arm (2), Tying It Off (3) and Attaching It to the Lung Artery (4) the Constriction Is By-Passed.

By Robert D. Potter
Science Editor

A WOMAN physician's courageous research and imagination, and the skill of one of the world's great surgeons have combined to bring hope that many "blue" babies—hitherto considered doomed to early death—may be saved.

These babies are blue because they are suffering from a lack of oxygen in their blood streams, in a condition known as cyanosis. The artery from their heart to their lungs is so constricted that their blood never gets oxygen to make cheeks rosy.

Their lips are blue. Their toes are blue, and they can walk only a few feet without exhaustion. Doctors used to give them only a few tortured years to live.

But now medicine can give hope . . . and more . . . for since Nov. 29, 1944, Dr. Blalock, Professor of Surgery at Johns Hopkins University in Baltimore, has been conquering the "blue" baby malady by re-routing an artery from the arm and making it carry blood to the lungs where it can receive its vital oxygen.

Nearly 70 operations have been performed on "blue" babies. In many cases almost miraculous recovery has come.

It is Dr. Blalock's fingers that wield the knife in the delicate operation that exposes the heart and transplants its vital arteries. But behind the brilliant operation he has perfected are years of painstaking research by Dr. Helen B. Taussig.

Daughter of the late Prof. F. W. Taussig, world-famous Harvard economist, Dr. Taussig had watched "blue" babies come to her heart clinic at Johns Hopkins Hospital.

In many cases she discovered that

the blood would pick up its life-giving oxygen. Then it would go back to the heart again to move outward through the body.

But could it be done? It is one thing to have a plumber re-arrange a piping system and something quite different to lay bare the human heart, sever one of its main arteries, splice it to another main artery and sustain life in the patient in the process. Dr. Blalock said he would try.

Since the pioneer attempt the operation has been largely successful, although it is one filled with danger. Among the first 70 patients, 14 died. The odds are 5 to 1 for success.

Now that the news of Dr. Blalock's operation is known through the country the list of patients grows daily. Blue little Bonnie Stewart of Florida, daughter of a daddy killed on Saipan, went to Baltimore with her grandmother. Today Bonnie walks and plays like other children.

The case of six-year-old Mike Schirmer—the boy with the "itchy zipper"—shows what can be done.

Little Bonnie Stewart of Florida Is Another of the 70 Children Saved by the New Johns Hopkins Surgery.

Six-Year-Old Mike Schirmer of Baltimore Could Walk Only Five Feet Without Resting Before the Operation. He Shows His "Itchy Zipper"—the Incision for the Operation.

was no hope that Mike could grow up. But then came new hope, for Dr. Mansderfer told us about the operation of Dr. Blalock. "They took him to the operating room and brought him back two hours later. It was a miracle.

"After only two weeks of con-

branches of the pulmonary artery (to the lungs) are two large blood vessels. One connects the heart and the arm, the other the heart and the head. Dr. Blalock chooses the most convenient—usually the arm artery—and severs it. One end is clamped off and the other closed permanently.

The end nearest the heart is then spliced to the nearest branch of the

图9.5 《美国周刊》(*American Weekly*)版面照片(1964年2月17日)

注：周刊上有一篇关于"蓝婴手术"的新闻报道，这个报道向世界传播了手术的故事，世界各地的患儿父母带着患病的孩子来约翰斯·霍普金斯医院治病。

背景下明确地表达这些担忧。当她到达欧洲时，已有两项不同的研究证实，由西德制药公司格兰泰以"反应停"品牌名销售的沙利度胺可能为此疾病暴发的原因。沙利度胺最初是作为一种抗惊厥药物开发的，但到了20世纪60年代初，它被广泛用作安眠药。不仅在西德，在其他几个国家，沙利度胺都在各种品牌名下发行。沙利度胺的安全性，特别是不存在过量服用而致命的可能性，使其在医院和精神病院中受到欢迎。格兰泰公司经常在阿司匹林和其他药物中加入沙利度胺，并推广这些非处方药品，用于治疗从感冒和咳嗽到头痛和哮喘的各种病症。

在欧洲的6周里，陶西格参观了主要收治“海豹肢畸形”儿童的诊所，并走访了涉及沙利度胺的制造和销售的主要公司的官员，包括格兰泰的高管。他们坚称反应停不是先天性肢体缺陷的致因剂，但陶西格对沙利度胺持有强烈的怀疑态度。在访问英国后，她确信沙利度胺在造成悲惨的出生缺陷中起到了作用。在美国，食品药品监督管理局（FDA）已经考虑过由堪萨斯城的药品公司理查森－梅里尔提交的在Kevadon品牌名下销售沙利度胺的申请，尽管在提交进一步的申请之前尚未获得批准的实验数据。

关于药品审批流程的真实言辞

1962年春，陶西格返回美国。她坚决阻止沙利度胺的市场推广和销售行动，显然，这样的举动似乎与一个即将退休而且在事业上功成身就的女性身份并不相符。作为一名儿科医生，她对母亲及其婴儿的健康和福祉的深深关切使她刻不容缓地就沙利度胺发表意见，并指出表面上安全的药物在审批中存在更深层次的问题。对于陶西格来说，沙利度胺事件既关乎特定产品的安全性，也关乎新药获得批准和上市的过程。正如她所描述的，“这种必要性由一个令人震惊的案例证明：一名英国女子服用了安眠药，且不知道它们是沙利度胺，她生下一个畸形婴儿后，她继续服用那些药物，仍然不知道它们是什么，然后又生下了第二个畸形婴儿”。

陶西格在所有能力所及之处都发布了警示。1962年4月，她在美国内科医师学会的一次演讲中分享了她调查沙利度胺的经验。她还写信讨论了关于未经充分测试的药物的危害，这些信件被发表在前沿的医学期刊中。她给医生同事们的信息很简单：更多地关注开具的新药可能产生的非预期后果，并加强这些药物必须经历的测试制度。

1962年5月，陶西格受邀在埃斯蒂斯·基福弗参议员的反托拉斯和垄断调查小组委员会前作证，该委员会当时正在听取关于药品行业实践的证词。《美国医学会杂志》（*Journal of the American Medical Association*）的有影响力的编辑莫里斯·费许班得知她即将出现，并试图通过公开质疑她作为生理学家而非药理学家的资格来破坏她的证词。陶西格冷静地提供了她认为会说服潜在的持怀疑态度的听众的证词。她叙述了在国外广泛使用沙利度胺的悲惨情况。她还特意展示了那些聪明又讨人喜欢的儿童的照片，这些儿童出生时没有手或腿。在她的结束语中，她直面菲什拜因，告诉委员会："先生们，我不是药理学家，我甚至可能不是一个出色的生理学家，但我认为，如果你们中的任何一个人有一个子女或孙辈患有这种畸形，他一定会竭尽所能防止这种情况再次发生。这就是我今天为什么站在这里。"陶西格在参议院的露面非常具有说服力。她提出一项要求，并且它被委员会以及后来的整个国会所采纳，即在药品包装里的说明书上，要用与药品药效相同大小的字体描述其可能的不良反应。

陶西格传达的更重要的信息是关于加强监管监督的必要性，以确保所有新药都经过充分测试以确定其潜在风险。正是由于FDA医疗官员弗朗西斯·凯尔西的快速和果断的回应，理查森-梅里尔公司在1962年3月撤回了沙利度胺的新药申请。陶西格写道：

> 恰好沙利度胺类药物没有在美国上市。这源于天时地利的幸运组合，以及食品药品监督管理局的一名医务人员的警觉——而不是因为存在任何药物可能无法满足的法律要求……我相信，改进测试技术和新药发布的法规管控都是必要的。

陶西格还主张对制药公司将未获批准的新药交给医生进行临床测试的流程进行更严格的监管。她建议对药品公司的发货和记录保存进行更严格的控制，并对申请测试新药的医生设定严格的标准。此外，她敦促"在上市之前应确定某种药物的所有危害"。在一个令人悲伤的附注中，突显了陶西格建议的紧迫性，理查森-梅里尔已将含有沙利度胺的Kevadon药物复合制剂分发给数百名美国医生进行临床试验，但没有提供充分的安全警告。因此，在该药的试验性使用被停止之前，美国出生了几名"沙利度胺婴儿"，这些婴儿有缺失或发育不良的肢体。

1962年关于食品、药品和化妆品法的《基福弗-哈里斯修正案》赋予了FDA监督新药临床试验的权力。它还要求新药在正式上市之前，必须得到FDA的明确同意，它也授权该机构如果获得新信息显示某种药物存在公共健康危险时，可以立即下架该药物。陶西格的证词和关于沙利度胺灾难的努力传播，以及教育公众关于现有药品审批法律的公共健康风险，对于通过这一法案起到了关键作用。

尽管陶西格绝非一个理论家，但她在很多问题上，无论是医学还是非医学，都直言不讳。约翰斯·霍普金斯大学的切斯尼医学档案馆中甚至存有她在1970年5月2日写给理查德·尼克松总统的一封信，告诉他："……我与年轻人分享他们对柬埔寨战争扩大的担忧……它迫使这些年轻人去做有悖于良心的事情……对我来说，这根本就是错误的。"

忙碌的退休与迟来的认可

陶西格在1963年从哈里特·莱恩之家的心脏病诊所首席医生的职务上退下来，她在这个岗位上工作了超过三分之一个世纪。那时她已经65岁了。她的退休与其说是减少她依然旺盛的活力，不如说是一个重新聚焦。她继续在诊所做全职工作。作为名誉教授，她继续看病、查房、参加会议。在陶西格的职业生涯中，她撰写了129篇科学论文，其中41篇是在她退休后发表的。她对一位记者开玩笑说："现在我已经退休了，我实在太忙了，没时间停下工作。"

至少陶西格的正式退休，释放了一系列的认可和荣誉。1963年，美国出生缺陷基金会（译者注：美国的一个改善母婴健康的非营利机构，由罗斯福总统于1938年建立）为退休科学家设立了一项奖学金，奖励金额为40 000美元。陶西格成为第一位获奖者，并用部分奖金启动了从1945—1951年间接受布莱洛克-陶西格手术的儿童的长期随访研究。无论是从医学角度还是发展角度，结果都是令人备受鼓舞的。在因法洛四联症接受手术并在手术后至少存活了15年的432名病人中，有376名在手术后超过20年仍然存活。更令人振奋的是陶西格关于"蓝婴手术"的人类治疗结果的发现。她发现在那些婴儿期接受该手术的病人中有很多高成就者，包括医生、律师和其他专业人士。统计数据令人印象深刻：在手术后仍然活着的376名病人中，有250名已婚，161名有孩子，35%是大学毕业生，近70%收入颇丰。陶西格特别强调，先天性心脏病儿童的低动脉氧合不会损伤他们的智力。

陶西格扩大了她的随访研究，包括其他采用布莱洛克-陶西格手术治疗的先天性心脏病患者，并在接下来的10年里发表了10篇论文来总结她的长期观察。在此期间，她获奖不断。1964年9月，她从林登·约翰逊手中接受了总统自由勋章，这是美国最高的平民奖项。次年，陶西格成为美国心脏病协会的第一位女性主席。1965年，她更是作为首位女性和首位儿科医师当选为美国医学会主席，这显然使她非常欣喜。

陶西格所获得的赞誉并不总是被她的男性同事欣然接受。一位哈佛外科医生在回应一篇赞美陶西格的文章时手写的注释写道："单从生理角度而言，女性就无法忍受我这行业的长期和艰苦的工作。"

1973年，75岁的陶西格被选为国家科学院成员，这是国家最负盛名的、致力于推进科学研究的机构，这项认可来得相对较晚。但早在27年前，阿尔弗雷德·布莱洛克就因为他们共同对"蓝婴手术"的贡献而早早入选。她曾在20年前获得拉斯克奖，该奖项被广泛视为医学诺贝尔奖的跳板。就其供职的机构而言，霍普金斯已经以她的名字命名了医学院四个学院其中之一，以及海伦·B. 陶西格先天性心脏病中心。

在温柔与坚韧之间寻找平衡的人生

当我们回顾陶西格的一生时，几种截然不同的描述会浮现在眼前。其中一种描述，或许源于传统的性别期望，展现的是一位充满同情心的女性儿科医生，她深深地爱着她治疗的孩子们。许多陶西格的同事都将她理解为"一位善良的女性，一个深深关心他们和她所照顾的孩子们的人"。陶西格所叙述的自己的工作动机也支持了这一描述。1953年，在俄亥俄州牛津市的西部女子学院接受荣誉学位后，陶西格在一次演讲中首先回顾了"蓝婴手术"对那些接受这一挽救生命的手术的孩子们、孩子的父母及其社区的治愈与扶助效果。随后，陶西格将她的注意力转向促使医学进步和创造更具价值的社会意义上。她反问进步是如何衡量的，她的答案也很简单："在医学中，进步体现在减轻和预防人类的痛苦，改善健康和体力……真正的进步意味着朝向某种人类更好的前景的推进。"

另一种叙述将陶西格描述为一个实用主义者。毫无疑问，陶西格成为女性在工作、社会和家庭生活中与男性平等参与的楷模。在需要的时候，她能够成为女性的有力甚至直言不讳的倡导者。但陶西格也是一个现实主义者，她接受她所发现的世界，而且在女权运动兴起之前就成长起来。在男性主导的世界里，她有着敏锐的运作本能，对于消除阻碍女性的障碍的最佳方式也有很好的常识。

在她在20世纪70年代初为美国优等毕业生联谊会所作的演讲的手写笔记中，陶西格潦草地写道："如果你能展现出成果，所有的偏见都会瓦解。"（图9.6）通过展现成果和超越与她一同工作的男性同事，海伦·陶西格成为儿科心脏病学的顶尖人物，这个医学分支是在面对大多数持怀疑态度的男性同事的困境中被创建出来的。尽管需要直面救治非常年幼而脆弱的患者这一医学挑战，以及来自男性同事的歧视，但陶西格从未动摇过她实现自己既定目标的决心。

从一个稍微不同的角度，我们可能会将陶西格视为一个充满活力，甚至具有战斗性的自然力量。当面临压力，特别是涉及她年幼患者的医疗护理时，陶西格身上散发出的坚定与强烈的力量是不可忽视的。当时间和环境都适合时，她为自己和他人奋力斗争。她断然拒绝了哈佛大学入学邀请，因为在那里她并没有获得学位的希望；她对罗伯特·格罗斯的观点视而不见，因为他曾断言为先天性心脏病病人搭建新的动脉通路是毫无意义的；她与布莱洛克因为论文的署名次序和对病人的照护发生争执；而在沙利度胺的争议中，她坦然且公开地挑战了强大的制药公司，并极力呼吁对药品实行法律监管。在原则或优先事项上，陶西格很少妥协。

这些不尽相同的叙述也体现在杰米·怀斯为陶西格绘制肖像时招致的截然不同的反响之中。1963年，陶西格的学生委托安德鲁·怀斯的儿子当时只有17岁的杰米·怀斯为她画像。为此，陶西格的学生向年轻的怀斯寄去了陶西格的照片。他起初无法忍受这张照片，并评论说："她看起来就像一个戴珍珠的和蔼的中年家庭主妇。"他们见面后，怀斯与陶西格在科德角夏季度假胜地海滩上漫步时以及晚餐时进行了闲谈，并深入地了解了她。最后的肖像展示了一个年长、热情、目光深邃的陶西格，她犀利的眼神似乎可以看透任何与她对视的人（彩图13）。

当这幅肖像在纪念陶西格退休的仪式上揭幕时，观众的反应是震惊而不是沉默。许多在场的人开始哭泣……并对这幅肖像感到如此惊讶，以至于庆

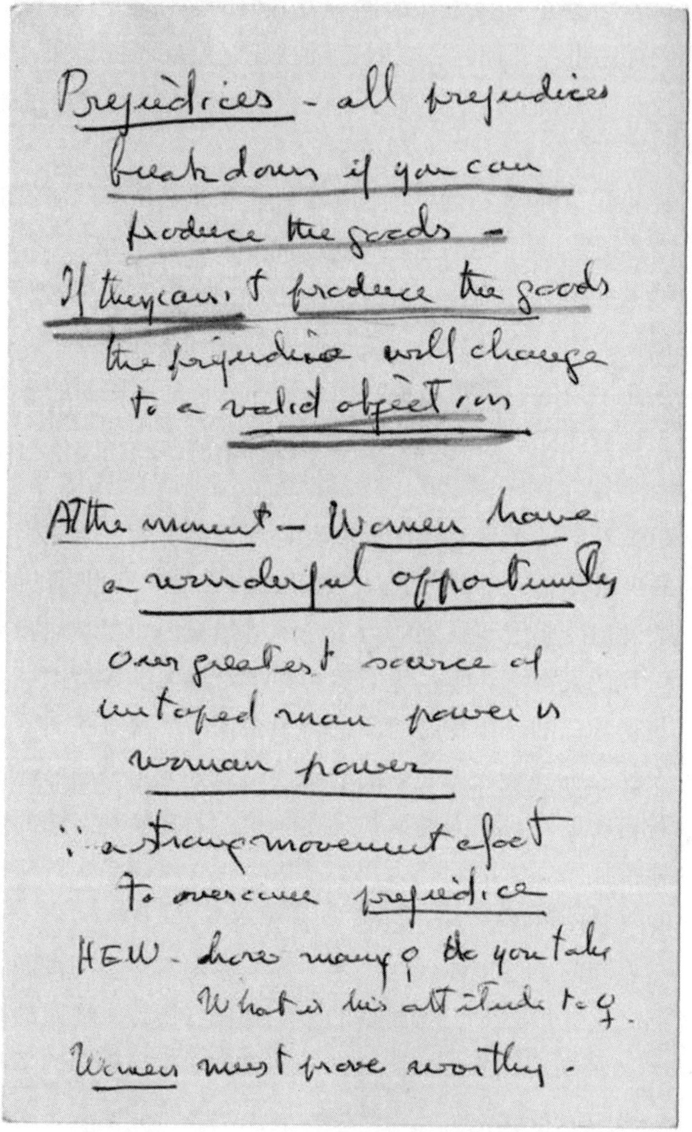
Prejudices - all prejudices
break down if you can
produce the goods -
If they can't produce the goods
the prejudice will change
to a valid objection

At the moment - Women have
a wonderful opportunity
Our greatest source of
untapped man power is
woman power
∴ a strong movement afoot
to overcome prejudice
HEW - how many ♀ do you take
What is his attitude to ♀.
Women must prove worthy.

图9.6　陶西格所作演讲的手写笔记照片

注：陶西格可能是个现实主义者，她已经习惯了要比男人表现得更好才能得到应得的荣誉。20世纪70年代初，陶西格在给一群学生的演讲笔记中潦草地写道：“偏见——如果你能有所成就，所有偏见都会消失。”

祝活动戛然而止。他们可能对看到这位他们所熟知的“真诚且富有同情心”的女士被描绘成如此不同的形象感到震惊。许多年后，一位《纽约时报》的记者在写到怀斯的肖像时，称其为“巫师”并表示陶西格的朋友们形容此作品为“恶毒的”。

并非每个人都不喜欢怀斯对陶西格的描绘。在20世纪70年代和80年代，约翰斯·霍普金斯医院的儿科心脏病学主任朗福德·基德说：“这幅画使她看起来像一个坚强的女士……杰米·怀斯捕捉到了她的本质……她并不是一个容易屈服的人。她是一位非常坚决的女士。”另一位非常了解陶西格的医生评论道：“她追求卓越，如果你不展现出卓越，她会让你知道她的不满。”钢铁般的坚韧，要求自己和他人都展现出最好的工作状态，是陶西格性格的核心。这并不是在某种程度上说我们在图9.7中看到的她在温柔地检查病人的形象是虚假的。对病人的关心和同情，特别是对儿童，也深深地根植在陶西格的内心。怀斯在他那幅令人不安的画作中所展现的，是一个更完整、在某种程度上更引人入胜的陶西格的性格形象。

怀斯自己描述了陶西格如何为这幅肖像摆姿势：“她只是直直地盯着我，那双蓝色的眼睛充满了强烈的目光。这真的令人惊叹，我认为她完全不在乎

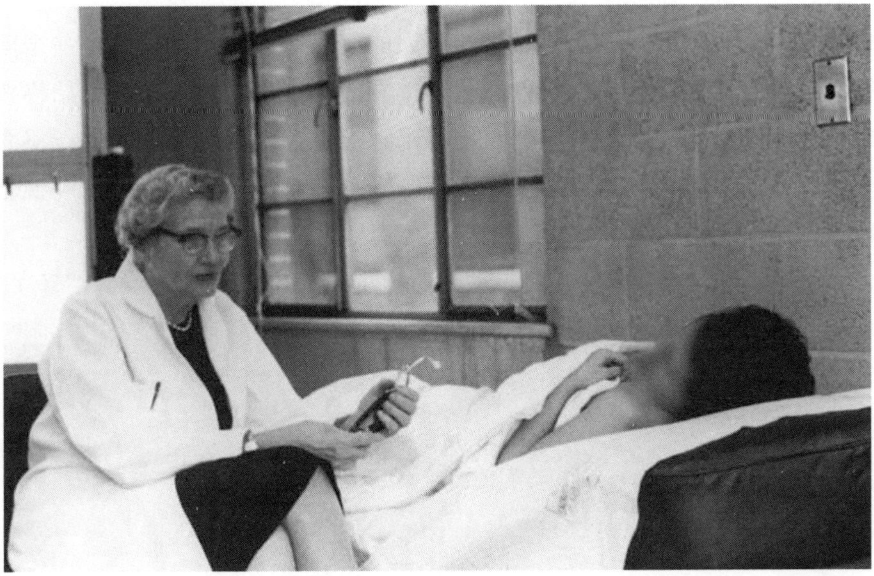

图9.7　陶西格检查病人照片

注：陶西格是一位充满爱心的儿科医生。

自己看起来如何……我喜欢这样的想法，那就是对她来说，工作至上。我试图展现陶西格医生钢铁般的头脑和敢于质疑的态度。这不是一个盲目乐观的女人，而是一个非常严肃、紧张的女人。”正如她的传记作家乔伊斯·鲍德温所描述的，这幅肖像“凭其力量震撼观众”。

哪一种关于陶西格的叙述是正确的？传记的魅力就在于，所有的叙述都可能是正确的。尽管如此，我们仍然很想知道陶西格如何看待怀斯的肖像，这幅肖像捕捉到了她真实的自我吗？不幸的是，我们很难找到答案。以她特有的直言不讳的方式，陶西格简单地说：“我不喜欢它，我认为很多人都不喜欢自己的肖像。”不论她私下里怎么想，对于我们许多人来说，怀斯所描绘的肖像使我们以一种全新且引人注目的方式看到陶西格，感受到她在生活中所展现出的强烈驱动力和探索性的智慧。

1986年5月20日，海伦·陶西格去世了，当时距离她88岁的生日仅剩4天。那天她驾车带一群朋友去参加选举，车子撞到了另一辆车，她当场身亡。陶西格最后的文章是她84岁时在《美国心脏病学杂志》(*American Journal of Cardiology*)上发表的《常见心脏畸形的全球调查：发育错误或基因变异》。

在回顾陶西格杰出的职业生涯时，我们不可能忘记她那杰出且富有创意的医学头脑和她不懈地追求更好的治疗心脏畸形方法的态度——经常面对巨大的个人和专业挑战，以及她对年幼病人的巨大的奉献精神。她是一个问题解决者，对女性在社会中的角色的认知持有前瞻性的观念，而且她始终按照最高的标准要求自己和他人。陶西格将永远被铭记，因为她敢于进行概念性的飞跃，使罹患“蓝婴症”的宝宝恢复红润，并为先天性心脏病这一挽救生命的手术开辟了道路。

（李　冀　译）

十、维维安·托马斯

神迹

人生的阅历时常提醒我们，事实可能比小说更离奇，常常更震撼人心。本章讲述了重塑美国医学的十位男性和女性先驱者中，唯一一位登上好莱坞大荧幕的维维安·托马斯的传奇故事。影片名为《神迹》，由说唱歌手莫尔斯·迪福饰演托马斯，老戏骨艾伦·瑞克曼饰演阿尔弗雷德·布莱洛克。HBO公司的影片《神迹》（2004）获得了艾美奖黄金时段最佳电视电影制作奖和美国电影学会年度电视节目奖，这部电影也获得了金球奖提名。故事发生在纳什维尔和巴尔的摩，玛丽·斯图尔特·马斯特森饰演几乎失聪但意志坚定的海伦·陶西格，她的表演同样引人入胜。

影片《神迹》讲述了一个激情澎湃、偶尔带有种族偏见的白人外科医生和一位高中毕业的黑人实验室技术员之间充满争议的合作故事，但正是他们的合作开创了革命性的心脏外科手术术式，挽救了数千名先天性心脏病患儿的生命。但是，尽管这部广受好评、极具观感的电影极力重构了当时的物质条件与情境，却仍然无法对布莱洛克和托马斯之间复杂且时常令人担忧的关系抽丝剥茧，也无法再现托马斯在为心脏外科手术作出不可磨灭的贡献的同时，公然遭受的种族主义歧视。在这里，我们尽可能忠实地追溯他们关系中的关键事件，以及两位医学家不可回避的吉姆·克劳时代的社会环境（译者注:《吉姆·克劳法案》是1876—1965年美国南部各州以及边境各州对有色人种实行种族隔离制度的法律）。

纳什维尔的童年

维维安·西奥多·托马斯于1910年8月29日出生在路易斯安那州东北角的小镇普罗维登斯，离密西西比河河岸不远。频繁的洪灾令他的父母威廉·马西奥·托马斯和玛丽·伊顿·托马斯疲惫不堪，生育和抚养孩子成了困难的事情。1912年，他们一家搬到了纳什维尔。维维安的父亲是一名出色的木匠，他在市里黑人社区的一英亩土地上建了一栋大房子，生活也安定下来。纳什维尔经济正在迅速发展，又因为地处南方商业枢纽，这为他们的生活赢得了转机。

毋庸置疑，纳什维尔属于实行种族隔离制度的南方地区，但它在很多方面都与众不同。大多数本地黑人居民很贫穷，但这座城市因聚集了众多黑人医生、律师和商人而自豪。纳什维尔有两家银行为黑人所有；纳什维尔是梅哈里医学院所在地，它是美国少数几所常规招收黑人的医学院之一（另一所是华盛顿特区的霍华德大学）。同时，包括非裔美国人国家浸信会在内的三大新教教派也在纳什维尔进行传教和出版。

菲斯克大学幼儿园是一所旧式黑人托育机构，离他家很近，托马斯进入幼儿园之后，也即进入了纳什维尔实行种族隔离的公立学校系统。据他自己说，他接受了良好的教育；根据他的自传："公立学校的老师都很专注且充满热情……以今天的标准来看，家长和老师之间能够如此配合默契几乎是令人感到不可思议的事情……没有纪律问题，因为纪律的养成是家庭责任。"（我们很幸运，能够从托马斯70多岁时撰写的自传中获得他生活和事业的第一手资料）。1929年，托马斯从珍珠高中毕业，他形容这所黑人中学的教学非常出色，并特别提出他的老师“了解所教科目、了解学生而且懂得如何教学”。毕业时，托马斯已经修完了生物、化学、物理和其他公共课程。

除了上学，父亲的木工生意也需要他的参与。尽管从维维安13岁起，威廉·托马斯从不中断他的课业，但每当有一个工程项目进行时，威廉都要求他的儿子出现在工地。逐渐地，从简单的钉和锯，到安装整个楼梯和扶手，维维安到16岁时已经成为一名熟练的木匠。高中毕业后，他毫不费力地在菲斯克大学找到了一份工作，因为暑假期间，学校总是需要雇佣额外的工人来维修宿舍、教室和其他设施。

托马斯即将年满19岁，他拥有扎实的教育基础、出色的木工技能和强烈的职业道德，他似乎可以开始去追求他的抱负了——进入田纳西州立农业与工业大学，然后去获得医学学位。当时，菲斯克的工头解雇了暑期务工小组中的其他6位木匠，但把高薪岗位留给了托马斯，这位出色的木工需要一直工作到圣诞节，如此他的愿望才能看起来更近一步。为了大学期间的学费、书费和生活费，他把大部分薪水存起来，却仍然不足以支付2个学期的费用。为了攒够大学的花费，托马斯决定留在菲斯克继续工作，准备年中申请注册进入田纳西州立大学学习。

然而，“大萧条”改变了一切计划。1929年10月，随着股市的暴跌和建筑行业的崩溃，维维安失去了在菲斯克的工作机会，银行的破产更是令他的积蓄荡然无存。虽然他并没有破产，但恰好错过了田纳西州立大学的注册截止日期，托马斯知道他必须马上再找到一份工作。他向儿时玩伴，在范德比尔特大学细菌学系工作的查尔斯·曼洛夫咨询，他是否知道哪里能找到工作。曼洛夫告诉他，医学院有位布莱洛克医生手下正好有个职位空缺，但“那家伙的坏脾气像‘地狱’，他认为我恐难以和他共事”。1930年2月10日一早，托马斯径自去医学院见布莱洛克。

两个人坐在布莱洛克外科实验室的凳子上聊起来。安静、颇有些紧张的外科医生一边抽烟一边喝着可口可乐（虽然没有给托马斯倒一杯）。尽管他的朋友警告过他布莱洛克的个性，托马斯还是觉得他“热情而有礼貌”，他对实验工作的描述听起来相当有趣。布莱洛克描述了他煞费苦心想要寻找的员工类型，用托马斯的话描述：

最近这段时间，病人和医院的事务性工作忙到让我越来越难以脱身。但我想继续临床研究和实验室工作，我想为实验室找到一个我可以教的人，来做任何我能做的工作，也可以做我做不了的事情。目前大量的工作还没有完成。我想要的是这样一个人：即使我不在身边，他也能自己做事情。

布莱洛克对实验的耐心和详细的讲解给托马斯留下了深刻印象，他敏锐地感觉到这是一个学习的机会。他甚至暂时保留了对薪水的要求。范德比尔特大学开出的周薪是12美元，比他上一份暑期木工工作的周薪20美元少了约三分之一。尽管如此，由于还没有其他工作机会，而且现在看来上大学更像是一种完全无法确定的愿望，托马斯决定接受布莱洛克这份工作。

范德比尔特的岁月

与布莱洛克一起工作的第一天，托马斯尽其所能地协助他以狗为对象建立研究模型：实施静脉麻醉，组装测试仪器，包括水银血压计和转鼓指针记录仪（在那个年代，还没有用于记录实验数据的电子设备）。他回忆说，布莱洛克“指挥着我的一举一动”。当布莱洛克刚刚结束了一天的实验，他会说：“第二天我们还要做另一个实验，我会过来给动物麻醉，然后把装置连接好。”我对此无言以对。在面试我时，他告诉我他想要一个他可以教着做事的人。我收获了我的第一堂课，所以现在是轮到我表现的时候了吗？的确，轮到托马斯了。他开始熟练地操作着布莱洛克的实验，并经常独立进行实验（图10.1）。托马斯永远无法确定布莱洛克会在实验的哪个阶段因为医院的要事拂袖而去。唯一肯定的是，当需要实施动物解剖以确定实验结果时，布莱洛克一定会在场。

20世纪30年代初，布莱洛克在范德比尔特外科实验室的工作重点是研究人体为什么会在遭受严重创伤后出现休克。在那个年代，严重创伤病人死于感染或休克的远多于其他原因。布莱洛克的假说被数百次实验结果证实，其中许多实验由托马斯完成。当时医疗界的主流观点认为休克是体内毒素所致，但布莱洛克认为，休克是血液和其他体液流失导致循环衰竭的结果。布莱洛克关于休克源于循环衰竭的研究拯救了二战中数以千计的受伤士兵，也令他

图10.1　托马斯在范德比尔特的实验室照片

成为美国外科界一颗冉冉升起的新星。

布莱洛克与托马斯的合作越来越富有成效。在他们一起工作的最初几个月和随后的几年里，这位才华横溢的外科医生发现托马斯就是他一直在寻找的心灵手巧的人。时光荏苒，托马斯的医学知识和技能也迅速得到提升。到1931年，布莱洛克有关休克的研究转变为一个新的生理学机制方向，他试图解释创伤导致体液流失时会发生哪些化学变化。布莱洛克实验室的博士后约瑟夫·比尔德博士负责向托马斯讲授化学过程，这远远超出托马斯在高中学到的化学基础知识。比尔德把他的化学和生理学教科书借给托马斯，他们也经常在一起讨论托马斯准备开展的新实验的合理性。

托马斯不得不从繁忙的实验室工作中挤出时间独自工作和学习（托马斯和布莱洛克经常工作到晚上9点或10点）。为了学习解剖学，他用解剖室里的化学物质对实验动物进行防腐处理然后实施解剖。“如果时间允许，”他在自传中写道，“我会解剖这些经过防腐处理的标本，确定器官的确切解剖位置、它们的血液供应以及血管彼此之间的相对位置。”在范德比尔特大学的几年里，托马斯的手术技巧得到了提高。由于他无法预知布莱洛克何时来参加实验，于是托马斯经常自己完成整个手术，他的血管外科手术技术成为发展“蓝婴手术”技术的关键。在1935年，布莱洛克关于肾动脉血管收缩对血压的影响的研究取得了重大进展。这项实验首先需要进行复杂而精细的手术，将实验动物的肾脏移植到更容易操控的颈部区域。博士后桑福德·莱维，那时已经加入了布莱洛克的实验室，在一起工作的三个人都磨练出了高超的血管外科手术技巧。但是，正如托马斯几十年后记述的那样，“移植手术的任务主要落在了莱维和我身上”。

托马斯显然正在一步步实现布莱洛克的热切期望，“他希望在实验室里有一个可以教的人，他也能做我能做的任何事情，甚至做我不能做的事情”。他与布莱洛克的关系是建设性的，但是，作为一个在南方为白人医生工作的黑人，他与布莱洛克的关系必然不可能简单。托马斯在范德比尔特工作大约2个月后，他们的冲突直接发展到了白热化阶段。托马斯在他的自传中说，他不记得布莱洛克不高兴的确切原因，但有一天，他的新老板“大发雷霆”，用污言秽语攻击他，“其粗鄙的程度会让早年间的低俗水手们都自叹弗如”。说完，布莱洛克走到实验室的冷藏间抄起一杯可口可乐就走了。这些词句让托马斯受够了，他在更衣室脱下白袍，换上自己的衣服，穿过大厅径直走进对面布莱洛克的办公室，直言不讳地表达了自己的不满，并递交了辞职信。根据托马斯的说法：

（布莱洛克）实际上表现得很惊讶，好像什么都没发生过。我告诉他，他可以付钱给我，我会尽自己的努力，但如果每次我都犯错误，不能让他满意，我留在这里只会带来麻烦。我说，我在成长过程中没有接受或使用过他在走廊对面使用过的那种语言。后来布莱洛克道歉，说他发脾气了，他会注意自己的语言，并让我回去工作。

托马斯质问了布莱洛克的行为，也许更微妙的是，他表示，他不会容忍白人老板经常对南方年轻的黑人工人没有人性和漠视尊严地进行恶意批评。经此一役，托马斯奠定了一个新的、更有意义的与布莱洛克之间的关系，尽管摩擦依旧时常发生，而且一直持续到外科医生离世。托马斯在故事的结尾写道：

在接下来的34年里，布莱洛克博士信守了他的诺言……我们偶尔有分歧，有时甚至是激烈的讨论。但我们都毫不犹豫地以一种直接的人与人之间相处的方式告诉对方自己的想法或感受，无论与研究相关的问题，还是几年后实验室的管理相关的问题。回想起来，我认为这一事件为我们此后多年的相互尊重奠定了基础。

对自尊心极强的托马斯来说，尊重是至关重要的，但他无法用尊重来支付房租或购买生活用品，因此，工资问题一直是布莱洛克和托马斯之间摩擦的根源。托马斯在范德比尔特的工作分类是“清洁工”，他的工资大约是做木匠的三分之二。当托马斯提醒布莱洛克曾做过的几个月后加薪的承诺时，布莱洛克说他会设法解决此事，但什么也没发生。沮丧的托马斯终于和他在菲斯克的前工头谈了谈，同意回到那里做木匠，按照之前的合同提供给他20美元周薪。他告诉布莱洛克他要走了，这位外科医生有些恼火，不顾一切地挽留托马斯。经过谈判，托马斯同意接受每周17.50美元薪资的新合同，比他之前在范德比尔特的工资高出了大约50%。尽管两人暂时和解，但工资问题仍是两个人一直争议的焦点，尤其是在几年后托马斯和新娘克拉拉结婚并开始筹建新家的时候。有关于薪水的冲突在约翰斯·霍普金斯大学一直存在，托马斯也曾多次威胁要离开实验室，在约翰斯·霍普金斯大学工作的大部分时间里，托马斯都不得不兼职做酒保或侍应生来贴补他的技术员薪资。

尽管他们在薪资问题和个人行事风格上存在分歧，但到20世纪30年代末，托马斯和布莱洛克的职业生涯和专业前景已经越来越紧密地联系在一起。布莱洛克本人在范德比尔特大学的事业蒸蒸日上，他在约翰斯·霍普金斯大学读医学院时以网球高手和花花公子而闻名。直到1925年来到范德比尔特大学后，他才找到了严肃的人生目标。1930年，他迎娶了家世显赫的名媛玛丽·奥布莱恩（才华横溢的凯拉·塞奇威克在《神迹》中有精彩的演绎），他们的婚礼成了纳什维尔市当年社交活动的热点。更重要的是，作为范德比尔特外科实验室的负责人，布莱洛克在有关休克方面的研究工作带给了他来自医学界的广泛认可。很快他被任命为范德比尔特医学院的正职教授，此时的布莱洛克显然已经具备了迎接更大挑战的条件。

1937年，布莱洛克收到底特律亨利·福特医院聘其为外科主任的邀请。在要求托马斯考虑是否愿意和他一起前往底特律后，布莱洛克拒绝了这份工作，具体的原因不是很明确，但似乎亨利·福特医院（托马斯的妹妹称其为“纯正白色”）拒绝接受布莱洛克的助手作为“一揽子交易”的一部分。布莱洛克的母校终于在1940年发出了他期待已久的邀请，聘请他领导约翰斯·霍普金斯大学的外科，这一次，布莱洛克依然坚持要把托马斯也包括在内。

搬到霍普金斯大学

离开纳什维尔前往巴尔的摩不确定的前景给托马斯和他年轻的妻子带来了真正的困境。一方面，这意味着他们要离开新建的房子和亲朋好友，两个年幼的女儿要抚养和教育。另一方面，托马斯很喜欢他在范德比尔特大学所做的医学研究，在布莱洛克离开后，他不可能找到类似的工作。最后，正如托马斯所描述的那样：“我们相信我们没有什么可失去的，我们很年轻，还有很多未来，所以我们决定搬到巴尔的摩前往约翰斯·霍普金斯大学。”

托马斯于1941年6月抵达巴尔的摩，比布莱洛克早了几天。布莱洛克在吉尔福德买了一套房子，吉尔福德位于巴尔的摩北部，是一片豪华的飞地。而托马斯一家租住公寓的经历则困难重重。尽管珍珠港事件和美国加入第二次世界大战是在6个月之后，但巴尔的摩已经完全处于战时生产模式。成千上万的工人涌入巴尔的摩熙熙攘攘的港口，蓬勃发展的国防工业导致住房严重短缺。托马斯写道：“许多挂着‘出租’招牌的公寓，很难被归类为适合人类居住的公寓。”

经过几周的寻找，托马斯遇到了一套他认为是“能凑合住”的公寓，但他决定暂时先订下来，未来的几个月再为家人寻找更好的住所。维维安习惯了纳什维尔的独栋住宅、树木和草坪，虽然是在城市的黑人隔离社区，但那是典型的美国生活方式。他发现：“在巴尔的摩地区，这种类型的住宅几乎不存在，或者更确切地说，黑人无法企及。”假如托马斯曾希望巴尔的摩的种族歧视氛围优于南方，那么现实一定会令他大失所望。当时的巴尔的摩住房管理局主席克利夫兰·比尔米尔在谈到战争期间黑人涌入巴尔的摩时说：“他们从北卡和南卡带来‘黑鬼’工人，他们为我们送来的是人渣。”像这样的种族主义态度弥漫在巴尔的摩住房管理中心，加剧了托马斯和其他成千上万新来的黑人为他们的家人寻找到一处体面住所面临的困境。

当布莱洛克初到约翰斯·霍普金斯大学担任外科主任时，他的抱负是恢复该部门在外科研究方面的声誉。当时外科研究工作集中在离医院大约一个街区的老亨特大楼。布莱洛克和托马斯第一次去那里时，看到眼前的场景，感到非常沮丧，这栋大楼又阴暗又破旧，大部分设备已经过时。他们首先需要重新粉刷那些需要长期使用的房间，托马斯着手向大学申请他们需要的实验用品和仪器。托马斯向实验室主任提交了一份清单，上面列有他和布莱洛克需要的物资，但他很快就意识到出了问题——而且不只是订单出了问题。

几天过去了，物资终于送到了，但有两件关键物品不见了。托马斯告诉布莱洛克物资丢失的情况，布莱洛克勃然大怒，他从桌子上抓起一张纸，潦草地给实验室主任写了一张纸条，上面写着："把维维安需要的任何我做实验需要的东西都归还给他。"然后让维维安亲手把它交给实验室主任。后来尽管主任经常在实验室的走廊里与维维安擦肩而过，但他再也没有和托马斯说过话。

在约翰斯·霍普金斯大学，托马斯作为一名黑人，经常会遇到不言而喻又无处不在的种族主义歧视，这是第一次，但远不是最后一次。托马斯的侄子、1986年毕业于医学院的骨科医生可可·伊顿指出，约翰斯·霍普金斯大学的医院和医学院都有着严格的等级制度。几十年来，着装规制要求男实习生穿白裤子和白色短外套，只有升任高级住院医师，才能穿自己的裤子和长长的实验室白大褂。

事实证明，当事情涉及一个黑人时，即便是神圣的传统也可能为偏见服务。托马斯在实验室里进行外科手术前的刷手时，习惯穿着他的实验室白大褂，这件衣服总是尽量漂白、上浆，没有丝毫褶皱。托马斯刚到约翰斯·霍普金斯大学不久，有一次，布莱洛克从医院的外科办公室打来电话，让托马斯带着他的笔记过去讨论最新的研究进展。"我把所有的东西都放在一个马尼拉麻制文件夹里，穿上我的外套，向医院走去……距离……到奥斯勒大楼大约是沿着长廊走一个街区。当我经过人们身边时，有些人就那么停下脚步，盯着我……我穿着一件白大褂。一个穿白大褂的黑人？这是约翰斯·霍普金斯大学前所未有的！"托马斯写道，得知这一事件后，布莱洛克"感到有趣，随后笑了"。伊顿认为他的叔叔"是一个骄傲的人，但很多时候这种骄傲无法表现出来。所以我觉得那个时刻对他来说太难了（图10.2）"。

图10.2　穿着实验室白大褂的托马斯照片（1970年左右）

用一只狗建立“蓝婴症”动物模型

在陶西格、布莱洛克和托马斯的初次会面中，陶西格希望他们展开新的挑战，通过改变“心脏周围的管道”，建立一条从心脏到肺部的新动脉通路，以挽救因血液含氧量不足而死亡的发绀婴儿。对于布莱洛克和托马斯来说，这无疑是一个技术上的挑战，那个年代还鲜有人尝试心脏手术。而且，这个挑战也预示着布莱洛克在范德比尔特大学开展的关于休克的开创性工作之后，即将投入一个新的外科学研究的空白领域。

在布莱洛克和托马斯考虑手术解决方案之前，他们首先需要用实验动物（狗）建立一个类似“蓝婴”的躯体状态。当布莱洛克全神贯注于他的行政和教学职责时，工作压力就落到了托马斯肩上。他写道：“陶西格博士在病理学大楼的博物馆里收集了大量有先天性缺陷的心脏。我常常一次连续几个小时、有时候连续几天仔细研究、思考这些保存下来的标本，试图弄清楚是否有可能以及如何创建这样一个模型来研究和尝试手术治疗。”

正如前面关于陶西格的章节所述，法洛四联症是婴儿发绀的最常见原因，包含四种不同的先天畸形。托马斯认为其中三个太复杂，深埋在心脏内部，无法以狗为模型模拟。只有心脏向肺供血的肺动脉的狭窄或闭锁，有可能被复制，即使想到这些，托马斯也必须努力创造所需的实验条件。他不断重复，非常艰辛地尝试各种方法，先用外科手术亚麻布带，然后用产房里获得的脐带，最后用橡胶管，尝试把脆弱的肺动脉扎起来，但都没有达到预期减少肺血流的效果。最后，在与布莱洛克讨论研究进展时，布莱洛克提议将右肺切除一叶，并将右肺动脉的一个分支与右肺静脉吻合，这样就形成了一个盲袢，同时本该进入右肺的血液经旁路直接进入肺静脉。托马斯再次回到实验室并尝试这个新手术，由于“减少了用于氧合的有效肺组织量”，模拟了法洛四联症的主要病理生理条件。这为从外科手术角度治疗这一主要先天性心脏病扫清了道路。

用陶西格的话说，一旦在实验动物身上创造出“蓝婴症”的条件，下一步就是寻找正确的解决方法，通过改变“周围的管路”来解决这个临床问题。为此，布莱洛克和托马斯将锁骨下动脉（向手臂提供含氧血液的动脉）连接（或者用外科术语来说，吻合）到肺动脉。1938年，布莱洛克曾在范德比尔特做了一次实验，试图制造肺动脉高压（肺内的高血压），但没有成功。当然，在这种解决方案用于人类之前，它必须实验动物身上进行反复测试。再一次，这项工作的大部分都落在了托马斯的肩上。

安娜：让一切成为可能的“病人”

当你走过约翰斯·霍普金斯大学医学院的走廊时，四周环绕着学院杰出历史人物的肖像。在生理楼的六层，那个注视着你的杰出“人物”也同样泰然自若，但你会注意到她有毛茸茸的耳朵和引人注目的湿漉漉的黑鼻子（图10.3）。1943年，维维安·托马斯和外科实验室团队对安娜成功实施了第一例"蓝婴手术"，她是一只完全成年的狗，确切年龄和血统已经无人知晓。她是第一只在手术（或后来被称为布莱洛克-陶西格分流术）中存活下来的狗，

图10.3　布面油画《安娜的画像》——丹尼斯·W. 特纳·平克顿（1951年）

注：布莱洛克-陶西格术式首先在名叫"安娜"的狗身上获得成功，随后应用于临床。

并因其对医学的贡献而家喻户晓。

安娜不仅熬过了手术，而且茁壮成长，成为霍普金斯大学和泛巴尔的摩社区的“名人”。手术后，安娜又在亨特实验室生活了14年，在那里，她是工作人员和访客的最爱。当接受“蓝婴手术”的年轻病人回到布莱洛克和陶西格医生那里接受随访时，他们通常会去看望安娜。孩子们和这只著名狗狗的照片出现在报纸和杂志上。1950年，安娜开始涉足电影行业，当时她的故事在一部电影中被提及，这部电影是学校的孩子们和其他热爱动物的团体共同制作的。1951年，当地著名艺术家丹尼斯·W. 特纳·平克顿为安娜绘制了肖像，并赠送给约翰斯·霍普金斯医院。亚历克斯·哈勒曾经是布莱洛克的外科住院医生，后来成为约翰斯·霍普金斯大学的小儿外科主任，他称安娜为“对被用于研究的动物实行人道对待的象征”。

对布莱洛克和托马斯的研究的终极考验

1944年11月下旬，婴儿艾琳·撒克逊的病情已经恶化到陶西格医生决定必须马上手术的地步，她去找布莱洛克，坚持请他试一试。手术安排在11月29日，布莱洛克和托马斯加快了准备工作。这位著名的外科医生告诉托马斯，需要他的协助完成一个手术，将一只狗的锁骨下动脉与肺动脉连接起来，“然后在我的协助下再做一两个”，托马斯说。布莱洛克在指定的时间出现在动物实验室，帮助托马斯。出于种种原因，包括作为外科主任繁重的临床和管理工作，布莱洛克再也没有回到动物实验室作为首席外科医生实践手术。用托马斯的话说：“布莱洛克医生旁观了很多次，但在他进行第1例‘蓝婴手术’之前，只参与了其中一次手术。”

为精细的血管手术找到合适的缝合针是一项挑战。标准的$1\frac{1}{8}$英寸（约2.86厘米）外科针太长，不适用于婴幼儿开胸手术。托马斯的解决办法是自己制作更小的针头。“切割、磨尖和穿线”他写道：“这是我做过的所有实验性血管手术的常规部分。”托马斯回忆说，“手术一确定下来，布莱洛克医生、我和手术室工作人员之间的沟通就一直保持着畅通，以确保所有准备都井井有条”。在决定对艾琳·撒克逊进行手术时，外科团队正在挑战一个未知的领域。靠近心脏脆弱的血管，病人的年龄和体型，以及她糟糕的健康状况都带来了严重的风险。

11月29日的清晨如约而至。托马斯已经告诉亨特外科实验室的化学技术员克拉拉·贝尔·普尔伊尔，他不打算旁观手术，并开玩笑说他担心这会让布莱洛克紧张。布莱洛克走进手术室，在他刷手之前，他抬起头来，看到普尔伊尔在走廊里，他说：“普尔伊尔小姐，我想你最好去给维维安打个电话。”托马斯来了，在走廊里坐了下来，但布莱洛克马上说：“维维安，你最好过来。”据托马斯说：“布莱洛克医生让我站在能看到他在做什么的地方，最好的位置是站在脚凳上，这样我就可以从他的右肩上方看过去。当时陶西格医生和麻醉医生一起站在手术台的头侧（图10.4）。”整个手术耗时约2个小时，布莱洛克经常向托马斯咨询，他能听到托马斯的声音，但并不知道他右肩旁边的情况。据布莱洛克的实习生回忆，在手术室里，布莱洛克与托马斯紧张、有时甚至悲伤的交流片段揭示了这位外科医生是多么依赖他那精通专业且技

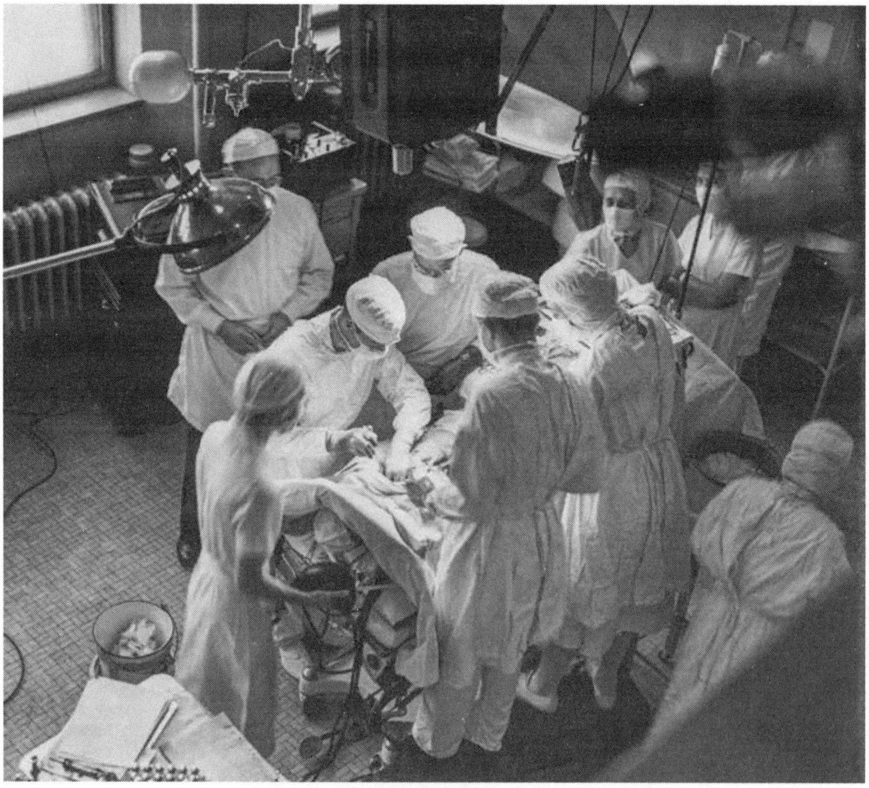

图10.4 “蓝婴手术”现场照片（1947年）

注：托马斯就站在布莱洛克身后，双手相触。

艺高超的技术员：

布莱洛克：锁骨下动脉被切断分离后，能够到肺动脉吗？

布莱洛克：切口够长吗？

托马斯：是的，如果不太长的话。

布莱洛克：这样行吗，维维安？

托马斯：另一个方向，布莱洛克医生。

布莱洛克：现在你看着，维维安，别让我把这些缝线缝错了！

最能说明问题的是，每当手术团队的一名成员无意中走到了布莱洛克后面和右侧指定的留给托马斯的位置，布莱洛克都会严厉地告诫这个冒犯者，说："只有维维安才能站在那里。"

小艾琳·撒克逊经过术后的早期初步改善后，她的恢复速度变慢了。她在儿科重症监护病房待了大约2周。又过了2个月，当她从约翰斯·霍普金斯医院出院时，她的情况已经有所好转，肤色几乎泛红。但不幸的是，正如我们所记录的那样，她在2岁前死于心脏并发症。1945年2月，布莱洛克和他的团队为另外两个6岁和12岁的孩子实施了"蓝婴手术"，他们的手术效果更好。托马斯已经在狗身上做了大约200次手术，以完善桥接锁骨下动脉–肺动脉的手术技术，为罹患法洛四联症的儿童部分恢复血液氧含量。尽管设计和实施手术的团队成员们都感到欢欣鼓舞，但很快就发现托马斯的任务才刚刚起步。

为了帮助这项开创性的手术发展为常规手术，必须着手研制新的外科手术器械。托马斯已经为第一次"蓝婴手术"制造了新的缝合针，但市面上几乎没有其他血管外科专用器械。托马斯着手设计新的精密的手术器械，设计改进现有的手术器械，以适用于随后的"蓝婴手术"，包括主动脉阻断钳，今天被称为"布莱洛克钳"（国内称为"哈巴狗钳"），用来临时夹闭主动脉以实施吻合手术。托马斯设计这些工具后，布莱洛克利用他与当地外科供应商的关系和影响力开始生产这些新手术器械（图10.5）。

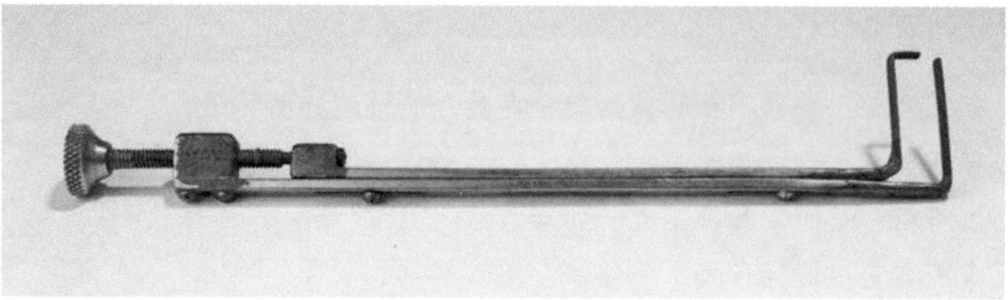

图10.5 外科血管钳照片

注：托马斯设计和制作了很多手术器械，这把外科血管钳是专门为“蓝婴手术”设计的。

风暴中心的霍普金斯

1945年5月，布莱洛克和陶西格在《美国医学会杂志》（*JAMA*）上发表了他们的历史性文章《心脏畸形的外科治疗》（*The Surgical Treatment of Malformations of The Heart*）（维维安·托马斯的名字没有出现在文章中）之后，托马斯的工作时间不得不成倍增加。一名美联社记者甚至在作者们收到他们的文章小样之前就知道了这件事，消息传开了。“不用说，”托马斯回忆说：“约翰斯·霍普金斯大学在此后的很长一段时间里都不一样了。”

一旦手术成功的水闸被打开，那些读过或听说过这项挽救生命的“蓝婴手术”的父母们，把巴尔的摩当作心中的圣地。用托马斯的话来说：“他们乘汽车、火车和飞机赶来。”许多人没有与医院提前沟通，没有预约门诊，甚至没有预订酒店。因此，心脏门诊的病人实在太多了。起初，他们来自美国各地，但几周后，国外的一些家庭也蜂拥而至。来自美国各地以及不久之后来自其他国家的医生们前来观摩布莱洛克及其团队的手术，为约翰斯·霍普金斯大学这一狂热活动旋涡推波助澜。

在《美国医学会杂志》的文章发表后的最初几周和几个月里，托马斯一直工作到精疲力竭，以跟上布莱洛克疯狂的工作量。布莱洛克非常依赖托马斯，以至于经常要求他到手术室。1945年，布莱洛克和他的团队在药房大楼的706室（也被称为心脏室）完成了100多例“蓝婴手术”。托马斯估计，尽管他们的手术越来越熟练，但布莱洛克一直坚持至少在最初的50台手术，托马斯要站在他的身边。

手术时陪在布莱洛克身边只是托马斯的职责之一。他会从手术室跑到病房抽血，测定下一组准备接受手术的“蓝婴”的血氧水平和其他血液生化指标。在布莱洛克把术后血液检查工作也给到托马斯后，他的日子变得更加忙碌。总之，会有更多的病人需要处理，这些病人几个月前已经出院，正在返回医院接受复诊的血液检查。那时，托马斯的一天一般从早上7点半开始，在病房里采集动脉血氧标本，期间几次去手术室协助布莱洛克，直到晚上8点他回到外科实验室分析汇总来的血样后才能下班。托马斯写道，在一天的某个时候，他会偷偷抽出10到15分钟“放松一下，喝杯可乐，抽根烟”。

也许是与生俱来，也许是出于防备之心，托马斯是个注重隐私的人。考虑到他紧锣密鼓的日程安排，以及他与病人的接触仅限于抽血，我们很容易认为，在约翰斯·霍普金斯医院的手术室和儿科病房，他与周围人存在情感上的疏离。但事实并非如此，在他的自传中，托马斯描述了令人动容的时刻：

一个两岁半的小女孩从未尝试过不经鼓励就能走路，哪怕是站立起来。在小女孩接受“蓝婴手术”不到两周后，她的母亲一走进她的房间就哭了起来，因为发现她站在婴儿床的栏杆旁。像这样的场景，看到这些小病人的状况不可思议地、奇迹般地得到改善……给了我们所有人坚持下去的力量和勇气。

白天指导外科医生，晚上端盘子

终于，在没有托马斯在身边的情况下，布莱洛克可以轻松完成“蓝婴手术”，并将耗时的血液分析转移到了其他部门。1945年底，布莱洛克急切地希望托马斯能回到他的全职研究工作中。陶西格提出的通过手术解决发绀婴儿之谜的挑战，现在成为进一步研究一系列心血管问题的催化剂。一回到实验室，托马斯就着手开始研究，首先他想知道，在接受“蓝婴手术”的婴儿体内，连接锁骨下动脉和肺动脉的缝线随着身体发育会发生什么变化。

虽然没有头衔，但托马斯实际上是布莱洛克实验室的主任，他不仅是一位天才的外科研究人员，也是一位杰出的教师（图10.5）。作为实验室的主

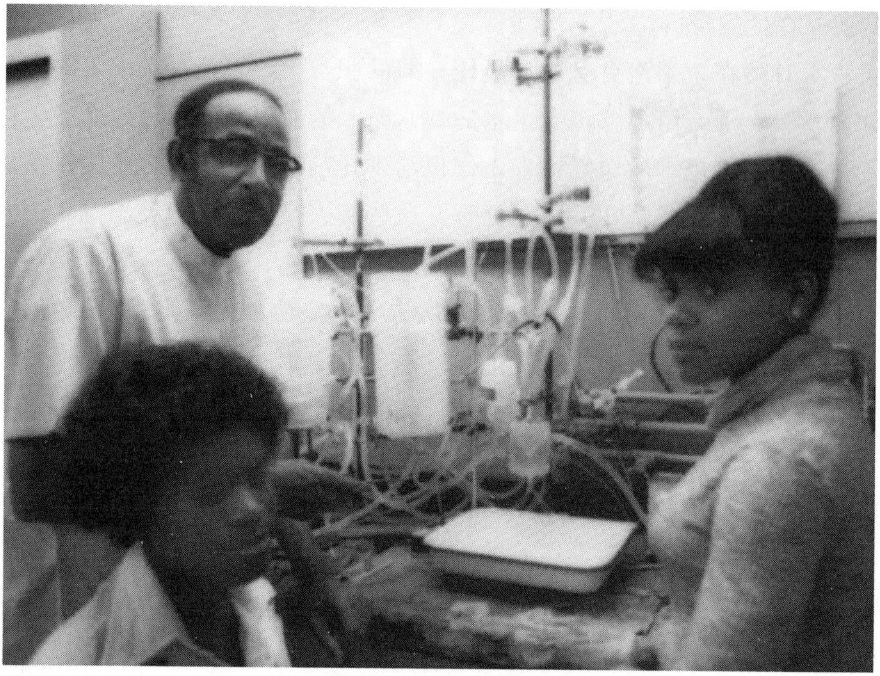

图10.6　托马斯在教学中照片（1978年）

任，由于他在备受推崇的实验动物外科课程中担任领导角色，托马斯培养了整整一代外科住院医生，其中许多人后来成为各自领域的领导者。丹顿·库利后来是德克萨斯心脏研究所的创始人和首席外科医生，在早期“蓝婴手术”期间，他是布莱洛克的外科实习生。“即使你以前从未见过手术，”库利说，“你也可以做，因为托马斯让手术看起来很简单。”对于托马斯的手术技巧，库利评价道：“他做手术的时候，没有一个错误的动作，也没有一个多余的动作。”罗威娜·斯宾塞是约翰斯·霍普金斯大学的一名医学生和住院医生，后来成为一名杰出的小儿外科医生，她说：“在我的职业生涯中，我的外科技术多次受到称赞。我承认，当我告诉他们我从一个只有高中学历的黑人那里学到的外科技术时，他们都倍感震惊。”

布莱洛克本人对托马斯的外科天分给予了极高赞誉。尽管布莱洛克开创了一种大胆且富有创造性的方法来解决困扰“蓝婴”的先天性心脏病，但如何帮助先天性心脏大血管转位病人的问题却困扰了他多年。1947年的某日，布莱洛克回到外科实验室，托马斯向他展示了他发明的一种解决方案。通过在心脏左右两侧之间制造并缝合一个小洞。托马斯帮助解决了转位的问题。

托马斯在自传中写道：

他站在那里检查狗的心脏，用指尖在房间隔的中等大小的缺损上来回移动，我和他都没有说话，大约四五分钟后布莱洛克医生终于打破沉默，问道："维维安，你确定是你干的吗？"我的回答是肯定的，然后停了一会儿，他说："嗯，这看起来像是上帝创造的东西。"

尽管托马斯拥有非凡的技术，但他的种族和"技术员"的身份经常使他处于尴尬的地位。当布莱洛克一家在家里招待客人时，托马斯通常以被侍者或调酒师的身份出现。有时会遇到他（托马斯）白天指导住院医生手术操作，晚上则为他们端上饮料的情况。这种脱节的情景在今天看来是莫大的讽刺，但在约翰斯·霍普金斯大学接受过布莱洛克住院医生培训的威廉·格罗斯回忆说："我想我们当中没有人意识到，让一个像他这样才华横溢的人在餐桌或吧台旁边工作是多么古怪。"显然，布莱洛克不难将托马斯的角色区分开来（同时也不难将两者合并）：他既是职业团队的重要成员，又是家庭服务员。布莱洛克的外科医生马克·拉维奇注意到，1960年，在巴尔的摩华丽并实施种族隔离的南方酒店为布莱洛克举办的60岁生日晚宴上，托马斯并没有出现在宾客名单上。"问题来了，布莱洛克医生是否希望托马斯在场……当时，大卫（萨比斯顿）是与布莱洛克医生关系最亲密的人，大家同意他就这件事与布莱洛克医生谈谈。但他回来时告诉我们，托马斯没有被邀请。"

约翰斯·霍普金斯大学的种族隔离

1941年，维维安·托马斯跟随布莱洛克来到巴尔的摩，他加入的约翰·霍普金斯大学是一所完全实行种族隔离的学校。种族隔离以及白人和"有色人种"在地位、机会和住宿方面的不平等，几乎遍布大学的每个角落。1992年，长期担任约翰·霍普金斯医院经理人的路易丝·卡瓦尼亚罗亲自撰写了一篇题为《约翰斯·霍普金斯大学医学院的种族隔离与废除种族隔离史》的报告。作为医院的经理人和副院长，她在废除约翰斯·霍普金斯医院病区种族隔离措施方面发挥了积极作用。卡瓦尼亚在2002年更新了这份文件，但它仍未在约翰斯·霍普金斯大学的艾伦·切斯尼医学档案馆中发表。本节中关于约翰斯·霍普金斯大学种族隔离制度及其缓慢解除进程的资料主要来自卡瓦尼亚罗的书面报告。

约翰斯·霍普金斯先生留给董事会成员的信中明示，以他的名义建立的医院将接纳"本市及其周边地区的贫困病人，不分性别、年龄和肤色"。尽管如此，到1892年，也就是医院开业仅仅3年之后，董事会的会议纪要指出，创建"有色人种病房"是可取的，因为无论是"有色人种病人"和其他病人住在同一间病房，抑或腾出原本为付费病人准备的房间，都会里使双方感到不舒服。

接待黑人的新病房楼于1894年3月开放，在1923年重建之前，这里一直住着男性和女性黑人病人。尽管如此，成年黑人和白人分开的住院病房仍然是约翰斯·霍普金斯医院一贯的照护特色，直到1950年废除种族隔离政策之后才开始设立私人病房。最后废除种族隔离的病房是精神科病房，以前需要住院服务的黑人总是被转到州立医院。与许多其他种族隔离的政策一样，这些政策结束的确切时间和方式已经难以追溯。

对种族混杂的恐惧，尤其是对他们体液的恐惧，几乎影响着约翰斯·霍普金斯医院医疗护理的方方面面。在20世纪40年代，医院的血库有单独的冰箱存放"白人血"和"有色人血"，每个瓶子都贴上相应的标签。1916年的院长年度报告中提到，医院存放病故遗体的设施现况"不令人满意"。于是，医院在病理楼里建造了隔离冷藏室，一处给黑人病人，一处给白人病人，一直使用到1960年。

孩子的天真与带有种族隔离标签的饮水机之间的偶然事件凸显约翰斯·霍普金斯大学政策的尴尬。这个故事讲的是一个小女孩从一个标着"有颜色的"饮水机里喝了一口水，然后跑回妈妈身边，为水里没有七彩斑斓而不开心。其他公共设施也是分别设计和安置的，且其标准也缺乏公平。除了饮水机外，浴室、更衣室、自助餐厅和手术室等候区都是实行种族隔离的。在医院的旧服务大楼里有两个用餐区。白人员工可以在二楼的护士自助餐厅用餐，而黑人员工，包括护士、技术人员和其他专业人员，则在一楼的员工自助餐厅用餐。20世纪50年代，一些黑人员工开始在护士自助餐厅用餐，但直到1963年新自助餐厅开业，这种隔离用餐制度才完全消失。

维维安·托马斯在约翰斯·霍普金斯大学的38年里，直到他任期即将结束的时候，都几乎没有遇到过黑人专业人士。实际上，在招聘、薪酬和晋升方面的歧视一直是约翰斯·霍普金斯大学从成立到20世纪中叶真实存在的一面。黑人更多地从事打扫卫生和餐饮相关工作，少部分人可以做后勤工作。1935年的工资表揭露了黑人和白人员工不平等的工资等级。

第一位被医学院录取的黑人学生是来自尼日利亚的吉姆·纳布万古。第二年，霍华德大学的优等生罗伯特·甘布尔转到二年级。两人都在1967年获得了医学博士学位。到2000年，约翰斯·霍普金斯大学医学院中有11%的学生是黑人。

为种族歧视而斗争

正如卡瓦尼亚罗的报告所指出的，约翰斯·霍普金斯大学种族隔离及其废除的历史是复杂的，尤其很多重要时刻，大部分都没有被记录下来。作为一家医院，而不是一个政府机构，许多隔离种族的政策也没有官方记录。它们更多的是一种惯例和默许，而不是文件规定。诚然，随着20世纪60年代早期的民权运动和随后颁布的联邦平权法案政策的迅速出台，约翰斯·霍普金斯大学废除种族隔离的趋势不断高涨，但董事会和医学部的高级领导人坚持选择让某些歧视措施渐渐淡出历史的方式。卡瓦尼亚罗强调说："他们没有作任何声明。"

约翰斯·霍普金斯大学的种族隔离及其废除也受到"当地条件"的强烈影响。托马斯从纳什维尔搬到北方后发现，巴尔的摩居然是一个更"南方"的城市，这让他非常沮丧。约翰斯·霍普金斯大学东巴尔的摩校区之外的大都市与医学院一样彻底实行种族隔离，托马斯的大部分职业生涯都笼罩在吉姆·克劳时代思想的余孽中。托马斯作为一个黑人，在他所居住的城市面临着从住房到子女教育等方方面面的种族障碍，与这些困境形成对比的则是他熠熠生辉的成就。

职业生涯的后期和迟来的认可

随着20世纪50年代最高法院对布朗诉教育委员会案的裁决，以及20世纪60年代民权运动的兴起，约翰斯·霍普金斯大学和巴尔的摩的种族歧视观念开始慢慢转变。托马斯的处境也因此发生变化。1952年，托马斯在巴尔的摩棒球场以北的一个较为理想的曾经的种族隔离社区建造了一栋优雅的现代风格的别墅。正如托马斯在自传中所说，房子所在的社区有树木、有草坪，这是他1941年搬到巴尔的摩时想为家人寻找的，但当时作为黑人的他没有任何办法。他与布莱洛克富有成效的研究伙伴的关系仍在继续，许多医学杂志的文章都以这位外科医生的名字冠名，尽管托马斯很少（如果有的话）被列为合著者之一。到20世纪50年代末，布莱洛克的健康状况每况愈下。尽管托马斯在继续培训布莱洛克的外科住院医生（这群人后来被冠以“老手”之名）方面发挥着关键作用，但他们的研究步伐却大大放慢了。1964年，布莱洛克从外科主任的职位上退休，几乎与此同时，约翰斯·霍普金斯大学整合了病房和餐厅。第二年，布莱洛克因癌症去世。接下来的6年里，托马斯看起来非常低落，虽然仍然管理着外科实验室，但他几乎停止了所有研究。

新的十年重新点燃了托马斯的热情。他在指导新一代，像他一样的黑人学生的过程中找到了未来的意义和目标，这些学生终会成为约翰斯·霍普金斯大学的先驱。理查德·斯科特是约翰斯·霍普金斯大学第一位非裔外科实习生，他这样评价托马斯：“他是我最初的支持者，正是由于他的鼓励，我才能够坚持我的职业选择。”

2003年，美国公共广播公司上线了以维维安·托马斯自传为脚本的优秀纪录片《心灵的伙伴》（*Partners of the Heart*）。影片讨论了托马斯重新意识到自己是医学院里黑人学生的榜样，以及托马斯和他的黑人学生们之间的代沟。他指导的学生——李维·沃特金斯是第一位获得约翰斯·霍普金斯大学心脏外科教职的非裔美国人，他说：

> 我们来自不同的时代。他来自四十年代，我来自五六十年代。我接触过金博士和整个民权运动。我在看约翰斯·霍普金斯大学发生了什么，老实说，它和亚拉巴马州并没有太大的不同。因此，我直言不讳地讨论我们应该如何对待黑人医学生、实习生、住院医生、教师等。他以父亲的方式，只是希望我保持冷静，去等待适当的时机。

托马斯是两家种族隔离现象严重的医院里几乎唯一的非裔美国专业人士，他在这期间建立了自己的事业和声誉。但出于不得已，他谨慎地选择挑战和斗争，甚至他在自传中使用“Negro”（而不是“Black”）来描述他的种族同胞，这也反映出他谨慎、深思熟虑的态度。沃特金斯的风格更直接，不惜诉诸对抗。两人互相尊重，互相学习，共同推进了约翰斯·霍普金斯大学的种族平等（图10.7）。

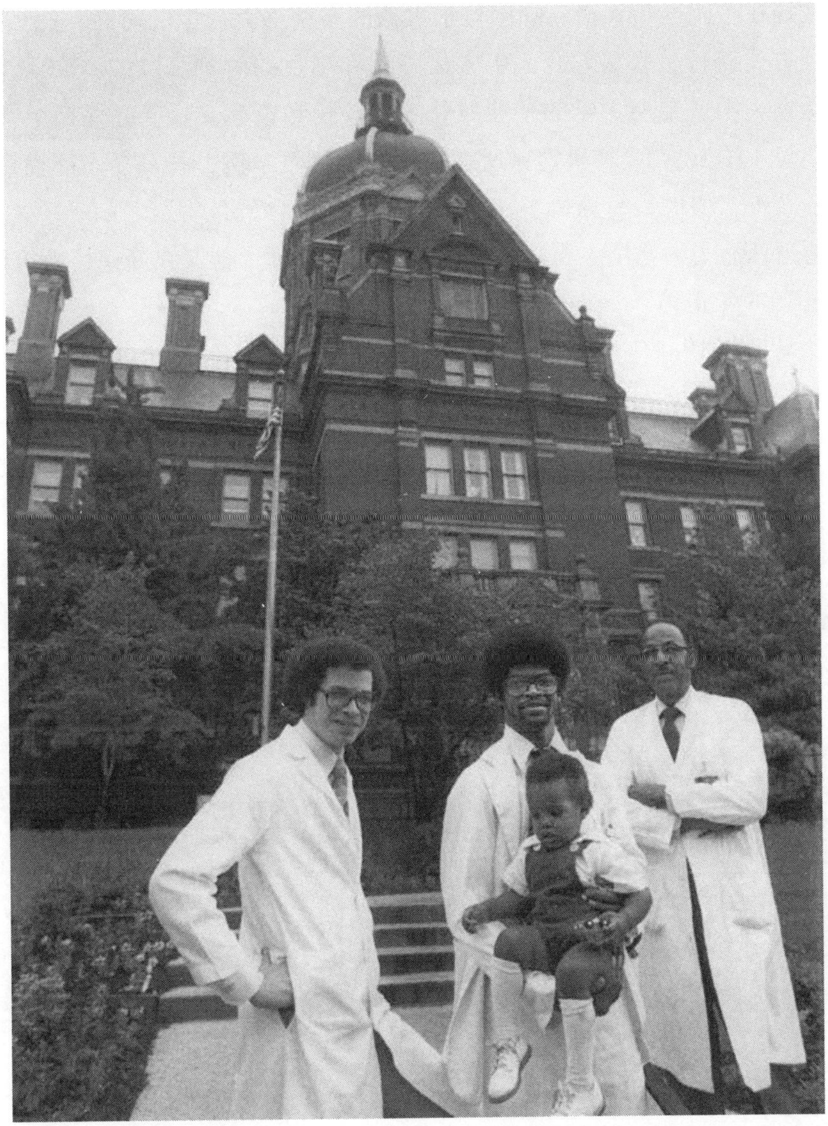

图10.7　约翰斯·霍普金斯大学比林斯行政大楼前的四代人合影（1979年）

注：合影者包括托马斯（右）与外科住院医师雷金纳德·戴维斯（中），他的儿子詹姆斯，以及心脏外科医生和教职员工李维·沃特金斯（左）。

到20世纪70年代，托马斯已经在约翰斯·霍普金斯大学工作了30年，他和阿尔弗雷德·布莱洛克的合作使约翰斯·霍普金斯大学的外科学在国内和国际上都享有盛誉。姗姗来迟的认可接踵而至。1971年2月，托马斯和他的家人，以及几十名医生和工作人员在约翰斯·霍普金斯大学的礼堂，外科学系的“老手们”请他坐下来，观礼他的肖像揭幕仪式（彩图14）。这幅油画现在被挂在主院区布莱洛克临床科学大楼的布莱洛克肖像的对面。托马斯说，以这种方式获得荣誉是“我人生中最感动和满足的时刻”。1976年5月21日，在约翰斯·霍普金斯大学的毕业典礼上，校长和董事会授予托马斯荣誉法学博士学位（图10.8）。如果遵循所在州的执照许可条例，托马斯不能被授予荣誉医学博士，但他最终赢得了“托马斯医生”的称号且实至名归。不久之后，托马斯被任命为约翰斯·霍普金斯大学的外科讲师，他又在新岗位上工作了3年直至1979年退休。

托马斯于1985年11月26日因胰腺癌病故，刚好在他的自传《心灵的伙

图10.8　托马斯（左一）获得约翰斯·霍普金斯大学荣誉博士学位合影（1976年）

注：合影者还包括海伦·陶西格（左二），大学校长史蒂文·马勒（中），以及卢波夫基弗和刘易斯·托马斯博士（右）。

伴：维维安·托马斯和他与阿尔弗雷德·布莱洛克的合作》出版前的几天。受这本书的启发，HBO创作的影片《神迹》和PBS制作的纪录片《心灵的伙伴》同获艾美奖。

托马斯自述

在回忆录的序言中，托马斯解释了他把自己的人生故事写在纸上的原因。他写道："在我的职业生涯中，我很少考虑写自传或回忆录。然而，随着岁月的流逝，我的个人生活和我早期的科学工作越来越公开，我自己也不可避免地细思过往。"托马斯注意到，在外科研究方面，他"与许多取得巨大学术成就的人联系密切"。尽管缺乏"成为外科讲师或研究员所需的正规教育和培训经历……但实际上我曾长期担任这两项职务"。他显然感到有必要澄清事实。托马斯的这部232页的回忆录，很大程度上依赖于他的个人档案和实验室笔记，而在高风险实验中描述的研究者所面临的压力和带有明显个人色彩的执着，这些细节只有从内部人士的记述里方能窥见。

即使这能解释他的写作动机，但一些人仍然质疑，仅仅受过高中教育的黑人怎么可能写出这样的自传——记录了长达50年的职业生涯，况且他的职业生涯对开创现代心脏外科学发挥了如此关键的作用。托马斯解释的意图并非捍卫自己的原著身份，但幸运的是对我们这些关心他的人生故事的人来说，有令人信服的证据证明了他自传的真实性。

证明这部自传是托马斯亲手所著的最有说服力的证据就在我们眼前，白纸黑字。在约翰斯·霍普金斯大学医学院的艾伦·梅森·切斯尼档案馆中，关于维维安·托马斯的17号文件盒里有托马斯自传中许多章节的原始手稿。如果我们比较一下托马斯手稿的开头几行，他用整洁、平滑的草体手写（图10.9）的这些字句与《心灵的伙伴》发行版第174页上的字句完全吻合。第15章的第一句话同样与托马斯的手稿一字不差。

每一个所谓的文学赝品，都有一个被预设的编纂人。那些不相信维维安·托马斯自己书写传记的人，通常会把矛头指向为该书撰写前言的外科医生马克·拉维奇。拉维奇在20世纪40年代初是布莱洛克的外科住院医生，曾在老亨特实验室与托马斯密切合作。在《心灵的伙伴》的前言中，拉维奇写

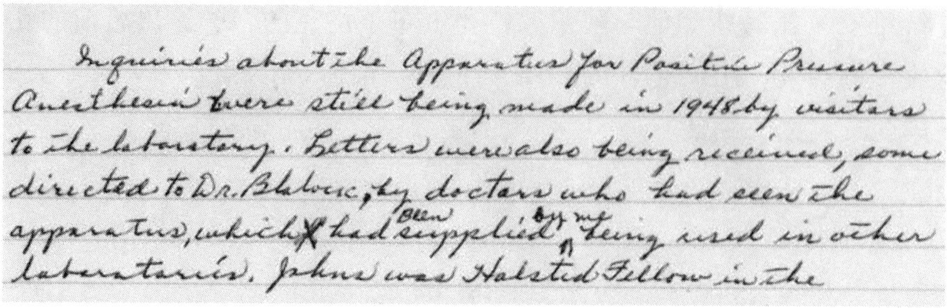
Inquiries about the Apparatus for Positive Pressure
Anesthesia were still being made in 1948 by visitors
to the laboratory. Letters were also being received, some
directed to Dr. Blalock, by doctors who had seen the
apparatus, which ~~I~~ had been supplied by me being used in other
laboratories. Johns was Halsted Fellow in the

图10.9　托马斯自传第15章开头的手写草稿照片

注：托马斯整洁的草体手迹几乎与其自传的同一章的第174页一字不差。发行版的自传开头是：“1948年，仍有参观者向实验室询问正压麻醉装置的情况。”（来自维维安·托马斯藏品第17号文件盒，第2文件夹，约翰斯·霍普金斯大学医学院艾伦·梅森·切斯尼档案馆。）

道，“令他倍感欣慰的是他的‘激励’和他办公室的‘秘书服务’帮助托马斯完成了这项工作”。怀疑论者把这句话曲解成拉维奇写了这本书。

在这里，证据再次支持托马斯的作者身份。拉维奇和托马斯在1980—1982年间的一系列书信往来清楚地表明，拉维奇对托马斯自传的主要贡献是对某些人物和话题是否能被纳入或拓展的一般性建议。例如，1980年8月28日，拉维奇写信给托马斯：“我喜欢你对老亨特实验室的评论，以及它可怕的状况……在第29页，你可以告诉我们更多关于海伦·陶西格的身体状况和言行举止等。”

为什么有些人质疑维维安·托马斯是否真的写了他的自传？原因尚不完全清楚，但对他的作者身份的质疑可以追溯到约翰斯·霍普金斯大学的医生和其他专业人士鄙夷地盯着一个身着白大褂穿梭于约翰斯·霍普金斯医院走廊上和在老亨特实验室指导实验性外科手术的黑人。笔者认为，我们应该欣慰有这样一个真实的故事，托马斯生动、详细、可辨读的笔记，为我们记录了心脏外科手术的早期发展，以及他在公开且巧妙地应对种族主义的同时，为自尊和尊严所亲历的斗争。

虽然他生前没有得到充分的认可，但托马斯对外科临床和外科学研究的重大贡献现在得到了约翰斯·霍普金斯大学的充分认可。医学院的4所“学院”中有一所以托马斯的名字命名（其他三所是为了纪念海伦·陶西格——我们在本书第九章介绍过她；弗洛伦斯·萨宾——多萝西·里德的同学，也是第一位入选美国国家科学院的女性；丹尼尔·内森斯——1978年诺贝尔生理学或医学奖得主)。2021年5月，约翰斯·霍普金斯大学宣布了维维安·托马斯学者资助计划。“托马斯学者”项目由彭博慈善基金会捐赠1.5亿美元，旨在解决历来少数族裔在科学、技术、工程和数学学科中代表性不足的问题，并将在这些所谓的STEM（科学、技术、工程、数学英文首字母）领域培养更多元化的新一代领导者。这项资助计划以托马斯的名字命名不仅恰当，而且具有纪念意义。托马斯未能获得攻读医学院的经济支持，但仍然继续进行开创性的外科研究，这项倡议将为历史悠久的黑人学院和大学（HBCUs）和少数民族服务机构（MSIs）的学生提供在约翰斯·霍普金斯大学攻读博士学位的新机会。

来自他人的认可和赞誉往往是主观虚幻的，但货真价实的成就必须基于事实。在我们看来，要对维维安·托马斯的一生和他对心脏外科的贡献进行公正的评价，必须承认他在发明“蓝婴手术”中所起的关键作用。比利时病理学家J. 范·罗贝斯在2016年的一篇文章中写道：“为了纪念他对‘布莱洛克–陶西格分流术’的不可忽视的贡献，它实际上应该被称为‘布莱洛克–托马斯–陶西格分流术’。但维维安·托马斯是有色人种，在当时的美国，他的社会地位甚至比女性还要低。”考虑到托马斯所取得的成就以及了解了他必须克服的种族主义歧视和障碍，我们完全同意这一观点。

（王成彬　译）

后　记

维维安·托马斯默默地下定决心，历经磨难最终被尊为心脏外科诞生的重要贡献者，至此，我们已经写下了美国医学重塑故事的最后一章。但与大多数引人入胜的故事一样，这场现代科学革命的故事还没有结束。这里介绍的十位先驱启动了一个自我延续的发现引擎，直到今天这个引擎仍然具有推动力。他们的人生故事为今天提供了重要的借鉴。

事实上，在一个充满怀疑和不信任的时代，这些浓缩的传记也许比以往任何时候都更加重要。《纽约时报》专栏作家大卫·布鲁克斯在一篇题为《真理就是这样消亡的》（*This Is How Truth Dies*）的文章中写道：伟大的国家通过不断刷新“我们讲述自己的故事”而繁荣昌盛。布鲁克斯认为，这些共同的故事让我们感受到“我们是谁……我们所赞赏的……以及我们希望共同建设一个怎样的世界”。布鲁克斯在美国国庆节前几天写下这篇文章，显然是在关注美国的故事。但我们认为，像医学这样一个古老且对社会福祉如此重要的职业，也有自己的讲故事的传统，这可以帮助我们正确看待我们所思考的生命。也许更重要的是，我们自己的生命和我们的生命故事。

当然，本书介绍的十位医学先驱没有一位是完美的，有些人甚至存在很大的缺陷。然而，尽管当前的医学技术已经远远超越了他们的开创性贡献，但我们相信，用布鲁克斯的话来说，他们的人生轨迹可以“给我们一种认同感，一种要实现的理想感，以及一种对我们最重要的价值观的领悟”。这种对“更好的天使”的重新关注，是对困扰我们时代的犬儒主义和部落主义的强有力的解毒剂。

我们所选的十位先驱中每一位都留下了独特的遗产，这些遗产已永久地融入现代医学的共有故事中。比如，我们将会永远怀念玛丽·伊丽莎白·加勒特。虽然她曾被剥夺了接受大学教育的机会，但她以柔克刚迫使约翰斯·霍普金斯大学校长丹尼尔·吉尔曼和他的董事们在与男性平等的基础上接受了录取女性进入医学院的条件。同样，我们缅怀杰西·拉齐尔，他以军人的勇气不惜牺牲生命，证明了埃及伊蚊是黄热病的传播媒介。在我们这个时代，我们不能忘记海伦·陶西格。虽然她的听力严重受损，只能用指尖“倾听”年幼病人的心脏，但她敢于想象“蓝婴手术”（或者正如我们所争论的“布莱洛克-托马斯-陶西格”手术），挽救了成千上万有先天性心脏缺陷的儿童。

我们向这三位楷模致敬，也向所有十位先驱致敬，因为他们具有非凡的品格。他们的一生表明，尽管医学存在缺陷和局限，但它仍蕴含着对美好未来的希望。这十位先驱追求各自不同的道路，拥有不同的个性。他们中的很多人都面临着巨大的逆境。他们每个人都将内心的力量与共同的激情结合在一起。这种激情就是对科学医学的承诺，即扎根于研究和实验、细致入微的临床观察以及对数据和结果的严谨分析。简而言之，他们每个人都相信，人类疗愈的进步取决于对自然的“询问”。正如这个非凡群体中最著名的人物威廉·奥斯勒所说：“有幸经历这样一场革命，见证科学的新生、健康福祉的重新分配、医学院的重组、医院的重塑、人类的新面貌，这不是每一代人都能亲历的。”

我们生活在这样一个时代，即使是我们利用精心整理的证据和严谨的分析所获得的知识，也已成为无处不在的文化战争牺牲品。正如布鲁克斯所写，“信任的崩溃”和“敌意的滋生”已成为一种普遍现象。这种状况甚至适用于通过科学获得的知识，尤其是通过医学研究获得的知识，正如美国在全球新冠肺炎大流行中的经历所表明的那样。我们无须重提关于疫苗接种、掩蔽真相以及如何在学校环境中保护儿童安全等话题的激烈争论，就能知道这十位先驱努力研究和发现的信念正在遭受攻击。

要解决这种对科学医学缺乏信任的问题并不容易。布鲁克斯在专栏中指出：“这是情感问题，而不是智力问题。真正的问题存在于制作共情故事的系统中”。作为笔者，我们从布鲁克斯敏锐的观察中得到些许安慰：我们最需要的是“植根于现实生活复杂性中的故事”和“每个人都能在其中找到光荣地位的叙事”。

我们已经尽了最大努力讲述在美国医学界掀起一场科学革命的十位先驱的故事。我们试图将他们人性的复杂性展现出来，并对他们所面临的障碍、限制以及他们所达成的杰出工作表示理解和同情。我们希望，分享他们的故事能在某种程度上拉近彼此之间的距离。至于是否能得偿所愿，我们将留给读者评判。

（景　泉　译）

致　谢

我们要向获得“阿尔弗雷德·布莱洛克杰出服务”荣誉称号的外科教授约翰·卡梅隆博士深表感谢，感谢他举办关于约翰·肖·比林斯和威廉·斯图尔特·霍尔斯特德的鼓舞人心的讲座，讲台上的他对历史的热爱极具感染力。

我们还要感谢约翰斯·霍普金斯大学下属艾伦·梅森·切斯尼医学档案馆所有工作人员的付出。十分感谢南希·麦考尔、安德鲁·哈里森、蒂莫西·威斯涅夫斯基以及菲比·埃文斯·莱托查为本书许多文件和图像所提供的帮助，还有纽约公共图书馆的参考档案管理员塔尔·纳丹提供的档案服务，他帮助我们获得了关于约翰·肖·比林斯的重要材料。约翰斯·霍普金斯大学医学史系的克里斯汀·鲁格尔在从该系的收藏中获取原始资料方面发挥了重要作用。史密斯学院负责特别收藏研究服务的档案管理员凯特·朗，麦吉尔大学奥斯勒医学史图书馆的文件技术员莉莉·斯齐吉尔，杜克大学医学中心图书馆和档案馆负责研究、外联、教育的档案馆员丽贝卡·威廉姆斯，弗吉尼亚大学克劳德·穆尔健康科学图书馆的历史收藏图书馆员埃米莉·鲍登，布林·莫尔学院特别收藏馆的学院档案管理员艾利森·米尔斯，以及布林·莫尔学校的档案管理员克莱尔·鲁本，为本书在获取图像和其他材料方面提供了重要帮助。

病理学和医学应用艺术学教授诺曼·巴克，用他敏锐的眼光和深厚的技艺，使我们书中的历史图片尽可能地清晰、干净。医学应用艺术学教授戴维·里尼将他在传统美术的技能与新技术巧妙地融合在一起，为我们的十位先驱们创作了原始插画。里尼与约翰斯·霍普金斯大学医学应用艺术系主任科琳娜·桑多内对布雷德尔的医学插画给予了深思熟虑的评论。

哈珀·戈德斯坦作为本项目的编辑助理提供了大量帮助。我们由衷且深切地感谢他所做的许多默默无闻的辛苦工作。

我们要对负责章节审阅的专家们深表感谢，他们是：审阅了关于威廉·奥斯勒爵士章节的斯蒂芬·阿丘夫；审阅了关于多萝西·里德·门登霍尔章节早期版本的彼得·道森，审阅了关于约翰·肖·比林斯和威廉·斯图尔特·霍尔斯特德章节的约翰·卡梅隆，审阅了关于维维安·托马斯章节的约翰·伍德和马尔科姆·布罗克，审阅了关于玛丽·伊丽莎白·加勒特、多萝西·里德·门登霍尔以及海伦·陶西格章节的艾琳·(帕蒂)·维宁。他们每个人都为我们提供了新的视角和宝贵建议。除了帮助我们从切斯尼医学档案馆获得几十张图片和文件外，南希·麦考尔也将她对约翰斯·霍普金斯医学史的深刻认知带入我们的项目，克莱尔·鲁本用她精准批评的眼光阅读了整个手稿并提供了重要反馈。简·鲍尔斯是我们重要的咨询顾问，他审阅了各章节的编写。约翰斯·霍普金斯大学的乔·戈德斯坦主持了在线讲座和讨论，并在整个项目中提供了宝贵的建议和支持。没有他，本书不可能出版。

此外，我们还要感谢珀伽索斯图书出版社的克莱本·汉考克和杰茜卡·凯斯，以及西蒙与舒斯特出版社的基思·帕伦特。他们指导我们完成出版过程，使本书得以问世。

最后，要特别感谢J. 马里奥·莫利纳博士，感谢他对医学史的赞颂，特别是对本书的支持。基于医学哲学家威廉·奥斯勒的精神，莫利纳博士无疑是一个真正的医生典范。

（景　泉　译）

彩 图

彩图1 约翰斯·霍普金斯医院开业时的比林斯行政大楼照片（约1889年）

彩图2 布面油画《四位医生》——约翰·辛格·萨金特（1906年）

注：这也许是美国医学史上最著名的画作，它描绘了约翰斯·霍普金斯大学医学院的四位创始医生：威廉·亨利·韦尔奇、威廉·霍尔斯特德、威廉·奥斯勒和霍华德·凯利（从左至右）。

彩图3 布面油画《玛丽·伊丽莎白·加勒特》——约翰·辛格·萨金特（1904年）

彩图4 布面油画《约翰·肖·比林斯》——布拉德利·史蒂文斯改编创作自塞西莉亚·波克斯（1989年）

彩图5 《时代》杂志封面（1930年4月14日）

注：80岁时，威廉·亨利·韦尔奇被誉为“美国医学的院长”，他把约翰斯·霍普金斯大学打造成了“同类医学院中的典范”。

彩图6　布面油画《威廉·亨利·韦尔奇》——托马斯·科纳（1920年）

彩图7　布面油画《威廉·奥斯勒爵士》——托马斯·科纳（1905年）

注：这幅威廉·奥斯勒爵士肖像挂在约翰斯·霍普金斯医院内科主任的办公室里。

彩图8 布面油画《格罗斯医生手术示教课》——托马斯·埃金斯（1875年）

注：托马斯·埃金斯为塞缪尔·D. 格罗斯医生创作的肖像。格罗斯医生未戴医用手套，手指上可见血迹，病人的母亲充满畏惧地蜷缩在背景中。

彩图9　布面油画《威廉·斯图尔特·霍尔斯特德》——托马斯·科纳（1936年）

彩图10　题为《牺牲》的玻璃画局部照片

注：该玻璃画是华盛顿特区国家大教堂的彩绘玻璃的一部分。注意右上方的蚊子，中间的拉齐尔将一个装有携带病原微生物的蚊子的试管置于手臂上。

彩图11　马克斯·布雷德尔的作品之一照片——拉尔夫·H. 鲁本

注：马克斯·布雷德尔创作了很多美丽的艺术品，其内容包括安大略省的阿米克湖，这件作品是使用尖细的工具在支架真菌（一种野生真菌）的白色底面上完成的。

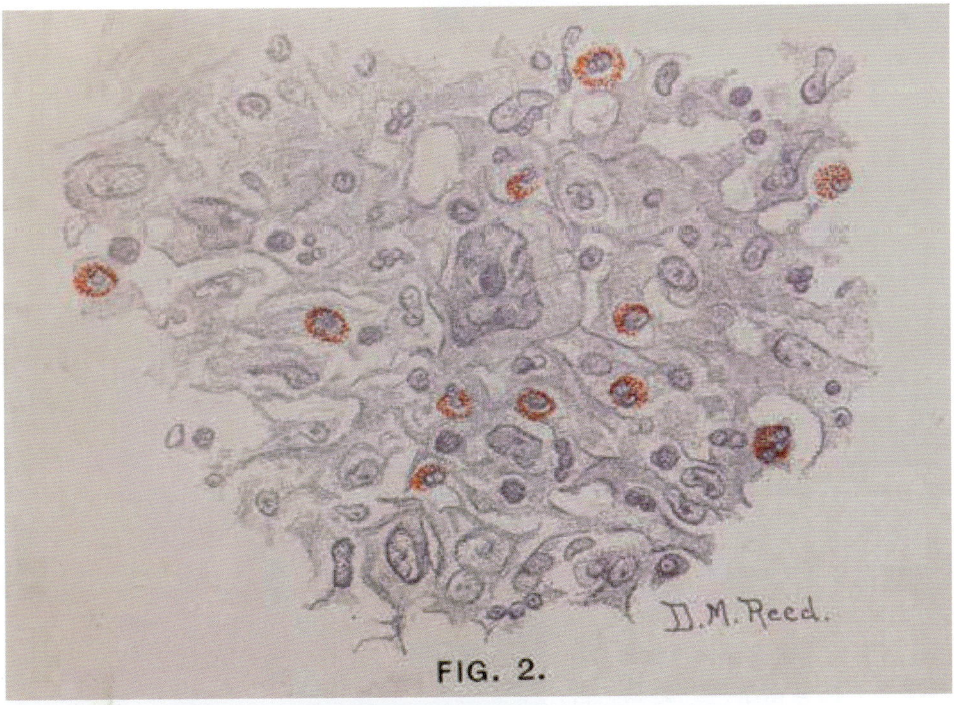

彩图12　为关于霍奇金病的著作绘制的插图——里德亲绘

注：里德亲手为自己关于霍奇金病的著作绘制的插画。摘自D. 里德，《关于霍奇金病的病理变化，特别是与结核病的关系》。源自《约翰斯·霍普金斯医院报告》：1902年第10期，133—196页。

彩图13　布面油画《海伦·布鲁克·陶西格》——杰米·怀斯（1963年）

注：怀斯后来说："她会用那双蓝眼睛目不转睛地盯着我。太神奇了。"

彩图14　布面油画《维维安·西奥多·托马斯》——鲍勃·吉（1969年）

（景　泉　译）

作者简介

拉尔夫·H. 鲁本　医学博士

拉尔夫·H. 鲁本博士是约翰斯·霍普金斯大学医学院病理学及肿瘤学教授，“巴克斯利”荣誉教授及病理学系主任。他本科毕业于芝加哥大学，1985年毕业于约翰斯·霍普金斯大学医学院。他也是约翰斯·霍普金斯大学索尔·戈德曼胰腺癌研究中心主任。

鲁本博士曾获得过许多奖项，包括弗兰克·内特医学教育特别贡献奖和2013年约翰斯·霍普金斯大学杰出校友奖。2013年，他当选为德国国家利奥波第那科学院院士。鲁本博士还获得过约翰斯·霍普金斯大学医学院颁发的5项教学奖。

鲁本博士撰写了800多篇科学论文和8部专著。他制作了一部关于外科医生威廉·斯图尔特·霍尔斯特德生平的纪录片，并因此获奖。（http://halstedthedocumentary.org/screenings.php/）

威尔·林德　工商管理硕士　文学硕士

威尔·林德是一位芝加哥作家和编辑。他毕业于约翰斯·霍普金斯大学克里格艺术与科学学院，主修历史。此外，他还拥有芝加哥大学工商管理和文学硕士学位。威尔长期从事商业、学术和新闻写作。他任职于约翰斯·霍普金斯大学校友董事会和克里格学院人文咨询理事会。同时是“蓝鸟”长曲棍球队的忠实球迷。